維摩詰經講記

——第一輯

——平實導師 述——

ISBN：978-986-83908-0-5

修學佛法應有明確之初期目標，然後應有到達此一目標之方法，以及完成初期目標後進修之次第；此方法與次第，必須是確實可行者；如是學佛，方能有成，不致浪擲一世寶貴之生命時間與精神、錢財，空修一世佛法。在大乘法中，學佛人的第一目標即是斷我見，繼之以大乘法的見道，成爲眞實義菩薩，此後才是眞入內門廣修菩薩萬行，一步一步確實邁向成佛之道；若不得大乘法的見道功德，而言修學成佛之道，都屬自我安慰之言，並無實質。大乘法之見道，則唯有親證第八識如來藏而發起般若實相智慧一途，別無他途；離如來藏之親證而說有般若智慧可證者，都屬謬說。《維摩詰經》則是建立大乘見道知見之最佳經典，廣說實相心如來藏之涅槃性及中道性，令人易於建立參禪覓心之方向，故爲參禪人必修之經典，亦爲證悟者自求印證之最佳依止，故本經是錯悟者最不喜愛之經典，而有志求悟之佛子皆應讀之。

——平實導師——

如聖教所言，成佛之道以親證阿賴耶識心體（如來藏）為因，《華嚴經》亦說**證得阿賴耶識者獲得本覺智**，則可證實：證得阿賴耶識者方是大乘宗門之開悟者，方是大乘佛菩提之眞見道者。經中、論中又說：證得阿賴耶識而轉依**識上所顯真實性**、**如如性**，能安忍而不退失者即是**證真如**、即是大乘賢聖，在二乘法解脫道中至少為初果聖人。由此聖教，當知親證阿賴耶識而確認不疑時即是開悟眞見道也；除此以外，別無大乘宗門之眞見道。若別以他法作為大乘見道者，或堅執**離念靈知**亦是實相心者（堅持意識覺知心離念時亦可作為明心見道者），則成為實相般若之見道內涵有多種，則成為實相有多種，則違實相絕待之聖教也！故知宗門之悟唯有一種：親證第八識如來藏而轉依如來藏所顯眞如性，除此別無悟處。此理正眞，放諸往世、後世亦皆準，無人能否定之，則堅持離念靈知意識心是眞心者，其言誠屬妄語也。——**平實導師**——

目次

第六輯：

自序

大乘法之證悟，不許外於教門；若外於經典聖教開示，而言「所悟雖異於教門，然亦是宗門之悟」，當知即是錯悟，其所悟必定已經異於宗門之悟，教門所說法義正是說明宗門所悟內涵故。《維摩詰經》是佛門照妖鏡，一切錯悟之師，都不敢援引此經來印證自己之所悟。一切六識論之邪見者，譬如應成派中觀見者及自續派中觀見者，都迴避此經的檢驗；或曲解此經，使經義偏離原意而符合其六識論邪見：故意以意識境界來解釋此經正理，取代為六識論之法義。

他們之所以會有如是行為，都因所悟錯誤而無法以此經義來為自己印證所致。此經中言：「不會是菩提，諸入不會故。」又言：「知是菩提，了眾生心行故。」同一眞心，竟言無知無覺而不會六入，復言其實有知，能了知眾生七識心之心行，則使墜於意識境界之自續派中觀見者及應成派中觀見者，都無所適從；亦使墜於離念靈知意識心境界之禪門錯悟者，不知所從，是故心中每每排斥之，或故意以曲解之手段，扭曲經義來印證自己之所「悟」。然而意識心不論修至如何微細，都不能超過非想非非想定中之意識；三界中一切最細意識心，無過於此，過此境界即無意識存在；而意識心不能通過此經如是法義之驗證，故錯悟之說法者只能以意識心的不同方向來解說此部經文。

然而如是經文中之眞正意涵，其實都是說第八識如來藏之本來清淨性與功德性，證明其非無而有眞實性，亦證明其常住本來涅槃之中；若以意識解之者，都無法免於曲解經義之大過；卻異口同聲主張其**曲解後之經義是佛說**，即成爲謗佛者，佛陀所說從來不是他們曲解後之義理故。由是故說，此經是禪宗證悟者自我印證之極重要經典，亦是錯悟者亟思加以曲解之重要經典；由此可以證明此經法義之熏習，對於禪門求悟般若禪者之重要性了！今以如是緣由，加以詳實宣講後，整理爲文字，以口語化之易懂言語出版，藉以助益禪門大師與一切學人，使能建立正知正見而趨向正確方向求悟，庶能眞實悟入般若正理。然求悟禪宗般若禪之人，仍必須先詳讀《識蘊眞義》及《阿含正義》，確實斷除我見以後，方能藉此詳解而眞實悟入法界實相心如來藏，方能發起實相般若智慧，實階第七住位不退，成爲位不退菩薩，轉入內門廣修菩薩六度萬行；不斷我見而參禪者，終無眞悟之可能，一切禪宗大師與學人，於此皆應注意。

佛子 **平實** 謹序

公元二〇〇六年仲冬 於竹桂山居

《維摩詰所說不可思議解脫經》卷上

〈經題釋義〉

經題：《維摩詰所說不可思議解脫經》的經名，我們把它先做簡單的解釋以後，就可以大概瞭解這部經典在講什麼法義了！維摩詰是等覺大士，但是也有經典說，他其實是 金粟如來倒駕慈航來娑婆世界示現的；就像 觀世音菩薩本是 正法明如來，因爲悲心特重，所以倒駕慈航來幫助我們、利益我們，甘願作 彌陀世尊座下的一個菩薩。這種事情是眾生所無法理解的，假使成佛了，永遠要當佛，爲什麼還要去當 彌陀世尊座下的一個菩薩？這是世間人的想法，但是到達佛地時還有我嗎？當然無我嘛！但是無我之中有一個眞我，可是這個眞我是無我性的；沒有什麼「我性」呢？沒有眾生我的我性。轉依祂以後就不以自我爲中心了，所以只要能對眾生有利益就好了，不必管什麼身分，這就是諸佛遊戲三界；菩薩們就這樣學習諸佛這種無我大悲，所以世世無我無私的遊戲人間、利樂眾生。 維摩詰大士也正是這樣，倒駕慈航當菩薩。

這個經題很長，我們就先講「維摩詰」三字，再來講「不可思議解脫」，這部經的大概內容就可以瞭解了。有少數人認同密宗的應成派中觀，在日本、在歐美學術研究中都有這一派人，一向否定大乘法；他們不承認大乘法，他們認爲大乘經典是在佛滅後的聲聞教分裂爲部派佛教時，由聲聞的部派佛教中發展出大乘教，再由大乘佛弟子們長期創造結集才成爲經典，在日本、歐美都有這一類少數人。以外的多數佛學研究者則認定大乘法才是眞正佛法，認爲阿含所講是方便接引眾生的不究竟法，這是多數人的看法；在日本、歐美如是，台灣也如是，中國也如是，這一派人其實是佔多數的，只是很少強烈的發出他們的心聲罷了。

如今在中國大陸、台灣兩地也都一樣，同樣有這兩派人：一派人士認定三界唯心、萬法唯識的常樂我淨，才是了義究竟的佛法，就是太虛法師的主張；另外一派人就是印順派，是把喇嘛教的黃教應成派中觀六識論說法，作爲他們的中心思想；他們否定大乘法而接受密宗的六識論邪見，所以對第三轉法輪的方廣唯識經典一概不承認，因爲與他們的六識論完全相左，所以他們只承認第二轉法輪的大乘經典。他們爲什麼會承認呢？因爲他們誤會了第二轉法輪的般若系經典，誤認爲般若經典講的就是一切法空，認爲和他們應成派中觀所講的一切法空一樣。

但他們其實是誤會了般若經，般若經是依如來藏——也就是不念心、非心心、無心相心、菩薩心、無住心——依這個第八識心來說般若、來說中道；這個道理，我們未來將會有經典講記、論典註釋，漸漸爲大家舉證及說明。但印順派的人們誤以爲般若諸經是和他們一樣在說一切法空，以爲和他們一樣是排斥第八識而說萬法緣起性空，所以他們承認第二轉法輪的般若諸經是眞正的佛法，可是仍然認定般若經不是佛親口所說。

他們又認爲 維摩詰菩薩和 文殊、普賢一樣，都是屬於後人在大乘經中虛構出來的人物，不是歷史上曾經存在過的；但是我們今天要說：「維摩詰菩薩確實是歷史人物，不是後人杜撰的。」

維摩詰三字的意思是淨名，也就是清淨的名聲；所以 玄奘菩薩翻這部經的時候，他翻作《說無垢稱經》，把 維摩詰翻作 無垢稱，稱就是稱揚的稱、稱讚的稱。沒有垢穢的稱讚，就是淨名——清淨的名聲。 維摩詰居士有妻子，名字叫作金姬；「姬」是漂亮女人之意。金姬曾爲他生了一個兒子、一個女兒，所以是佛教史上確實存在過的歷史人物。

維摩詰菩薩的佣人、家人、眷屬合起來非常多，因爲他很富有，但是只有一子、一女；他的兒子名字叫作善思，善於思惟的善思。他的女兒叫作月上，有一部經不是叫作《佛說月上女經》嗎？講的就是他的女兒，所以維摩詰大士是歷史人物，不是杜撰的，印順他們都是隨意推翻史實的。

不但如此，他的故居現在可能已經湮沒了，或者被人家改作農田了，或者佔爲房屋去了，但是 玄奘菩薩去天竺學法時，故居還在，他曾經去遊歷過。我在《大唐西域記》裡面找到這麼一段記載， 玄奘菩薩說維摩詰居士的故居在毘耶離；在阿含經裡面常常看見毘耶離這個名稱，這個地名玄奘菩薩是翻作吠舍釐；吠舍釐是梵音，毘其實是v音，v音譯爲中文就變成吠（古時河洛地區的發音）；那個毘字若以現在的語音來唸，就會認爲翻得不準確。玄奘菩薩的記載是說，吠舍釐國的皇宮是個大城，宮城的西北有一個寺院，那個寺院是正量部僧人所住持的寺院——正量部是小乘聲聞法的僧人。這個寺院的東北大約三里處有一個舍利塔，那個舍利塔的建立就是紀念 維摩詰大士，因爲那個地方本來是 維摩詰大士的故居；後來房屋傾倒頹舊，沒有人住了，也沒有人敢大膽僭越去佔住等覺菩薩的故居，所以後來佛弟子就在那裡建了一個塔，紀念 維摩詰大士。

玄奘大師說那個地方「多有靈異」，換句話說，佛弟子去那邊朝禮的時候有很多感應；這是 玄奘大師親自去朝禮過的地方，顯然 維摩詰大士的存在並不是杜撰的，而是 佛陀在世時確實存在的歷史人物。而且他的女兒也是經典上所記載的，《佛說月上女經》講的就是他的女兒；有這個女兒實際上存在過，當然父親也是眞實的；所以那些人誹謗說**大乘經典裡面的菩薩都不是歷史人物**，那是錯誤的說法，顚倒黑白啦！當然他們這樣無根據的否定，目的只是在否定大乘法；假使大乘法中的菩薩都成爲非歷史人物，大乘經典也就跟著變成他們所說的後人創造的僞經了，他們就不必親證經中說的第八識如來藏，就可以在思惟理解經義的狀況下自稱爲悟了。這種手段用到極致時，有些人連 釋迦世尊也敢大膽的否定，謗說**釋迦世尊也是虛構的人物，歷史上不曾有過這樣一個人成佛來弘法**；前幾年，電視新聞不是報導過有個六識論的洋人如此說的嗎？

「維摩詰所說經」，就表示說這一部經主要是由他所講的，佛爲他印證成立，所以叫作《維摩詰所說不可思議解脫經》。當然，這部經講的是不可思議的解脫境界；換句話說，這部經所講的解脫境界，是大乘法中菩薩所證的不可思議解脫境界。這個不可思議的解脫境界，一定是阿羅漢、辟支佛所不能想像，所以才叫作不可思議的；既然如此，就顯示大乘法所證的解脫境界不是二乘菩提的聖人們所能知道，所以才會說它是不可思議解脫。

一般人所知道的解脫就是涅槃，可是他們所知道的涅槃是灰飛煙滅、灰身泯智的，是人死了才叫作解脫、涅槃；那是二乘人所知道的，也是一般人所想像了知的；可是大乘實相法中不說人死了才叫作解脫、涅槃，而是說仍然活著的當下就已是解脫、已是涅槃的（作者案：不是未悟如來藏的人所說覺知心離念當下的解脫，也不是外道的五現見涅槃，那些都是仍在生死中的未斷我見凡夫妄想，都是意識境界，不離輪迴），是可當下就看見阿羅漢們所入無餘涅槃中的無境界的境界，這種解脫是二乘聖人與一切凡夫所無法想像，怎麼樣思惟理解都無法了知的，所以才叫作不可思議解脫。

就像是涅槃，我已經在四十五本書（註）裡面，把涅槃解說到非常清楚、非常詳細的地步了，可是仍然有很多人還不瞭解，對我所說的涅槃還是誤會了。去年年初，我聽說在網際網路搜尋涅槃的解釋，據說我的解釋最多，是人家的好幾倍，而且尚未包括局版書中所講的涅槃；那顯然我已經講很多了，可是他們仍然無法理解涅槃是什麼。因爲我所說的涅槃法義中，有二乘聲聞法的有餘、無餘涅槃，也有大乘法的本來自性清淨涅槃、無住處涅槃，所以他們弄不清楚：怎麼一個涅槃你有時候這麼講，有時候那麼講呢？就迷糊了！但是你們已經明心的人去讀呢！越讀越清晰！一點兒都不迷糊，也不會有前後互相矛盾衝突的地方。（編註：這是說解此經時出版的數目，此書出版時 平實導師已有七十冊書籍在解說涅槃了。）

這表示什麼呢？表示大乘法所說的解脫境界是二乘聖人所不能思議的——不能思也不能議——他們都無法思惟、想像、議論，只要一講出來，就會被菩薩挑出毛病來。即使是阿羅漢所講的涅槃，我們都可以挑他們的毛病，爲什麼呢？因爲他們講的涅槃，假使不承認有住胎識能出生名色，一定會變成斷滅法、斷滅境界，還要我們以第八識住胎識來幫他們支持、說明、建立，他們所證的涅槃才不會落入斷滅境界。因爲二乘聖人所證的涅槃，是阿羅漢們入了無餘涅槃以後，十八界全都滅掉了，沒有人、沒有我存在，沒有阿羅漢的五陰存在，那不是斷滅了嗎？跟斷見外道有何差別？沒有差別，完全一樣了。但是我們大乘法幫他們建立：你們阿羅漢十八界都滅了以後，仍有各人的第八識如來藏單獨存在，離見聞覺知、全無絲毫的六塵。離見聞覺知而且無六塵，所以叫作涅槃寂靜。

三法印，諸位還記得嗎？諸法無我、諸行無常、涅槃寂靜。今天還有許多凡夫大法師想要以離念靈知意識心住在無餘涅槃中，但是**諸法無我**、**涅槃寂靜**，如果離念靈知心這個法可以進入無餘涅槃，請問其中還有沒有法？有沒有知？都有啊！有知就能了知六塵或法塵，有知有塵怎能叫作寂靜？所以，有知有塵就不寂靜了。但是無餘涅槃裡面是離六塵的，離六塵當然寂靜；也沒有覺知心，十八界都滅了，覺知心不存在了，當然是寂靜的，這樣的涅槃才能符合三法印。如果離念靈知是涅槃心，如果離念靈知可以進入無餘涅槃中常住，那麼涅槃顯然不寂靜，因爲還有覺知心與六塵存在，那就違背三法印了。我們幫阿羅漢建立：無餘涅槃裡面有你的異熟識如來藏存在，離見聞覺知也離六塵，沒有我，沒有我所，所以諸法無我；一切法都滅盡了，哪裡還有我？就符合三法印了。所以如來藏不墮於諸法中，而能生諸法，祂自己沒有**諸法我**的我性，所以諸法存在的當下就已經無我了，故名諸法無我，不必等到滅盡諸法而入無餘涅槃時才說諸法無我。

諸行無常，凡是行，都是無常的：身行無常，口行無常，意行仍然無常。但是入了無餘涅槃以後，剩下異熟識單獨存在；異熟識單獨存在的時候，沒有我、沒有人、沒有眾生、沒有壽命，哪兒有身口意行呢？所以眞實無我，卻不會墮入斷滅空中，不是斷滅境界，也遠離諸行的無常。所以是大乘法幫聲聞乘建立：無餘涅槃中有異熟識單獨存在，不墮於斷滅空中。如此，既符合三法印，也不落於斷滅見，所以二乘涅槃還得要靠大乘法來支持、來建立，才能成立涅槃、解脫的道理，怎能說大乘法以二乘法爲根本呢？二乘法如果離開大乘法弘揚的第八識，它就跟斷見外道沒有差別了，所以應該反過來說二乘法以大乘法爲根本。

大乘法爲什麼能稱爲阿含聲聞法的根本呢？就是因爲大乘教所證的解脫，是不可思議的解脫，是無餘涅槃中的本際，這不是二乘聖人所能知道的，所以叫作不可思議解脫。可是大乘法的不可思議解脫是爲什麼而叫作不可思議解脫呢？是因爲一切眾生本來常住涅槃，不管證悟了沒有，都是本來就住在涅槃裡面的；假使證悟如來藏了，你就證得這個涅槃，這個涅槃叫作本來自性清淨涅槃。這個涅槃不是修來的，是本來就已涅槃的，但若不修大乘行，也無法證得這個涅槃；由於本來自性清淨涅槃的緣故，才能成就二乘的有餘涅槃、無餘涅槃，才能成就最後佛地的無住處涅槃。這個涅槃不是二乘聖人所能理解的，所以大乘這個解脫叫作不可思議解脫；也就是說，三乘聖人所證的一切涅槃，都是由不可思議解脫的本來自性清淨涅槃來成立的，而這個本來涅槃卻是依第八識如來藏而建立的，本質其實是住胎識如來藏獨住的境界相。

今天我們義工菩薩們多擺了很多座位，如果位子窄了一點，請大家原諒；因爲我們道場就是這麼小，我們是小道場，每間講堂面積只有一百來坪（不到四百平方米）所以如果出入比較不便一點的話，請大家包涵（編案：講此經當時只有二個講堂，台北第三講堂尚未購得）。另外，這回冬季的第一梯次禪三是昨天圓滿，比歷來任何一次都生動，並且最後一晚普說還整整講了兩個半鐘頭，除了原來準備的內容講了以外，也多講了許多原來不曾準備要講的內容，單是公案普說就講了兩個半鐘頭，不過成績仍然不是很好；雖然加了許多勁兒，成績還是不很好，所以只有十三位破參。但是破參的人少，才是正常的，就像 菩提達摩大師講的：**諸佛曠劫精勤大道，豈以小智小德而期望能得到根本大法**。所以二祖神光得要立雪斷臂，達摩大師才說「求亦可在」，說這樣才能求得眞悟；比起我們禪三的老婆與易得，二祖眞是一條鐵漢子。

我們參加禪三的同修們實在是好命，食衣住行都有人照管得好好的，吃得又好，又有善知識深入廣作普說，所以說你們命太好了，什麼都不必擔心。但是宗門密意本來就很難悟入，因此說：沒有悟出來的人都是正常人，一次就能悟入的人都是非常的人，所以悟得少應該是正常的。因此，不能用世俗法來看禪三的結果，而說自己沒有悟出來好丟臉。「好丟臉」，表示說：第一天下午仍沒被我殺死，我見猶存，才會覺得丟臉。

我們第一天一定要先殺我見，希望弄個水果給你帶回家——要斷三縛結而證初果。但是大家口中都說我見斷了，可是等到參禪的時候，有一些人拿出來的往往還是「我」，不離五陰，所以我見眞的是不容易斷。無怪乎 佛陀在世時親自講了那麼多五陰十八界虛妄聲聞的法，也不是每個弟子都能證初果，更別說悟入實相了！因爲明心跟見性這二法，佛是不傳給聲聞人的，聲聞聖人也是猜測不到的，所以許多俱解脫的阿羅漢、三明六通阿羅漢也得不到，只有菩薩能證得；直到講了很多大乘經典以後，在佛陀晚年時才有阿羅漢們迴小向大而悟入佛菩提。你想，這麼難的法，當然是多數人悟不了，才是正常的，連大阿羅漢都得不到。諸位要是不信，就看我們《維摩詰經》怎麼講，你就可以證明確實那些大阿羅漢們，在 佛陀宣演這部經典時仍是得不到大乘開悟功德的；後來就只是金色頭陀大迦葉尊者、阿難尊者、舍利弗尊者等人得到，因爲他們後來都迴小向大而成爲菩薩了，所以不是每一個阿羅漢都能得。聲聞法中的阿羅漢們大部分是沒有得到的，因爲他們不肯迴心轉入大乘法中來行菩薩道，所得的法只是聲聞法中的解脫道，佛菩提道的明心、見性都沒有證得，所以這很困難，因此這回還沒有明心的人，都不必氣餒。

不可思議的解脫就是本來自性清淨涅槃。關於解脫，眾所週知，解脫就是證涅槃。可是爲什麼大乘的涅槃是不可思、不可議？二乘的涅槃卻說是可思也可議，是阿羅漢們所能思惟理解以及議論的？許多菩薩還沒有斷盡我執，而他們所證的涅槃，假饒是三明六通的大阿羅漢們，仍然無法思、無法議。如果諸位都還沒有明心以前，我來說這個妙理，可能你們聽了會半信半疑；但是因爲在座的你們，已有許多人明心了，聽的時候就可以當下現觀，觀察自己明心以後是否已經住在本來自性清淨涅槃中？而這個涅槃的解脫境界是否眞的是阿羅漢所不能思議？我們現在就來講：本來自性清淨涅槃爲何是阿羅漢們不能思也不能議？

所謂**本來自性清淨涅槃**，有時簡稱爲性淨涅槃。第一個部分說祂爲什麼叫作**本來**？因爲這個自性清淨涅槃，並不是修來的，是本來就一直存在著，而你們證悟時也只是實際上去證實這個本來就存在的涅槃，所以它叫作本來。爲什麼要特地說是本來？因爲涅槃如果是修來的，這個涅槃將來一定會壞失，因爲是修來的有生之法，所以是本無今有；本無今有的涅槃一定不是眞實涅槃，因爲它是有生之法。有生之法是從緣而起，從緣而起的，未來有一天，緣散了，它就壞掉了；所以涅槃不可以是修來的，修來的涅槃，不離因緣法，那一定會壞，成爲無常、變異法。

因此，我們說，凡是修來的涅槃，就是六祖在《壇經》裡面所喝斥的「將滅止生」：說學佛就是要證無生，可是無生並不是滅了以後不再出生，而是它本來就存在、就不生；本來存在所以不生，不曾出生過。不曾出生過，未來就不會有滅，是本有而不是修來的，不是假藉因緣而成就的。

但是外道們所謂的現前本來涅槃，都不外乎五現涅槃，那都是修來的，不是本來就有的涅槃，有生的涅槃將來都會壞滅；也都有境界相，都落在意識境界中。阿羅漢的涅槃也是修來的，他們入滅前叫作有餘涅槃，入滅後叫作無餘涅槃，其實仍然是菩薩所證的本來涅槃。有餘是說他入滅前還有微苦所依，還剩餘部分的煩惱和苦痛，譬如冷熱飢渴寒暑痛癢等等，這是他所剩下最後的苦，其餘的覺知心上的煩惱所生痛苦已經完全滅了，等他入無餘涅槃，這些微苦就不存在了，所以叫作有餘涅槃。如果入了無餘涅槃，十八界都滅盡了，無人無我，更無我所；因爲十八界滅盡了，意根也不在了，五根也不在了，六塵也不在了，六識也不在了，這時當然就沒有冷熱飢渴寒暑等痛苦，所以餘苦滅盡就叫作無餘涅槃。但是這種涅槃，從表相上看來，它是修來的；這種二乘聖人所證的涅槃，若不是大乘法的本來自性清淨涅槃來爲它建立、爲它支持的話，他們這個涅槃就會變成斷滅法，就變成是修來的，成為本無後有的有生法，就成為生滅法。

我們就來說說二乘涅槃為什麼是修來的，但是卻被大乘法建立、支持而可以變成不是修來的？這樣來解釋本來自性清淨涅槃，諸位就容易懂；縱使你現在還沒有找到如來藏，也能容易懂。為什麼要說二乘涅槃是修來的呢？因為二乘涅槃要斷煩惱，它所斷的煩惱就是斷我見和我執。我見是**誤認五陰為真實我**的錯誤見解，凡是錯認五陰全部或局部、或少分為常住法，就是我見，就被我見繫縛而不斷在三界中生死輪迴。

一般人剛出生，小孩子時總是認取色身為我，他還不知道將來會老死，所以當有鄰居、同儕打他的時候，他就去告狀。如果在幼稚園就跟老師告狀說：**「老師！他打我！」**他的我是哪個我呢？是以色身為我：覺知心把色身據為我。年歲大一點，鄰居有老爺爺死了，他好奇，問媽媽：**「老爺爺死了去哪裡？」**也許他爺爺還在，就問：**「隔壁老爺爺死了去哪裡？」**說：**「死了！身體就壞了，然後他就去投胎。投胎以後，就又在另一個媽媽肚子裡，又出生了。」**他知道了：**「喔！原來色身不是真的我。」**他現在改認覺知心為我。

這個我一直到長大成家立業、老死都不會改變。什麼時候會改變呢？遇到修行人或者外道修行人、或者佛法中的修行人，才開始去探討：「覺知心是不是眞我？」可是他如果倒楣，遇到外道，外道就說：「這覺知心會打妄想、會死，所以那不是眞我。覺知心一定要修到能永遠保持一念不生時，才是眞我。」所以就有離念靈知的修行方法。後來離念靈知已被善知識證明是會斷滅的，不是常住法，所以就往上發展：我們眠熟時的見聞知覺自性不滅，所以才能夠再醒過來，所以見聞知覺性是常住法，這個不是眾生我，是常住的佛性。他這麼想，結果卻反而離初果更遠，因爲見聞知覺性無體，祂們是以六識心王爲體，結果是反而離體更遠，落到六識的內我所上面去了！這都是覺知心所有的體性，反而偏得更遠了，這些都是落到我見與我所裡面了。

可是等到有一天遇見佛法中人，就告訴他：「這些都是虛妄的。」所以他就開始觀行，觀行以後把這些都否定掉，以爲自己斷了我見；可是聽說有個如來藏是實體法、是常住法，他就去找，但是找出來的仍然都是意識心的變相，但他誤以爲那就是如來藏，並且自認爲我見斷了，這種情形是很常見的狀況。所以佛陀在世時針對「蘊處界我」講得很詳細，才會說有六識身、六觸身、六思身、六受身、六想身、六行身。當然，經文不可能被聽講者很詳細的背下來，所以經文看起來都很簡略，其實 佛在世時都是講得很詳細的。可是我若把六識身、六思身、六想身、六行身一直講下去的話，一定要講到下一週去了！我們這裡就不談它，等《阿含正義》出書或者講《阿含經》的時候再來說。（編案：《阿含正義》已經出版了，總共七輯。）

他們透過觀行， 佛陀也親自爲他們指正，所以把我見確實斷了，進而修斷外我所、內我所和對自我的執著，所以成爲阿羅漢。成爲阿羅漢以後，意思是說他們對十八界的任何一界的粗相與細相都無執著了，所以捨報時入了無餘涅槃。然而他們入涅槃時並不是以涅槃想而入的，若以涅槃想而入的人都入不了涅槃，阿羅漢只是輕輕鬆鬆的讓自己消失掉——滅除一切覺觀——不再使自己存在，那才是入涅槃。關於入涅槃，外道們證得四禪以後，死時作涅槃想而入涅槃，只會去到一個地方，就是去無想天，入不了涅槃的；所以，以涅槃想而入的結果是生到無想天。阿羅漢把六根、六塵、六識都滅了，這個涅槃當然是很寂靜，連自我都不在了，怎麼不寂靜？六塵也不在了，當然寂靜！六識都不在了，沒有自我；六根也都不在了，所以是究竟的寂滅。

可是他們斷了我見、我執、我所的執著，入了涅槃，這個「斷」是修來的，所以有的人成阿羅漢以後，還會退轉；這在《阿含經》中有記載。爲什麼會這樣？因爲那是修來的，他的有餘涅槃是修來的。有一天，這個慧解脫阿羅漢，想到家裡妻子那麼年輕、那麼漂亮，心中不忍，又回家去了！還俗去了！那些阿羅漢比丘們，大家都阻止他，不許他回去，說：「好可惜喔！不可以回去。」佛就說話了：「讓他回去，三個月極盡五欲以後，他就回來而成爲不退的阿羅漢了。」因爲他三個月中極盡五欲以後，發覺也不過就是這樣。不知道的人就很好奇，可是如果每天都在五欲中享受，我告訴你，三個月下來，他會覺得心「好累、好累喔！」最後又回來了，回來後果然就像佛講的，不再退轉了，成爲眞正的慧解脫阿羅漢。

可見有餘涅槃是會退轉的，如果他不是慧力好，退轉了，這一世就以三果或二果證量捨報；好在他有智慧，透過實際上的體驗和觀行之後，終於斷盡欲貪了，回來僧團中成爲眞正的不退轉阿羅漢；由此可見二乘涅槃是修來的，是藉緣而得。有餘涅槃既會退轉，當然無餘涅槃就不能成就，也是會退。所以說修來的法，修緣壞的時候，還是會退失；一旦入了無餘涅槃，就絕對不退。可是說穿了，阿羅漢所入的涅槃，其實還是本識如來藏的本來涅槃。

那麼外道會說：「你們佛教阿羅漢們證得的涅槃跟我們一樣，因為你也是把十八界滅了，我們也把十八界滅了，所以是一樣的。」但其實不一樣，我跟諸位說：外道們自以為捨報的時候可以把十八界滅了，其實他們都是滅不掉的。外道斷見其實還是附著在常見上而成立的，所謂的斷見論，其實還是附著於常見論而說的斷見。在理論上是斷見，本質還是常見，因為斷見是依於覺知心而有，他們也都無法滅除覺知心，死了還是會繼續受生到下一世去，所以外道斷見永遠都不能與二乘涅槃相提並論。

但是話說回來，二乘涅槃固然是修來的，可是他們的無餘涅槃，說穿了，其實還是菩薩的本來自性清淨涅槃。怎麼說呢？因為他們捨報後，十八界滅盡了，剩下一個涅槃中的本際存在；在四阿含中，有時候 佛說為實際、如、眞如，有時候說為「我」，說那個涅槃裡面是「我」——但不是十八界我——有時候說為如來藏，南傳的《阿含經》——尼柯耶——還說為阿賴耶識。所以阿羅漢入滅以後，本質和理論都和斷見外道不相同。斷見外道的主張，是死了以後一切都空，無一法存在，所以是斷滅。阿羅漢入了無餘涅槃以後，理論上說有本際，這個本際有誰來證明？有 佛、菩薩為阿羅漢證明：本際就是第八識，第八識確實存在不滅。所以阿羅漢入了涅槃以後，滅盡十八界了，還是第八識如來藏；這個如來藏阿賴耶識，在阿羅漢位改個名字，叫作異熟識，還是這個第八識心體。如果沒有這個第八識單獨存在，沒有這個第八識改名異熟識而獨存，二乘涅槃就變成斷滅，和斷見外道就一樣了！所以我說二乘法是靠著大乘法來支持、來建立，才不會被斷見外道所毀壞；所以是二乘法依大乘法而存在，不能說大乘法以二乘法為根本，這個說法顛倒。

若從順序來說，佛為眾生說法的順序是以二乘法為先，那是因為它粗淺，不深妙，眾生容易懂、容易修、容易證，但二乘法是以大乘法為基礎的，因為二乘法解脫道是從唯一佛乘——佛菩提——中抽出一小部分來，讓眾生先證得解脫，眾生才會對佛菩提有信心，才不會因為悟了仍不能成佛而對三大阿僧祇劫的修行退轉，才施設二乘涅槃給他們先證，讓他們生起對佛陀聖教的大信心。所以二乘涅槃其實本來是大乘法中的一個小部分，先拿出來送給眾生；等到眾生確實可以出三界生死了，大家對佛具足信心時再來說般若，最後再說唯識增上慧學等方廣經典，圓成大乘成佛之道。所以若從順序先後來看，是以《阿含》為先，但根本上呢，其實《阿含》是以大乘法為本，如果沒有大乘法的基礎把二乘法支撐著，二乘法的涅槃就會變成空中樓閣——當然這個空中樓閣不是天宮——二乘涅槃在理上及實證上都將是不可能存在的，所以說阿羅漢入了二乘涅槃以後，其實仍是菩薩所證的本來自性清淨涅槃，因爲還是菩薩住世時所證的**如來藏獨住的境界**。

但是阿羅漢能知道這個本來自性清淨涅槃嗎？他們不知道。因爲無餘涅槃裡面沒有十八界法，沒有任何一法出生或存在；在無餘涅槃中就只有一個法，就是如來藏，稱爲本際、實際。可是阿羅漢只要把十八界我的見解、十八界我的執著斷除了，他就可以入無餘涅槃，他生前不必親證如來藏，所以阿羅漢生前並沒有實證如來藏。所以無餘涅槃中的如來藏在哪裡？他們其實不知道；入涅槃後，如來藏自身獨處——祂自己單獨存在的境界——阿羅漢們也都不知道。而且他們入無餘涅槃的時候是要把自己給滅掉，才能成爲無餘涅槃，可是滅掉自己以後已沒有一個自我可以知道無餘涅槃裡面的境界，沒有自己來住在無餘涅槃中，那麼請問：他們有沒有入涅槃？（大眾回答：沒有！）沒有啊！他們入不了涅槃，他們把自己滅了以後成爲無餘涅槃，可是他們無法住在無餘涅槃裡面，所以阿羅漢其實不知道無餘涅槃裡面的境界，他們都不知道的；而且他們死了以後自己又都不存在了，所以也無法知道涅槃中無境界的境界相。

這個道理，我們七、八年前出版《邪見與佛法》的時候已寫在書裡面，那時候我也不知道經論上有講過，但我大膽的印出去了——講了就印出去了。那純粹是從現觀的證量上來說的，自己是確實有把握不會說錯的。可是在三年前，我在《百論》（或《廣百論》）裡面，已經讀到　護法菩薩的論義，原來他早就講過這個道理了！所以我們講的確實沒有錯：阿羅漢沒有辦法入無餘涅槃，他們都無法證得無餘涅槃，他們都進不去。他們是把自我滅掉，顯示出無餘涅槃的現象，但無餘涅槃本際，他們是證不到的；因為他們已經消滅自我了，他們自我都不存在了，如何入住無餘涅槃中？所以，二乘聖人入無餘涅槃，那是佛陀為他們方便說的，這叫作為人悉檀。

要說有一個涅槃可入，眾生才會來學，你如果一開始就告訴他說：「證無餘涅槃是把自我完全滅掉，自我一絲一毫都不剩下，那叫作無餘涅槃。」我告訴你：眾生都不肯學了。本來是我——覺知心這個我——要去入無餘涅槃，本來是這樣想的，以為可以免掉生死，那多棒啊！等到成為阿羅漢時卻說：「啊！原來我們都被佛騙了。」原來是滅掉自我而成爲無餘涅槃，只剩下本識獨住而不再有蘊處界的自我存在，可是阿羅漢們卻被騙得很歡喜。

所以你們最有福報，你們可以在覺知心存在的當下入觀無餘涅槃，不必死掉蘊處界就已證得無餘涅槃中的本際；我們正覺的法就是這樣，所以現在禪三都要考驗他們：「你們現在還沒有死，現在到了涅槃彼岸沒有？」都要叫他們反觀看看，個個都要答「有」；若沒有答「有」，就一棍打出小參室去，那表示他悟錯了。阿羅漢滅了十八界以後，剩下的就是他自己的第八識；他願意斷除六識，所以就不再投胎了，第七識意根也就斷滅了，也就沒有來世的五色根，也不會再有五塵，就不可能有法塵，這樣子就是無餘涅槃了！可是推究到最後，無餘涅槃裡面仍是阿羅漢的第八識存在，那個第八識自身的境界是什麼境界呢？等你找到了如來藏，你就很清楚的知道了：原來如來藏自己的境界是這樣。這才是證得無餘涅槃——不斷思惑就證得無餘涅槃中的本際——如來藏自住境界，所以菩薩所證的本來自性清淨涅槃不可思議。

我們十八界跟祂同在一起——十八界自我與如來藏同在一起；我們來觀察如來藏自身的境界，把十八界自我的境界推到一邊，再把如來藏獨住的境界推到另一邊，來看如來藏祂自己獨住的境界時，祂自己獨住的境界就是無餘涅槃；祂獨住時沒有十八界法而單獨存在，離見聞覺知，既不思量也不作主，也沒有任何的貪或厭，一切心所法也都沒有了，那就是無餘涅槃的境界。我們悟了如來藏時，我們的十八界可以依止如來藏這個離十八界的境界而當下存在；所以《菩薩優婆塞戒經》中佛說菩薩有般若也有波羅蜜，阿羅漢沒有般若也沒有波羅蜜，道理就在這裡。

般若是指法界眞實相的智慧，有這智慧才叫作般若智慧；波羅蜜就是到彼岸，阿羅漢沒有實證如來藏，所以不知道彼岸的境界。阿羅漢沒有實相的智慧，因爲實相就是說萬法的根源，一切法的根源才是實相；一切法都從如來藏來，所以祂是實相。阿羅漢不證如來藏，所以不知道法界中的實相，所以他們沒有般若，般若經當然讀不懂。但是菩薩不然，菩薩證得法界萬法的根源如來藏，把祂找出來，然後觀察祂，是現前觀察而不是靠想像思惟的：「如來藏跟我那麼不同，我在這裡有見聞覺知，有苦樂受，所以我不得不要思量怎麼樣離苦、怎麼樣獲取快樂；由於我的思量，最後判斷應該怎麼做，所以就會思量——作主。」所以會作主的都是什麼呢？都是生滅心！都是流轉生死的根源。可是那些愚癡的大師們還繼續在說：「**我們死的時候要能作主**。」正因爲想要保持思量作主的自己繼續存在，所以就要流轉生死。

菩薩們絕不會想要作主，因爲如來藏根本不用作主；不想要自己繼續存在就不想要作主——不執著自己所以不想再作主，正是斷了我見與我執；確實斷了我見與我執而不想作主，就有實證解脫的大功德；有大功德就不必作主，就可以在三界中事事自己作主。證得般若實相智慧時就是這樣，所以：「**所謂作主，即非作主，是名作主**。」般若經就是這一個公式，不論你套到哪裡都通。當你找到如來藏時，不管什麼世間法、出世間法，你將這個公式套上去都通，這就是般若公式、般若方程式。菩薩找到如來藏時，發覺這如來藏是本來就在，所以，對本來自性清淨涅槃的這個**本來性**一法就能現觀了，這個涅槃的**本來性**並不是修來的，證悟菩薩都有本來性的第一個現觀。

接下來說**本來**的**自性**，爲什麼叫作**自性**呢？因爲如來藏有種種法性，無漏法種、有漏法種祂都含藏，但祂含藏的有漏法種只給七轉識相應，祂自己並不相應；有爲法、無爲法祂也統統有，無爲法是由祂自己顯現出來，有爲法是藉著六根、六塵、六識而生出來；所以有爲與無爲法，祂統統有，具足一切法，所以叫作**世、出世間**法。所以，祂有種種自性，可以是無漏性的，也可以是有漏性的；但心體自身是無漏性的，含藏著七識心相應的種子卻是有漏性的，所以七轉識是染污的。祂可以是有爲，也可以是無爲的；祂本身是無爲性的心，但是可以爲十八界展示運作出種種有爲法出來，所以才會有三界六道眾生的存在，所以說祂具足一切法。所以大乘經中說：如來藏即一切法，一切法即如來藏。就是講這個道理。因此說祂有種種自性，所以這個涅槃就已有**本來**、**自性**兩種。

有的人也許抗議：「**哪有可能一切法都是祂？不然我問你好了，蕭老師！你想如來藏難道還會創造原子彈嗎？**」我告訴你，就是行啊！諸位想想看，原子彈、核子彈、氫彈、中子彈……，不管是什麼彈，請問：「**它要不要在大地上存在，要不要？**」它當然要依靠大地才能存在，大地是哪裡來的？是共業眾生如來藏中的大種性自性所創造出來的。製造原子彈的材料要不要四大？還是要啊！還是從如來藏來的。可是你也許會說：「**那是我們的意識心想出來的，是由意識心設計出來的。**」請問：「**意識覺知心又從哪裡來？**」還是從如來藏來！所以佛沒有騙人：如來藏即一切法。所以說，如來藏有種種的自性，不是一個空無、虛無的想像空，祂有自性。但不是自性見外道說的自性，那都是六識的虛妄自性，不能相提並論。

在禪宗裡面，若是眞正開悟的話，就是可以體驗祂、可以操作祂，並且還能耍得祂團團轉；你如果不能把如來藏耍得團團轉，你就不是眞的開悟。你們大概沒有聽人講過說，悟了可以把如來藏耍得團團轉，但是老趙州早就講過：「**悟前被經轉，悟後能轉經。**」轉什麼經？什麼叫作此經？此經就是如來藏。所以如來藏擁有種種自性，絕對不是沒有法性的名言施設。因此，當你證得如來藏時，你可以現前觀察到如來藏有這些法性：輪轉生死也靠祂，成佛也靠祂，入二乘涅槃也靠祂。說到這裡，已經有兩個法了：本來性、自性性。

還有呢？就是本來**清淨性**。既然叫作**本來自性清淨涅槃**，當然是有清淨性，而且是本來就是清淨的自性。爲什麼說是清淨？那得要討論了！眾生想要離苦得樂，都是因爲落在五陰中。古今錯悟的大法師、大居士們都想要死後能作主，都是由於落在五陰中，都落在十八界法中。爲什麼想要作主？因爲想要離苦得樂。爲什麼想要離苦得樂？因爲領受了苦樂。領受了苦樂就想單獨有樂，不要有苦。但其實樂的本身就是苦，譬如小孩子說：「糖果好好吃喔！這巧克力多棒！」他吃巧克力時是快樂的，可是待會兒呢，他開口說：「媽媽！再給我一顆巧克力。」媽媽說：「不許吃了！」他可就痛苦了！所以哀哀大哭。如果他從來沒吃過巧克力，就不會有這個苦。如果妳沒有結過婚，假使妳丈夫死了，妳應該就不會有苦；因爲妳結了婚，這個丈夫變成自我所擁有的，所以丈夫死了就痛苦，這都是根源於「有」。但「有」是什麼？「有」就是十八界法，不外三界有，有就是痛苦的根源，而痛苦的根源就是**意識有**。

正因爲意識想要離苦得樂，所以才希望死了以後可以作主；可是作主的是誰？正是我，我存在就一定有知覺，有知覺就一定會領受苦樂。所以，對於見聞覺知，祖師這麼講：「見聞覺知是解脫的根本。」又說：「見聞覺知是生死的根本。」同一個東西可以是兩面的。如果見聞覺知心懂得殺掉自己，那就解脫了；如果見聞覺知心不懂得殺掉自己，想要讓自己永遠存在，那就永遠輪轉生死。就像中國史學家講的：「成也蕭何，敗也蕭何。」同理，解脫也是靠覺知心覺悟，生死輪迴也是靠覺知心執著。如果不是覺知心來修學佛法，不能斷我見、我執，就不能出生死；但是不出生死、輪轉生死的也還是祂；正因爲誤解祂是常住法，眾生才會輪轉生死；因爲祂存在的當下，一定有見聞覺知，那就會想要領受快樂，領受快樂就免不了苦，離不開苦就思量怎麼能夠離苦得樂，就想：「**我死後要可以作主，我不要去三惡道。**」可是當他有這個作主的心，這個觀念存在時，他的覺知心就死不掉，死不掉就是我見、我執，就得繼續輪迴而有苦樂，所以覺知心是這種體性，因此祂不清淨。

覺知心爲了追求世間快樂，上焉者，琴棋書畫；中焉者，安分的上班，朝九晚五；或是正直的去做生意，如法求財；下焉者，殺人越貨，放火擄掠，都是覺知心設想而造下的，所以覺知心不清淨。可是等你悟了以後，你來反觀如來藏，把自己跟如來藏劃分來看，看如來藏祂自己（不看祂所出生的我們，看祂自己）時，諸位其實都是活在如來藏中，但是凡夫不知道，還問說：「**如來藏在哪裡？**」這就好像禪宗有一首偈說：「**不識廬山眞面目，只緣身在此山中。**」所以我們才教你：把五蘊拉開一點，不要老是執著五蘊。就告訴你：**五蘊虛妄**。五蘊拉開一點，你就容易找到如來藏。

但是眾生沒有辦法了知這個道理，我告訴他：「離念靈知是虛妄的。」要救他離開常見外道的邪見、要救他離開常見的窠窟，他反而在網站上罵我，說我謗法。我是救他欸！叫他離開謗法的惡業，他反而指責說我謗法，你看眾生就這麼顚倒：正是無常、常倒，非樂、樂倒。

所以當你找到如來藏時，你把祂跟自己劃分開來看，以染污的自己來看如來藏自身的時候，你會發覺祂離六塵見聞覺知，祂不對六塵起貪厭：祂既不貪也不厭。因爲祂沒有六塵中的見聞覺知，祂的**本覺性**是從來不在見聞覺知上面運作的。既然沒有見聞覺知，不對六塵起貪厭，請問：「祂會有染污嗎？」（眾答：不會！）不會啊！祂心裡面的種子有染污，都是由我們把祂染污的。可是那些染污種子流注出現時，其實就是我們五陰；當祂配合我們、照顧我們的時候，祂還是把祂自己的清淨性顯現在那邊，所以祂叫作清淨。眾生染污，祂清淨，這就是大乘菩薩所證涅槃的第三個法：清淨。

接著再來討論祂爲何又叫作**涅槃**？菩薩所證的本來自性清淨涅槃，具有四法：本來、自性、清淨、涅槃。爲什麼叫作涅槃？佛說：「不生名涅，不滅名槃；不增名涅，不減名槃；不來名涅，不去名槃；不一名涅，不異名槃。」

我告訴你，這也是一個公式，凡是離兩邊的，譬如不生的一邊是涅，不滅的一邊就是槃，沒有這兩邊的就是涅槃；《大般涅槃經》講得很清楚，就是這麼講的，所以涅槃是中道。二乘人證涅槃，他不知道涅槃是中道，他是自我滅了，所以叫涅槃，不合中道。但菩薩看涅槃就不是這樣了！菩薩看到的涅槃是不常不斷，不常不斷就是涅槃。為什麼不常不斷？因為第八識自心裡面的種子不斷流注生滅，所以不常；可是如來藏心體自身一直存在不滅，所以祂不斷，從來不曾間斷過，所以祂不常也不斷。

祂不生也不滅，為什麼呢？祂從來沒有出生過，無始以來本來而有，佛這麼講過，經中也說「阿賴耶識本來而有」；既然本來而有，怎麼會有生？有生的就是本無才會生。本無、後來有了，那才叫作生；可是祂本來而有，怎能叫作生？不生就不會滅，所以祂不會有滅，不生不滅就是涅槃。菩薩們證得如來藏時，現前觀察自己的如來藏、或者也觀察別人的如來藏從來沒有出生過，故以後也永遠不滅，沒有一法可以滅掉祂。即使你有辦法把十方現在、過去諸佛都請來，把祂們的威神力合為一個最偉大的力量，要毀壞一隻螞蟻的如來藏，也仍然毀壞不掉，因為世、出世間法中沒有一個法可以滅祂。

不生亦不滅，不來亦不去，不增亦不減，不垢亦不淨，不常亦不斷；永遠離兩邊，這就是涅槃，而涅槃是指如來藏自住的境界相。如來藏就是這樣的體性，離如來藏就沒有中道可說，也沒有涅槃與般若可說；若離如來藏而說涅槃的實修與取證、而說中道，都是戲論，不能實證涅槃與中道。所以本來自性清淨涅槃其實是在說明如來藏自住境界，祂自己所安住的境界就是涅槃。可是阿羅漢死了以後入無餘涅槃，他的五陰、十八界都滅盡了，已沒有「人」能夠證涅槃境界，沒有「人」能住涅槃境界，所以說二乘聖人不入涅槃，所以我們說：「所謂入無餘涅槃者，即非入無餘涅槃，是名入無餘涅槃。」《金剛經》這個公式套到哪裡都通，只要你有般若智慧，你怎麼套就怎麼通；如果你沒有證得如來藏，怎麼套就怎麼錯，都會被破。

所以明心的菩薩還沒有斷盡我執，只是斷我見而已；你們這回明心回來的人，你觀察看看，你的我執斷了沒？（眾答：沒有。）沒有啊！但是我見已斷了，因為你轉依成功了：轉依如來藏而把我見斷了，我執還沒有斷，還沒有能力進入無餘涅槃；但是無餘涅槃的境界，你卻已經安住了，為什麼呢？因為無餘涅槃的境界就是如來藏的自住境界，而如來藏的自住境界，你現前就捏在手裡了，眞的捏在手裡！你說本來自性清淨涅槃在哪裡？（平實導師捏著拳頭舉起來示眾說）在這裡！就在這裡！所以會聽法的人是用眼睛聽的。所以說這個本來自性清淨涅槃，你明心時，就能現前看得很清楚，你就已經住在這個本來自性清淨涅槃的境界中。

哪個眾生不是住在本來自性清淨涅槃中？因爲每個眾生都住在如來藏的境界中，可是他不知道，他也看不見如來藏的境界，每天把玩著如來藏，卻苦惱著說：「你怎麼都不告訴我如來藏在哪裡！」就是這樣，還跟 佛抱怨。但是菩薩悟了以後，現前看見自己和眾生都是住在這種涅槃境界當中，所以菩薩完全相信佛語， 佛開示說：一切眾生、一切法本來涅槃。菩薩絕對相信，五體投地的相信，沒有絲毫的懷疑，因爲他已現前看見了；可是不迴心的阿羅漢們想不通：「我們滅了以後才入無餘涅槃，菩薩都還沒有滅盡自己，怎麼可以住在無餘涅槃中？」他想不通。菩薩就說：「因爲入無餘涅槃是滅盡十八界，而我們十八界不滅，所以我們不算入無餘涅槃；可是你死了以後要入的涅槃，我卻看得清清楚楚；我還具足十八界不滅，不方便說已證無餘涅槃，我就告訴你，我證的叫作本來自性清淨涅槃。」

所以佛就建立這個名字叫作本來自性清淨涅槃，是諸菩薩所證；乃至菩薩修到初地滿心可以證慧解脫果而能取無餘涅槃了，他還是留著最後一分思惑再去投胎，不入涅槃；乃至三地滿心可以取證滅盡定、成俱解脫，而仍然不取滅盡定。俱解脫大阿羅漢入滅盡定，三地滿心菩薩也可以入滅盡定，他卻不要，他根本就不想去體驗一下，因為隨時可以體驗，這個不稀奇。六地滿心時不得不取證滅盡定，他卻還是故意留下一分思惑再去受生。第七地念念入滅盡定，他還是故意留著一分思惑；到滿心時太寂靜了，不由自主的會趨入無餘涅槃，這時 佛就得要來，不來不行！ 佛若不來說法，他就入無餘涅槃去了，所以 佛就傳給他**引發如來無量妙智三昧**。菩薩歡喜的修學，就被騙了，入不了無餘涅槃，因為根本就不想要入涅槃了，可以成佛了。

所以八地菩薩雖然思惑斷盡，但由於 佛授給他這個三昧力的加持，不入無餘涅槃，繼續往佛地邁進，所以他還是不取證無餘涅槃，也不取證有餘涅槃（在滅除思惑以後故意再依十無盡願而發起受生願），所以菩薩始從證悟，末至等覺，都叫作本來自性清淨涅槃。七住位的菩薩還沒有入地，離入地還遠著呢！卻已經證得這個涅槃了！所以，我說：「菩薩證無餘涅槃，不入無餘涅槃；阿羅漢入無餘涅槃，不證無餘涅槃。」不管是誰都無法推翻，諸大菩薩也無法推翻，諸佛也無法推翻；因爲那是祂們所講的法，也是法界中的事實，更不會自己推翻它，諸佛也是這樣證的；我只是作一個承先啓後的人，我只是作一個中介者，居中把 佛給我的東西轉介給你們，所以 佛才是法主、法源、法本、法根。

這種證涅槃而不入涅槃，是菩薩的智慧證境；不但凡夫不能思議它，乃至二乘聖人也都不能思它、不能議它，他們都無法想像；他們所知道的涅槃是把自我滅了，成爲無餘涅槃；但菩薩們卻是根本不用滅自我，就住在無餘涅槃的境界中，因爲如來藏自住境界就是無餘涅槃；菩薩們卻把無餘涅槃裝在口袋裡四處晃，阿羅漢無法思、無法議，所以這個涅槃就叫作不可思議。

這是現前得解脫，不必死就解脫了，阿羅漢是要死了才解脫，所以諸地菩薩轉依這個本來自性清淨涅槃，就是轉依如來藏的眞如法性而證得解脫的境界，在三界中來來去去，世世在人間度眾生，不斷的讓眾生辱罵，他都無所謂，只要眾生能得利就好，菩薩就是這樣遊戲人間的。所以，菩薩遊戲人間，在人間被人家打、被人家殺、被人家辱罵，而把眾生度了；辱罵菩薩的眾生，菩薩把他們度了！想殺菩薩的眾生，菩薩也把他們度了，就這樣色身苦楚的「遊戲」人間，心中卻快意自在，這就是菩薩。

但是菩薩爲什麼能這樣？都是因爲轉依了如來藏的本來自性清淨涅槃，才能盡未來際不離生死、利樂眾生。要有這個智慧、有這個解脫境界，才能不顧胎昧而如此的難行能行。如果是凡夫菩薩，我告訴你，你叫他行菩薩道，行上十年、二十年、大不了六十年，他就會想：「這麼苦！這些眾生，我幫他幫到這個地步了，還這樣對我！算了！算了！我不要度他們了！我要去極樂世界，我不再回來了。」所以很多人發願去極樂世界，不再回來。

事實上正是這樣，爲什麼他們會這樣？因爲他們不懂：不論是苦或是樂，都是自己如來藏顯現的境界。他們不知道自己從來都在如來藏中受苦樂，從來不是在外境中受苦樂，他們不曉得。菩薩卻有這個智慧現前觀察到如此，所以有這個解脫境界爲所依，才能一世又一世在生死當中讓眾生辱罵、讓眾生打殺的情況下，來遊戲人間；他的遊戲人間是這樣玩的，世世讓眾生打、讓眾生殺、讓眾生罵，這樣來遊戲；以此爲戲，這就是菩薩摩訶薩。凡夫菩薩早就氣死了、退轉了，所以發誓：「我去極樂，不要再來了。」多少人發了這個願：多數是出來度眾生以後才發了這種願。那你說，這一種菩薩的解脫境界，凡夫不能思、不能議，阿羅漢也不能思、不能議，連想都想不出來，哪有可能討論？只有我們能思、能議、能說，證悟者之間還可以互相深入探討、論議，所以它才叫作不可思議的解脫。

光是略說這個「不可思議解脫」就講掉一個鐘頭，接下來才能進入這部經文來講解。可是「不可思議解脫」下還有一個字：「經。」經有很多種，一神教有《可蘭經》、有《舊約、新約聖經》，他們當然也可以叫作經，雖然那只是世間法。儒家也有經：四書五經，也是經，也是世間法。道教也有經：《清淨經》、《道德經》，他們也有經，但也是世間法。我們佛教也有經，佛教的經有世間法、出世間法，也有世出世間法。那麼儒家的四書五經為什麼我們說它叫作世間法？譬如《詩經》好了，《詩經》一開頭就是講情詩、情話：「關關雎鳩在河之洲，窈窕淑女君子好逑。」這講的是什麼？正是少年情懷、追求異性。年輕的少女，又叫作少艾，譬如儒家說：「及長，則慕少艾。」說男孩子稍為長大一點了，看見女孩子就喜歡啦！慕少艾。這不是在講情詩、情話嗎？所以我說它是世間法。

有些人覺得這樣講有些肉麻：「你講什麼愛不愛的！」但《詩經》也只不過是把它美化一下而已，跟世間人，比如那些洋人一天到晚見了就說「我愛你！我愛你！」還不是一樣？只是把它含蓄美化而已，仍然是世間法，並且是層次不高的世間法。再不然！你說四書好了！四書也不過是講修身、齊家、治國、平天下，還是世間法。有人說：「我們一神教不算世間法。」我告訴你：還是世間法！他們的經講的還是世間法，因爲講的都不離欲界法。你看看《可蘭經》，一手持劍、一手持經，你若不願選經，就準備受一劍；《舊約聖經》中上帝多凶狠！放天火燒掉異教徒，又把異教徒交給他的信徒殺掉：你要我剪除你？還是要我用聖經對你？你要是信我，那就依我的經去做；你要是不信我，我就剪除你。所以古時的一神教都說要剪除異教徒。《舊約聖經》就這麼講：異教徒都要剪除掉。你想：那種心行能超過欲界嗎？（眾答：不能！）當然不行！都是欲界法，所以他們的教義還及不上道教。

道教經中，至少老子還懂一些出世間法，只是無法親證；老子不是講過嗎：「杳杳冥冥，其中有精。」可是那個「精」是什麼東西？我告訴你：就是如來藏。他知道無形無色中有一個眞精，是萬法的根源，是出生有情的眞實心，但他自己也找不到；所以道家就弄出一個太極，太極圖裡面「陰中有陽，陽中有陰」，都是在陰陽、四象、八卦的範圍中，一切世間法逃不出四象八卦，講的都是世間相，所以他們的四象八卦只能用來斷世間法、判世間法；太極才是他們應該實證的法，但是太極（無極）的眞意，他們無法實證，所以從太極衍生出來的陰陽、四象、八卦，都及不上出世間法，觸不到二乘涅槃，所以道家無法證得涅槃，出不了三界生死苦。

老子很聰明，所以說：「杳杳冥冥，其中有精。」其實他想像的那個精，正是太極，講的就是如來藏，只是他不知道；所以他們只能知「我」而不能知「無我」。所以，我們的《我與無我》封面印個太極圖，我又臨時寫上一個偈，印在書中。太極整體就是如來藏，但是他們只能在太極裡面混，無法回到太極整體，找不到太極、見不到太極。太而又極，無出其上，就是無極，無極其實就是如來藏。所以我最懂道家，但是我這個道家的層次太高了，都不在煉丹、養息等事相上講，由於層次太高就變成佛家了。道家是不懂這些道理的，道家的法都在世間法裡面，雖然他們想要突破世間法而到達實相的究竟境界，但終究只能想像而無法親證；爲了達到這個目標，所以他們當然也有經。但他們的經在佛法裡面就不算經，只能說是世間法的經，把他們所施設、所觀察到、所建立的理論與行門，貫串起來稱之爲經。

我們佛教的經典也稱爲經，我們的經，是把世間法、出世間法、世出世間法整個貫串起來，所以稱爲佛經，能使人究竟現象界與法界的實相而成佛，因此佛經就是貫串一切佛法的意思：一部經可以把整個佛法貫串起來。但阿含若離開大乘如來藏教，就不是佛經，而只是解脫經，只能使人解脫成阿羅漢，不能使人成佛；只有在不違背成佛之道而含攝在大乘如來藏的成佛之道中，才可以稱爲佛經；若是獨立於大乘根本法如來藏之外，連成就初果都不可能，何況能稱爲佛經？

能把佛法貫串起來的就是佛經。有的人也許不信：「如果一部經就可以貫串佛法，佛爲什麼要講那麼多經？」正因爲眾生不懂，根性也不同，所以就要講很多種；但是，實證無生法忍的菩薩卻是以一法貫串一切法。你要是不信，我舉個簡單的例子，你只要給我一個字，我就可以從這一個字概略的講出全部佛法，這是可以當場證實的。所以佛來人間其實講一個字也就可以了，從一個字引申出來就佛法都具足了，所以才叫作經。

可是，雖然這麼講，我卻有幾句話要交代：讀經不可以只讀一本，因爲你還沒有把佛法全部貫通，所以你要儘量去讀；同樣的道理，你讀我的書也不能只讀一本，因爲佛法內涵有很多，一本書裡面能講出來的只有一點點而已。佛講的三藏十二部經，看起來似乎很多，大多數的人一生都讀不完。但是，有一次，佛從地上抓起一把泥沙，把大拇指伸出來，從指甲上方撒下來以後，留在指甲上有多少沙呢？只剩下一點點，佛就說：「**我所說出來的法，就像指甲上的沙這麼多；我還沒有說出來的法，就像大地土那麼多。**」事實也是這樣，所以我常常講：「**我心中的佛法能寫出來的，大概是四分之一、三分之一，不會超過三分之一。**」有很多東西既沒有因緣去講、去寫，也沒有時間去講、去寫；如果有人要在法上搞怪的話，我們可以寫出很多東西來，他們想都想不到，作夢也想不到。

所以讀經不能只讀一部，我的書也一樣，你也不能只讀一本；你如果只讀一本，我告訴你：你這一世佛法的慧命就死定了，你絕對無法悟的，並且還有可能謗法，因爲你會誤解我的意思。所以經是非常重要的，正因爲人的壽命只有短短百年，所以 佛來人間示現，也就只能隨緣百年，百年中到底能說多少經？人的智慧就只有這麼高，又能夠說到多深細？都不可能！所以只好把那些要說給諸地菩薩聽的東西留在色究竟天去講，等覺菩薩彌勒就在兜率陀天中去講，只好這樣！所以「經」這個字不能輕視。不過經法雖然浩瀚猶如煙海，但是眞要說的話，一句話就講完：「『經』就是如來藏。」這不就結了？事實是這樣！所以有一部經裡面（編案：金剛經）說「此經」就是此心——如來藏。

這樣，整個經名我們把它合起來講，這一部經就是等覺大士維摩詰菩薩所說的諸大阿羅漢、諸凡夫、諸外道所不能思也不能議論的、難可思議的解脫境界的經典。我們不作科判，這樣把經名大略講完了，諸位大概就能瞭解這一部經裡面大約是要講什麼了。經名其實就是總持，所以 佛說一個法，說完的時候，阿難尊者一定會起身合掌禮佛，禮完佛了，就請問佛：「這一部經如何受持？當名何經？」佛就指示說：它叫什麼經、又名什麼經、又名什麼經，如是受持。因爲如果只講一個經名出來，可能大家會誤會或偏頗，所以有時一部經會有好幾個名稱。這一部經，把經名這樣講下來，諸位就知道我接下來要聽的大概是什麼法了。我們接著就進入經文的本身。

#《維摩詰所說不可思議解脫經》卷上

〈佛國品〉第一

【如是我聞　一時佛在毘耶離菴羅樹園，與大比丘衆八千人俱。菩薩三萬二千，衆所知識：大智本行皆悉成就，諸佛威神之所建立，爲護法城、受持正法，能師子吼、名聞十方；衆人不請，友而安之，紹隆三寶能使不絕，降伏魔怨制諸外道；悉已清淨永離蓋纏，心常安住無礙解脫；念定總持辯才不斷，布施持戒忍辱精進禪定智慧及方便力無不具足；逮無所得不起法忍，已能隨順轉不退輪，善解法相，知衆生根，蓋諸大衆得無所畏；功德智慧以修其心，相好嚴身色像第一，捨諸世間所有飾好，名稱高遠踰於須彌；深信堅固猶若金剛，法寶普照而雨甘露，於衆言音微妙第一；深入緣起，斷諸邪見有無二邊，無復餘習；演法無畏猶師子吼，其所講說乃如雷震，無有量、已過量；集衆法寶如海導師，了達諸法深妙之義，善知衆生往來所趣及心所行，近無等等佛自在慧、十力、無畏、十八不共；關閉一切諸惡趣門而生五道以現其身；爲大醫王，善療衆病，應病與藥令得服行；無量功德皆成就，無量佛土皆嚴淨，其見聞者無不蒙益，諸有所作亦不唐捐，如是一切功德皆悉具足；其名曰：等觀菩薩、不等觀菩薩、等不等觀菩薩、定自在王菩薩、法自在王菩薩、法相菩薩、光相菩薩、光嚴菩薩、大嚴菩薩、寶積菩薩、辯積菩薩、寶手菩薩、寶印手菩薩、常舉手菩薩、常下手菩薩、常慘菩薩、喜根菩薩、喜王菩薩、辯音菩薩、虛空藏菩薩、執寶炬菩薩、寶勇菩薩、寶見菩薩、帝網菩薩、明網菩薩、無緣觀菩薩、慧積菩薩、寶勝菩薩、天王菩薩、壞魔菩薩、電德菩薩、自在王菩薩、功德相嚴菩薩、師子吼菩薩、雷音菩薩、山相擊音菩薩、香象菩薩、白香象菩薩、常精進菩薩、不休息菩薩、妙生菩薩、華嚴菩薩、觀世音菩薩、得大勢菩薩、梵網菩薩、寶杖菩薩、無勝菩薩、嚴土菩薩、金髻菩薩、珠髻菩薩、彌勒菩薩、文殊師利法王子菩薩，如是等三萬二千菩薩。】

講記：這部經，是誰翻譯的？這個功德不能把它抹煞，還是要略微講幾句來表示感謝。這是姚秦時代的三藏法師鳩摩羅什所翻譯的，他翻譯的經典比較注重典雅，所以他的經典文句都很優美。（註：鳩摩羅什因政治勢力所逼而還俗，以居士身而任三藏法師之職，是不現聲聞相的菩薩。）

但是　玄奘菩薩譯經時就有些不同，除了顧及典雅以外，他還要顧及的，是要求譯文完全沒有錯誤，所以有時會有一些直譯的部分；因爲他不想有一絲一毫的錯誤來擔負因果，他很注重因果。但是鳩摩羅什的翻譯比較注重典雅。所以，譯經有三個很重要的要點，就是：信、達、雅。「信」就是譯出來的經典要讓人能夠完全的相信，也就是說，它要具有十足的公信力，不能以自己的意思來譯。譬如《楞伽經》，菩提流支翻譯時，有時會用他自己的意思來譯，「信」力就不夠，所以譯經第一個條件是「信」。

第二個條件要「達」，意思就是說，譯經的人一定要是通達佛法的人，最好是有初地的證量，至少也要已經證悟；若沒有初地證量，至少也要證悟，才能夠把諸經加以貫通，譯出來才會通達，這是第二個條件：「達」。如果是還沒有悟的人譯經，那我們就要悲哀的私唸一句「阿彌陀佛」啦！因爲有些地方他不免會譯錯。所以，對於一部經有很多種譯本，我們都是很歡迎的；因爲當你證悟了以後，可以從很多譯本裡面確實去觀察哪一些地方被什麼人譯錯了！你可以做比對，把不同的譯本比對以後，可以求出最正確的法義。所以，我註解《楞伽經》時，每一段都是以三個譯本去對照，然後才做註解；

編輯《三乘唯識》時斷句，也是對照不同譯本來斷句或修正錯別字，是很愼重參考不同譯本的。所以，第二個譯經條件是要通達。

第三是要典雅，信與達是最重要的，因爲如果是以自己的意思來翻譯，就沒有公信力；譯者若沒有通達的話，譯經往往無法把佛的眞實意旨顯示出來，所以「達」也很重要。「雅」都是在翻譯後，另外有一批人——就是文學底子比較好的人——來潤色，哪個地方覺得不夠典雅，他們就換個詞句；詞句換好以後，再交由譯主也就是主持譯經的人再來看：這樣比較典雅了，但是有沒有違背原意？所以譯主本身通常是直譯的，然後由最後一批人——選一些比較有文學素養的人——來把經文潤色；譬如譯出來時好像前後段太生硬，就加上起承轉合；哪個文句太直接，讓人家覺得不是很高雅，就換一些字句；但是都不能違背信、達二字，這是譯經時最重要的三個條件。

「姚秦三藏鳩摩羅什法師」：三藏法師，是因爲通達經、律、論，所以稱爲三藏。鳩摩羅什法師其實是以居士身來譯經的，因爲他被政治力壓迫而還俗了！但心是出家的。他譯經時比別的譯經師更注重典雅，所以他的譯文比較優美，這是他譯經的特色。鳩摩羅什來到中國地區譯經，他有一句話很有名；他希望大家相信他所翻譯的經典完全正確，因爲有很多人批評他說：「你這麼注重典雅，是不是會失掉了佛意？」所以他死的時候說：「假使我所譯的經典沒有違背佛意，那麼我死後荼毘時，舌頭不爛。」後來荼毘以後，果眞是舌頭不爛。

其實那些批評他的人，背後眞正的原因，是因爲他翻譯的經典是大乘了義經，俱舍宗的大師們覺得太深奧而讀不懂，心中又只崇信俱舍宗的緣起性空六識論，不信八識論的眞常唯心妙義，所以故意誣枉他的翻譯不準確；背後目的只是反對大乘經法，其實不是以他作爲批評的目標。不過我們可以看得出來，他眞的很用心將經文眞義譯出來，所以我們選了他的譯本，也因爲這個譯本是中國佛教界比較常用的一本。

玄奘菩薩的譯本有一點點不同，譬如經名，他譯作「無垢稱所說不可思議解脫經」，他不是音譯爲「維摩詰」，而譯爲「無垢稱」。爲什麼叫作無垢稱？因爲「維摩詰」是音譯，本意是清淨的名稱；清淨就是「無垢」，名稱就叫作「稱」，所以合名「無垢稱」；因此古來很多人註解此經時不寫作「維摩詰經」，也不寫作「無垢稱經」，而直接叫作「淨名經」，維摩詰居士就說爲淨名居士，所以淨名二字指的就是維摩詰大士。

現在我們就進入〈佛國品〉第一來講，因爲每一部經都有一個緣起，這部經的緣起就是從〈佛國品〉開始的。佛陀弘法時有一個現象出現，就是二乘人都說這個世界污穢啦！不清淨啦！但事實上這個世界是全然污穢不淨嗎？並不盡然！那是二乘人所見，但菩薩們所見這個不淨世界同時也是清淨世界。比方說我們同修會好了，我告訴你：同修會不清淨，因爲有少數人心裡面雜七雜八的私心邪思太多了，但那畢竟只是少數人的所見不淨；可是我所見的同修會卻很清淨，因爲我從不同的角度來看，所以每個人我看見都是很可愛的，就看你從哪一個角度去看。在五濁惡世中，沒有絕對清淨的，我們同修會內已算是頂尖、頂清淨的。外面道場，我告訴你，有一半是暗中在修雙身法的，在修學藏密的樂空雙運，你們知道嗎？但在這裡，我們是不允許的，也沒有人這樣修。那是嚴重違犯菩薩戒，我們是不允許的，會中也沒有人那樣亂修；所以我們同修會：法也清淨，人也清淨。

如果不清淨，就不能見容於同修會，因爲大眾都會討厭他；這是必然的，所以我就要做表率。我如果貪污了，大眾也會討厭，所以我也不能容許自己及任何人貪污；不只這樣，除了聲聞相的親教師以外，示現菩薩相的所有親教師也都不可以受錢財供養。有件事情，我覺得很困擾，因爲大家都想：「**我得了你的法，回饋一點點錢財表示感恩嘛！你都要拒絕。**」我聽了這話往往好難過，因爲我拂逆了你們的好意。這也是事實。可是我如果受了供養，恐怕正法會因此加速被壞；所以請你們大家只要有這個心就行了，我就領受你這個心，但是不要供養錢財給我，好不好？心領就好了，你也歡喜。因爲你表示了意思；我心領了也歡喜，大家歡喜，何樂不爲，好不好？

爲什麼緣起的部分會講這個〈佛國品〉呢？就是因爲二乘人看見這個世界多麼不淨，但是 佛想要告訴他們：世界是清淨的。佛爲什麼要這樣告訴他們？就是要轉變他們，讓他們看見這個五濁惡世清淨的另一面。五濁惡世不全然是不淨的，五濁惡世也有清淨面，並且這個清淨面絕對不輸給極樂世界，所以就有〈佛國品〉作爲這部經的緣起。由於這個五濁惡世的菩薩所見，與二乘所見的不相同，因此就有了 維摩詰大士到各個佛世界借一些事物來讓大家瞧一瞧的事相出現。但是要從哪裡開始呢？從 佛把這個世界的莊嚴相、清淨相顯示給二乘聖人看，就從這裡開始，所以第一品就稱爲〈佛國品〉，顯示娑婆世界清淨佛土。這是因緣品，表顯此經演說出來的因緣。

這一部經，我必須要先跟諸位說明：也許有的人在南傳佛法（二乘佛法）學很久了，才終於轉進大乘不久，聽了這部經時千萬不要生起煩惱。因爲這部經有個特性，它表面上看起來是在貶抑小乘法、貶抑解脫道、貶抑聲聞法，但其實是在護持二乘聲聞法。因爲，聲聞法如果沒有大乘這個法來加以支持、護持，聲聞法就會被斷見外道所混淆，也會被常見外道所破，因爲將會變成斷滅法，所以這部經，我說它「外現貶小，內實護小」，這是它的特色。當你看見那些大阿羅漢們被維摩詰居士一一破斥時，千萬別難過！如果有所難過，就表示你就沒資格學大乘法，那你還是回南傳佛法去學二乘法好了。

但我們這裡也有眞正的阿含解脫道妙法，外面那些南傳佛法的法義是誤會了的南傳佛法、阿含佛法；即使現在的南傳佛教地區，他們也是誤會了南傳佛法的解脫道。但是你如果來正覺學法，我們這裡也有解脫道的法，是他們所不知的解脫正理；但我們主要還是側重大乘法，因爲解脫道——南傳聲聞法的解脫道——本來只是大乘法中的一小部分，爲了要讓信不具足急證解脫的眾生，生起大信，所以把它們從大乘法中分析出來先度眾生；所以佛菩提道是函蓋南傳二乘解脫道的，才會叫作不可思議的解脫。

這一部經中有許多地方破斥二乘聖人，不只是破斥凡夫僧；二乘法中的凡夫僧還沒有資格讓 維摩詰居士來破斥，而是那些俱解脫的、甚至三明六通的大阿羅漢，才有資格讓 維摩詰居士責罵。如果是剛從二乘法中轉過來正覺修學大乘法的人，千萬不要因此而心裡面難過；如果心裡面難過，忍受不了，那就只好再退回去二乘法中，而且是退回去錯誤了的二乘法裡面修學。如果能夠堅持修忍——來這裡要修忍——能忍得住而聽到最後，將來一定有因緣可以悟入大乘；一旦悟入大乘，同時也會通達二乘法。爲何安忍而聽就能悟入大乘？因爲這部經聽完了，一定能夠把菩薩性發起。在大乘法中學法，悟不了、產生障礙的原因，都是因爲菩薩性不夠，心性不符合菩薩的心性；明心就已經是這樣，見性這一關更是如此。

要過見性這一關，菩薩性不夠的話，沒有完全發起的話，不可能眼見佛性的；換句話說，這個人還要繼續熏習菩薩心性，還要繼續熏習菩薩道的知見。但是如果菩薩性具足了，也已佛性眼見分明的話，立即就轉入初行位去了，就離開習種性位。如果菩薩性不具足，那是絕對無法眼見佛性的，那就得要在習種性裡面再修上好幾劫；一旦具足了，能夠眼見佛性分明時就進入初行位，成爲十行位的第一行；所以學大乘法，一定要先把菩薩性發起。

這一部經講的是純大乘的法，並且是大乘中不可思議的解脫境界，所以如果是從二乘法中剛轉過來，是學南傳佛法而轉過來不久的人，我特別吩咐你：你一定要能安忍，忍不住也要忍；忍到講完了，回家後假使還忍不住，可以跑到學校操場去對天空大罵一番；罵完後就把它忘掉，下週再回來，一定要把這部經聽完；能聽完，你這一世證得本來自性清淨涅槃的緣就會具足，剩下的就是時間遲早的問題而已。這話叫作語重心長，我特別先講出來。

「**如是我聞**」，這一句我就不解釋了；因爲這四個字，很多人註解經典時都是長篇累牘，註解了一大堆，我就不解釋了，因爲諸位已經都知道這個意思。「一時」是這個時候，「一時」我也不解釋了，因爲諸方大德也解釋很多了。我在這部經上，不做科判；科判的事情，留給佛學院的教授或學生去做，做出來以後是否正確？等那時再說。我要講的是實證的部分，科判部分，古人已做了很多；凡是古人做過的，我們就不要做，我們要做的就是從法上來講，讓大家可以眞正的，而且直截了當的、不拖泥帶水的直接契入不可思議解脫中，我們要做的是這個，所以那些贅文就免了。

「某一個時間，佛在毘耶離的菴羅樹林」，毘耶離是音譯，毘耶離有時候會譯作吠舍釐，有時候譯作離車城。車，是象棋車馬砲那個車（ㄐㄩ）；不讀作ㄔㄜ；不可讀作離ㄔㄜ城，是離ㄐㄩ城。毘耶離、吠舍釐、離車，如果把它的意思翻譯過來就叫作廣嚴，毘耶離城就是廣嚴城，廣大莊嚴之意。這個毘耶離城中住的都是離車，離車是刹帝利中的一個種性，是統治階級的人；維摩詰居士示現在我們娑婆世界時，示現在統治階級人士之中。離車，是統治階級人種中的一個分支，屬於刹帝利種。

我們 釋迦佛的佛法最後是由誰來護持的？是由一切世間樂見離車童子。佛法將滅的時候，是由一個統治階級的人士——菩薩示現作這個身分——來護持最後階段的佛法，那位菩薩的名稱就叫作一切世間樂見離車童子。佛曾經一一點名問：「大迦葉啊！我入滅以後，你要護持我的正法到最末世啊！」這樣一個一個問過去，沒有一個人敢答應，爲什麼呢？因爲這個世界的眾生太惡劣了，大家都不敢應承。所以一切世間樂見離車童子現在還在我們娑婆世界，他並沒有離開。大迦葉尊者，他是把 佛的袈裟穿著，在雞足山中入定、入了滅盡定，要等到彌勒菩薩降生示現成佛，然後來打開他的山洞，他就負責把那件佛衣交給彌勒菩薩，然後就入無餘涅槃了！他可以做這件事，但是要他生生世世在這裡弘揚佛法，卻做不到，因爲這裡的眾生太汙濁了，極難度，所以他不肯承擔大任；其他的大阿羅漢們也一樣。

佛又問了一些菩薩，那些菩薩們也都不肯應承，最後只剩下這位一切世間樂見居士，後來他說：「若要論護持正法、弘揚正法，前面有諸大阿羅漢、還有諸大菩薩，哪裡輪得到我？我又沒有什麼名稱，我又不是什麼很大、很大的菩薩；可是既然諸大阿羅漢、諸大菩薩們都說不堪任，那就由我來做。」他就這樣答應下來，這就是一切世間樂見離車童子，他將來不會結婚，保持單身而成爲童子身來護持末法時最後正法弘揚的艱難重任。但其實所有的菩薩們都知道，佛陀這個任務是屬意他來做的，所以各個都推辭，來成就他的護法大因緣。因此，離車並不是一個不好的名稱，離車只是剎帝利種族裡面的一個分支。離車也譯爲毘耶離。毘耶離城就是離車城，也就是廣嚴城。

這時佛在毘耶離城的菴羅樹園中。菴羅樹園是由一個很有名氣的大妓女捐出來的，所以叫作菴羅樹園，就以這位妓女的名字作爲園名。佛在這裡與大比丘眾八千人同在一處，既然是講大乘經，當然免不了有菩薩比丘，因為聲聞法中證得阿羅漢果的比丘，總共只有一千二百五十人。這些菩薩比丘及示現在家相的菩薩們，眾所知識、廣有名聲的人共有三萬二千人。

「**菩薩三萬二千，眾所知識**」：為什麼大乘經中的菩薩們，一定都排在比丘僧後面？所有的大乘經中都是這樣，我們對此要先瞭解一下：比丘和菩薩之間究竟有什麼關聯？

比丘，這裡說大比丘眾八千人俱。「比丘」稱為**破煩惱**，主要是指破除見惑與思惑二種煩惱，不包括上煩惱的塵沙惑，這就是比丘的意思。另外還有一個意思叫作**淨乞食**，也就是以清淨心來乞食；這有兩個意思，一個是以清淨的身口意行來乞求維持欲界人身生命的團食，不以下口食、仰口食、方口食、維口食等不如法的方法來維持生命，所以稱為淨乞食。並不是乞食者都叫作比丘，所以外面的乞丐們不是比丘，雖然他們也乞食，但他們是不淨乞食。在印度，出家眾都不建立爐灶的，意思是說，不要為三餐而自己種菜、切菜、撿菜、炒菜，不為這些事情忙，這都是下口食；比丘維持生命以供修道，是由信徒們來供養的，所以叫作淨乞食。另外一個乞食的意思就是以法爲食，比丘以什麼法爲食？以解脫道法義爲食，菩薩比丘則兼以佛菩提道法義爲食，這叫作法食；都要向 佛陀或上位聖者求乞，這就是淨乞食的意思。

比丘的另一個意思叫作**淨持戒**，換句話說，戒若沒有持好，戒體就會喪失，就不能再稱爲比丘。所以那些喇嘛們都不能稱爲比丘，因爲他們以雙身法爲主修，早已失去比丘戒體及菩薩戒體了；不管是顯教或密教中的法師或喇嘛，只要修了雙身法，就都不是淨持戒者，那就不是比丘，不是佛門中的出家人了。比丘的另一個意思叫作**怖魔**，這是因爲受了比丘、比丘尼戒以後，終究有一天會獲得解脫果；獲得解脫果時就會出離欲界，乃至出離三界生死，這就超過了魔的境界。天魔波旬的境界主要是以欲界爲主，比丘受具足戒以後，縱使見惑未斷、我執未斷也沒有關係，未來天魔也是無法掌控的，因爲終究有一天會證得解脫果；所以一旦有人出家受具足戒，魔宮一定會震動，除非傳戒者曾嚴重犯戒或修過雙身法而失去了出家戒的戒體。所以不管什麼人出家受具足戒時，一定魔宮震動：人間又將有人要脫離他的掌控了，他心中有恐怖，怕魔眾越來越少，所以比丘又名怖魔。這是因爲魔的眷屬欲很強，只要有人即將超脫於他的勢力範圍，他認爲即將掌控不到了，就會恐怖，所以比丘又名怖魔。

大比丘是指已經證得解脫果的俱解脫者，如果廣義一點說，可以包含慧解脫的阿羅漢比丘、菩薩比丘。大比丘衆八千人，與 佛同在毘耶離菴羅樹園；菩薩三萬二千人雖然是衆所知識，卻排在長老比丘後；在法會中就座時也坐在長老比丘後，不能坐在長老比丘前，這是爲了崇隆世間表相僧寶的緣故，因爲佛教住持在人間，主要的象徵就是聲聞相的比丘衆。還有另一個原因，比丘、比丘尼一向都要依佛座下而住，不能離佛而住，所以一定要住在寺院中，這也是比丘們會排在前面的原因之一，因爲一直都與 佛共住，所以排序當然在前面。直到 佛陀晚年大乘佛教興盛以後才有改變。

菩薩則不然，菩薩有出家、在家、凡夫、賢聖之分，所以菩薩部衆不排在比丘衆之前；菩薩主要以在家相者爲多，聲聞相者爲少，即使出家的菩薩們多數也是現在家相的，譬如童子文殊師利、童子普賢菩薩，即是現成的事例；假使示現在家相的菩薩們與聲聞出家衆一起坐在 佛前，就會有一些混亂了。而且大部分的在家菩薩不依佛座下而住，多數不住在寺院中，大部分散佈在人間各行各業當中，你們去看善財大士五十三參就知道了：這五十三參有七位出家菩薩，其中六位比丘、一位比丘尼，這是佛陀在世的時候。菩薩既然散在各行各業當中，不住在寺院之中，所以多數是不依佛座而住的，因此菩薩排在後面。即使是出家了的等覺菩薩 彌勒比丘，雖然同樣坐在佛前而與聲聞聖人同處而坐，但在提到名號時也是與排在後面的眾菩薩們一起並列的。還有，菩薩們從賢位到聖位，他們的證德高低層次相差很大，有許多菩薩甚至能於十方世界來去自如，所以他們都是遠行地的聖者，因此也都不依佛座而住；所以不管他證量多高，乃至等覺菩薩們被提到時，也是排序在聲聞大比丘眾後面一起列名。

這裡說菩薩有三萬二千，是眾所知識的，這三萬二千人中當然也有出家菩薩，但是人數少，絕大多數是現在家相的菩薩，而且多數是十方世界來來去去的，所以也有許多是他方來的菩薩，因此就排名在後面，這也是客隨主便。由於這個法是在 釋迦牟尼佛的世界中所說的，當然是要把 釋迦牟尼佛座下的比丘眾排在前面，一向如此。我們也一直遵循這個規矩，不想打破這個規矩，所以諸位親教師德行再高、證量再高，也不能坐到前面來，除非增上班的課程，因爲座位不夠，原因就在這裡；這是爲了崇隆人間的三寶，所以我們應當如此做，不要違背佛意（編案：但後來經過討論，認為正覺同修會中的僧眾都非二乘聲聞僧，平實導師也不是佛位；所有會員與法師們，全都是賢聖菩薩或凡夫菩薩，並無聲聞眾，故已改依古天竺佛陀晚年時大乘菩薩僧團純依證德排序之精神，將親教師等菩薩排列在前）。菩薩三萬二千眾所知識；為何是眾所知識？一定有他們的原因，接著就說明原因。

「大智本行皆悉成就」，換句話說，後面所要談到的大菩薩們，只能舉出代表性的幾位，不可能全舉；因為全舉的話，以這部經的篇幅就只能書寫他們的名號了；所以只舉出主要的幾位，可是其他的三萬一千九百多位，其實也都是在十方法界中很有名的，只是經中排列不下，就略過了。這三萬二千位菩薩們的修證情形，說他們是**大智本行皆悉成就**；不是小智慧，而是大智慧。小智慧是指二乘法的證量，所以叫作小智慧，就是大比丘眾八千人中只具有聲聞證量而不能實證大乘法的聖人；他們的證量只是解脫道的證量，所斷惑也是只有見惑與思惑，所以不稱為大智。但菩薩們的修證是包含二乘解脫道證量的，並且還要有般若及一切種智的修證，所以叫作大智；菩薩從因地發心以來，他的修證一直是以菩薩的法道為主，所以叫作大智**本行**。

這三萬二千位大菩薩們對於大智本行已經成就了，並且有諸佛的威神力所建立，所以他們爲了守護法城、護持正法，都能獅子吼、破邪顯正。只有菩薩才有能力維護佛教正法的高廣大城，才有能力護持諸佛的正法，因爲他們有大智慧的緣故，而且也有佛的威神建立的緣故。威神建立是講佛所護念，如果沒有佛所護念，菩薩往往不能成就諸法。菩薩能夠做獅子吼，也就是說高聲宣演佛的菩提大道，並且對於誤導眾生的邪法能夠加以徹底的破斥，排除於佛門之外，這就稱爲獅子吼。

獅子大吼時，一切動物總是要避開的，也就是說牠準備有所行動了。同樣的道理，菩薩就像動物之王一樣，是眾生之王，能以正法的威德力，加上佛所建立護念的威神力，來做獅子吼；也就是破斥外道法，使得外道法不得不遠離佛門，沒有人敢來跟他挑戰；因爲愚癡無智之人而上前挑戰的話，只有一個結果，就是身敗名裂，不會有第二個結果。所以，菩薩正因爲能夠獅子吼的緣故，接著就名聞十方。

名聞十方，諸位不一定知道；如果你挺身而出做獅子吼，破除種種外道邪說，能將佛法中的一切外道見驅出佛門，你早已名聞十方，雖然你自己不知道；因爲十方菩薩都很關心正法是否久住，十方菩薩都會很注意；只要有人能這樣做，菩薩們都會加以宣揚：「某某世界的某一個星球，又有某某菩薩正在獅子吼，在維護佛教正法的清淨，能把外道法驅逐於佛門之外。」一定會很快傳出去，因爲他們不用電話就可以傳出去了！所以你如果能站出來做，就一定會名聞十方法界：有一個人出來做，就一個人名聞十方；有十個人出來做，就十個人名聞十方。

菩薩除了如此守護法城而成爲眾所知識以外，他們還有一個特性：「**眾人不請，友而安之。**」雖然眾人往往不向菩薩做任何請求，但菩薩會把眾人當作朋友，設法幫助，讓這些人可以安住於正法之中；不必去請，他就會做。甚至於你需要正法的時候，他就把正法寫在書中，寄到你手上，讓你不必出門就能獲得法樂，這是**不請之時**、**友而安之**。並且能夠「紹隆三寶」，使得三寶法脈不絕於人間。紹隆三寶的具足實行，不是聲聞聖人所能做得到的；有人也許不相信，但我告訴你：眞的是這樣子。因爲三寶的紹繼以及興隆，都要靠菩薩，不能靠聲聞人。

且不說一切世間樂見離車童子，能夠一世又一世繼承佛法，於後末世廣爲宣揚，而諸大阿羅漢們都做不到，這且不說；我們單說道理就好，三寶要能夠紹隆不絕，當然必須有佛菩提道的弘揚，如果不是有佛菩提住持於人間，就不可能讓佛種紹繼不斷，將來就不具足佛寶；因爲阿羅漢們所得的法是二乘小法，只是解脫道的法，他們的法度了人，被得度的人捨報以後，個個都會入涅槃，即使是三果人也會成爲中般或生般涅槃，即使是初果人也會七次人天往返而般涅槃，終究還是要入無餘涅槃，有誰來紹隆佛種？佛的種性不能繼續承繼流傳，所以他們能紹隆的，最多就是人間的二乘菩提法，只是紹隆羅漢種，不能紹隆佛種，不具足佛寶；他們所度的眾生將來都不可能成佛的，將來都是要入無餘涅槃的，你說那些被度的人以及他們自己，將來能夠次第成佛嗎？當然不可能嘛！

所以紹隆三寶一定有一個前提，就是所度的人將來即使斷了思惑以後，也會故意再起一分思惑繼續行菩薩道，永遠不入無餘涅槃；他自己如此，他所度的人也將永遠如此，才能夠在未來世中有人可以次第成佛，這樣佛寶才能相繼不絕。不然的話，度了人，結果個個都成爲阿羅漢而入涅槃，不可能再有佛寶相繼出現於人間，最多只能紹隆二寶，只有聲聞僧寶與解脫道法寶而已；所以紹隆三寶，只有菩薩做得到，因爲菩薩所學、所證的法是函蓋成佛之道的法，所度的眾生也是大部分行菩薩道的，將來大部分人是要成就佛道的，所以能夠使得未來無量世中繼續有佛寶次第成佛示現於人間，這樣才能夠是紹隆三寶，使三寶永不斷絕。

菩薩還能夠降伏魔怨、制諸外道。降伏魔怨是說諸魔之所怨，菩薩能降伏。諸魔最怨恨、最厭惡的，就是眾生出離三界，從此不在他的掌控中。可是諸魔找到菩薩理論時，菩薩會說：「我不度眾生出三界，我也不出三界；我也不度眾生成佛，我自己也不成佛。」天魔聽了就很歡喜回去了，但其實他是誤會了菩薩的意思。菩薩說的是：「我不度眾生出三界，是因為眾生根本不可能出三界；即使阿羅漢入涅槃也不是出三界，只是把阿羅漢自己滅盡了，剩下他的異熟識獨自存在，阿羅漢五陰並沒有出離三界，反而是他在三界中消失了，何曾出？」但是天魔聽不懂，他就想：「菩薩對我保證不度眾生出三界。」他就安心了。菩薩也說：「我自己永遠不會出三界，你別擔心，我度的眾生也都不會出三界；我度的眾生也不會成佛，我自己也不會成佛。」因為成佛是五陰成佛，而菩薩轉依了第八識以後，第八識沒有佛可成，所以「我永遠不成佛，我度的眾生將來成佛了，也沒有成佛。」菩薩其實是這個意思，但是天魔聽不懂而誤以爲是自己所想的字面上的意思。天魔本來很怨恨菩薩，現在聽說菩薩保證不度眾生出三界，不度眾生成佛，他就安心了，他的怨恨也就消失了，所以菩薩能這樣降伏魔怨。

假使哪一天有魔來找我，我也會這樣跟他講：「**我不度眾生出三界，我也不度眾生成佛。**」因爲無佛可成，成佛的是七識心，可是七識虛妄，所以我成佛以後，或者我度所有眾生成佛以後，也都沒有成佛。將來有人成爲菩薩而得解脫乃至成佛時，天魔假使再來找我的時候，我還是一樣的說：「**實際上是這樣，我沒有度人成佛。**」他也不能說話，因爲那時也是他該證悟的時候了。所以降伏魔怨，阿羅漢都做不到，只有菩薩做得到。所以天魔波旬一天到晚搗蛋，一下子跑進舍利弗尊者肚子裡搗蛋，一下子又跑進目犍連尊者肚子裡搗蛋，可是不敢跟菩薩搗蛋，因爲菩薩保證不度眾生出三界，他安心了！佛也跟他保證過，所以他安心了，這就是降伏魔怨的方便善巧；但是並沒有欺騙他，只是他自己不懂，不能怪別人。

「**制諸外道**」，阿羅漢只能做到一小部分。制伏執著於我見、執著於五陰我的眾生，是阿羅漢所能對治的。但若是妄想法界實相的那些外道們，阿羅漢們都無法加以制伏，只有菩薩才能做得到；因為法界實相是菩薩才能知道的，二乘聖人並不知道。二乘人想要出三界，只要斷我見、斷我執就可以了，他不需要證得無餘涅槃中的實際，只要把自己滅盡就成功了。但是有很多外道是在探究法界實相的，雖然他們探究時不免都會發生偏差，即使有偏差，阿羅漢們因為不懂法界的實相，所以也無從制伏外道；所以說，他們若要破外道的邪見，只能破解脫道上的外道邪見，但對於探究法界實相的外道邪見，他們並沒有能力加以制伏，這只有菩薩才能做得到。

所以，我們會中有些同修們才剛破參，就可以在各個網站論壇上像獅子一樣，將那些悟錯的常見、斷見加以破斥，導致許多誤導眾生的佛教網站論壇不得不關閉。可見菩薩雖然才剛出生，就能夠多少做一些制伏外道的工作了，而且所制伏的外道還是佛門中的外道，不是外教的外道們，那些外道們更是不堪一擊。所以說，降伏魔怨和制伏外道，只有菩薩做得到。

前面所說的，都是這三萬二千位菩薩的功德，他們不單是如此：「**悉已清淨、永離蓋纏**」；自身已經清淨了，永遠離開五蓋的纏縛。他們在十方世界或在人間，無妨和眾生一樣處於五欲當中，但是不被五欲所纏縛。處在人間境界中總是離不開五欲「財色名食睡」，這是沒有辦法離開的；但菩薩不然，雖然處在五欲裡面，卻不被障礙，所以稱爲難能可貴，也是難行能行、難忍能忍，故說不可思議。

「**心常安住無礙解脫**」，是說常常安住於沒有障礙的解脫境界中。我們上週已經略講了不可思議解脫，阿羅漢們無法想像。阿羅漢的解脫是一定要斷思惑的，不斷思惑就沒有解脫；菩薩不然，菩薩不斷思惑就有解脫，阿羅漢無法想像。有的菩薩並且斷了思惑以後，不是只有留惑潤生，連最後一分思惑也斷盡，但可以不入無餘涅槃，這就是八地開始的菩薩。初地開始到七地都可以斷盡思惑，但都是留惑潤生，故意保留最後一分思惑來滋潤未來世重新再受生的種子，這叫作留惑潤生；但是八地開始是連最後一分思惑也斷盡，卻可以不必像阿羅漢一樣入無餘涅槃，這也叫作無障礙的解脫。

「**念定總持辯才不斷**」，這就是說念力和定力以及總持，再加上辯才，菩薩有這四個法永不斷絕。這部《維摩詰經》，未悟的人最好是少說、少註解；因爲註解時一定會錯誤，當時或後代菩薩提出來講一句，就難免會有一點兒難堪了。我今天下午想：把古人的註解翻出來讀讀看吧！本來想僧肇法師鑾有名，從電子佛典裡面叫出來讀一讀，卻很失望。他爲何註解錯了，這裡就不談它，反正失望就對了，所以乾脆不讀，我們就用自己的見解來解說。

「念」不是僧肇法師講的那個念，說是什麼正念、清淨念，那都不對。念，這裡講的是念力的修證。五根、五力中不是有個念根與念力嗎？這就是說**念**心所法有沒有具足的意思。佛是具足五力的，換句話說，任何一法，佛都能念持不忘。念就是對於所曾經歷的事、所曾聞熏或實證的法，能記持不忘，這叫作念力。這三萬二千位菩薩們的念力不曾斷絕，也就是說，凡是耳聞過的法，他們都不會忘記，念力成就了。定力也不會斷絕，也就是說，他們在佛菩提上的決定性都不曾中斷過；對於所聞甚深微妙之法的決定心，也都不曾中斷過。

「總持」又稱爲咒。咒不是指密宗喇嘛一天到晚在唸的那些咒；咒本來是總持的意思，也就是說，把種種三乘菩提法加以貫串而持住它。咒其實就像是端午節綁粽子的繩子；繩子一頭綁在一起，另一頭綁粽子；把這一頭的繩團拉起來時，整串粽子就跟著拉起來了；所以一串粽子的總持就是那些繩子會合綁起來的地方，就是粽子的總持。佛法也一樣，用許多的名相把各部經編成一首偈，或者編成一串較順口的文字，容易記憶，這樣編起來的偈或者頌就是總持。如果有人唱唸這個總持，諸天、諸護法神，譬如已歸依三寶的四王天的夜叉、羅剎，種種歸依三寶的鬼神都會擁護你，使你能把佛法繼續流傳不絕，所以唸咒可以得平安，原因就在這裡。若是想要驅趕邪魔、邪神，也可以唸咒，正法的咒唸出來以後，諸護法神、天龍八部就來了，那些邪神、邪魔就只好遠離了。密宗祖師就編出一些他們自己的咒，那些咒也可以請得一些鬼神來護持他們，只不過都是一些山精鬼魅——都是不曾歸依三寶的低層次鬼神——那就是藏密所編出來的咒。

我們佛法中的咒就是總持的意思，像《阿含經》中也有許多的總持，在每幾部經之前就會把它寫出來；所以總持就是把佛法編成偈頌，容易記憶的意思。這三萬二千位的菩薩們總持不斷，也就是說，他們能記住一切佛法的總持、記住全部佛法的綱要。並且「辯才不斷」，所以凡是外道或天魔波旬來了，也都無法和這三萬二千位菩薩們對談；換句話說，這些菩薩們不論去到哪裡，外道與天魔都沒資格向他們挑戰。

「布施、持戒、忍辱、精進、禪定、智慧及方便力，無不具足」，換句話說，這些菩薩們不但精修六度，並且還精通於種種善巧方便。菩薩若具足這七種時，外道與天魔都無法前來挑戰，因爲布施波羅蜜已經多劫修行以後，福德變得很廣大，持戒和忍辱透過精進修行無量劫以後，福德也變得很廣大，因此而有大威德。在天法界，不論哪一層天的法界，福德廣大時就沒有天人、天主敢來挑戰，因爲十方諸天法界的威德力都靠福德來顯現。如果是到了色界天，跟欲界天又有不同，那就看你所修的福德加上禪定證量的高低，來決定福德的大小；福德小的天人要服從福德大的天人，是天界的定律。菩薩禪定也有具足的時候，加上布施、持戒、忍辱的精進修行以後，諸天天主都不敢正眼相看，見了菩薩時都只能低下頭來看著菩薩，因爲福德遠遠不如菩薩們。又加上菩薩有智慧的證量，連阿羅漢都無法對談，何況諸天天主？而且菩薩又有方便善巧的威德力，所以眾生們都必須要恭敬來對待；在天法界如是，在人間也如是，只有愚癡眾生才會對菩薩輕視。

有一些人喜歡投機取巧去打聽密意，我告訴你：反而吃虧。凡是打聽來的，不是自己參出來的，念力起不來，般若智慧就無法通達，去參加禪三時進了小參室，明明就知道是什麼，可就是考不過去，一定不及格；所以事先去探聽來密意的人，絕大部分都考不過去，只有很少數人能考過去。反而是去那邊才參出來的，我用佛法洗衣機把他左搓右揉、上沖下洗，始終是搓不了他、沖不了他，他還是硬闖出來，這就是一把好手；可是參加禪三之前，他並不知道密意，只是照我們所講的知見與行門努力去學、努力去參，破參了還是考得過去。一般的菩薩們，沒辦法像我這樣考驗人，人家一進去說出密意是什麼，就只好放他過去，他沒有方便。但是我這裡方便很多，凡是探聽來的，我就一定會把他淘汰掉；淘汰掉以後，回去只好自己努力再啃書，把我那些書努力的讀，重新把探來的內容好好體驗過了，下回再來才能考得過去，還是至少要參加兩次禪三，先問出密意來仍然沒有用。

本來我們以前勘驗一個人，只要十分鐘就夠了；現在勘驗一個破參的人，要將近一個鐘頭，多了大約五倍的時間；這是因爲對這些破參的人，我們要攝受他們永不退轉，就得花掉更多時間。所以，我這個一天吃兩餐的人（有一段時間改爲吃一餐，但因爲鈣質等的攝受不夠而出問題，眼睛有些受損了，所以又改回兩餐），去到禪三時，跟著大家過堂而一天吃三餐，還是覺得餓；因爲勘驗講話要用掉很多精神，從早講到晚。從早上八點就開始講，講到下午六點，晚上又有兩個鐘頭的普說，假使沒有全部小參完畢，普說後還得要再加班，繼續小參到深夜；第二天早上六點多就又開始講，講到晚上十點多。就這樣子，用種種方法、施設種種方便，攝受破參的人永不退失。因爲，任何一個破參的人退失了，都是眾生的大損失，所以我們必須這樣做。若是緣未熟的，就把他考倒，下回再來時，緣熟了考出來，智慧可就不一樣了，他的受用就會很大，這個就是方便力。這三萬二千位菩薩的方便力，可不只是像我這樣而已，那是不得了的；所以經中說，他們的方便力無不具足，因爲他們連七地菩薩的方便波羅蜜也具足了，我們還是無法想像的。

經中這些菩薩們並且「**逮無所得，不起、法忍**」。逮就是抓住，或者到達；到達無所得的境界了，於無所得的境界中具有不生起諸法的忍力。諸法不起就是無生，不會再生起了，所以**不起、法忍**就是**無生法忍**。無生法忍至少要到初地才能證得，就是親證法無我，已經分證了。而且這些菩薩們能夠「隨順眾生心而轉不退法輪」，換句話說，能夠善於爲眾生講解不退轉法輪。不退轉法輪是包括三乘菩提在內的，大乘法也能攝受二乘根性，於解脫道永不退失；對於菩薩種性者也能攝受他們不退轉於大乘佛菩提，使他們不會退回二乘法中。

不但如此，這些菩薩們還「善解法相」。法相一詞，有很多人誤會了。法相不是指**佛法的名相**，而是指**諸法的相貌**。法相唯識宗，自古以來就一直常常被誤會，但是**於今爲烈**。法相唯識宗的意思，是說**諸法的相貌其實都唯八識心王之所現起**。專講「諸法相貌全都唯有八識心王所生起」的宗派，就叫作法相唯識宗。所以法相唯識宗的法一定是函蓋二乘菩提的，也是函蓋大乘菩提的；一定是函蓋二乘法及大乘般若、一切種智的法，才能稱爲法相唯識宗。但是演變到今天，那些所謂的唯識學專家卻說一切佛法的名相都是虛妄的，意謂都是意識想像、施設出來的，說這樣叫作法相唯識，眞是誤會得太離譜了！由於這個誤會，就把唯識宗定位爲虛妄唯識、定位爲法相宗。

若要簡稱，其實應該簡稱爲唯識宗而不該簡稱爲法相宗，因爲所顯示的諸法是唯識所生，而且是唯由八識心王來顯示一切世、出世間法，出生及顯示一切有漏、無漏法：一切有爲、無爲法，都是唯如來藏識所生、所顯現。所以，法相唯識宗說的唯識學是有兩門的：**虛妄唯識門**及**眞實唯識門**。虛妄唯識門講的是七轉識輾轉出生三界一切法，眞實唯識門是說如來藏識眞實存在，而且能出生七轉識，也出生三界一切法，但都是虛妄法；所以，法相與唯識的眞實意思，大家都應當善於了知。這些大菩薩們都是善於瞭解，並且深入的解知一切諸法的法相。所以，諸法的生起與壞滅都不離如來藏識，這些菩薩們都善於證解如來藏所出生的諸法的法相，由於這樣證解的緣故，所以「知眾生根」，能了知眾生的根性，所以能因材施教，而且有教無類。

所以，如果有人來我們正覺要學解脫道，我們就給他解脫道，這就是說，他們想要黃銅，我們就給黃銅。如果有人要學佛菩提道，我們就給他佛菩提道—黃金；所以他若只想要明心就好，我們就幫他明心，那就是給他金塊。如果他還想要眼見佛性，我們就給他眼見佛性，那就好像打造一條精緻的金龍給他，不只是粗糙的金塊。如果有人想要一個黃金打造的別墅，我們也給他，譬如說他想要證得初地的無生法忍。如果有人想要更妙的法，我們也給他，就看他有沒有能力得，這就像是想要一個黃金打造的金碧輝煌的宮殿。如果有人說：「我不必這些，我只要來聽一聽就好，能讓我聽多久都沒關係，我只要熏習。」那就好像是要一些鐵器，我們也給他。如果有人來這裡只是要種福田，不想實證妙義，那就是說要一些石頭回家賞玩、賞玩，我們也給他。那有人說：「來這裡聽一聽，我回去就毀謗你。」我們也接受他，他來聽也沒關係，那就是說他想要的只是老鼠屎，我們也給他。事實上，我們給的都是黃金，但是業力與福德的緣故，使得各人得到的都不相同，福薄而業障重的人，黃金到了他手裡就變成老鼠屎，所以我們什麼都給，我們這裡什麼都有，所以我真的好像開雜貨鋪一樣。

這就是說，你要能善解法相，知道眾生的根性是什麼。並且你要有能力「蓋諸大眾得無所畏」，換句話說，你的智慧要能蓋過大眾，沒有人能推翻你，你才能夠得到無所畏懼的精進。在我出來弘法之前，那些弘法的大師們是沒有恐懼的，因為眾生都很崇拜他們，他們不需要恐懼，他們一直都可以對眾生予取予求；偏偏不湊巧，後來出了個平實，從此就有一點兒提心吊膽，不曉得哪一天會被寫在書中，心裡開始有些畏懼了。但其實不必畏懼我，因為他們如果不謗正法，我就不會寫他，一定可以跟我相安無事的；除非他們要故意毀謗正法、抵制正法，刻意抹黑我，誣謗為邪魔外道、法義錯誤，我就會寫出他們的法義錯謬處。

我這個人一向與人為善，我只說什麼是正法，什麼是不對的，不會指名道姓；但他們若要抵制正法及抹黑我，我就會指名道姓的寫出來。意思就是說，你想要在人間住持正法，就得要有善解法相、知眾生根的實力。所以，我得罪了諸方大師，但我今天坐在這裡說法時還是無所畏懼，什麼人要上來挑戰，我隨時都候教，問題是沒有人敢來。也許下週我這裡還準備一支棍子，誰敢上來，依宗門先打一棍再講。但是這個棍子不能亂打，你要是打錯了，那是要擔因果的。可是能有多少人知道這棍子裡面大有文章？這棍子，有時候也許我就拿一支筆來代替，有時候把棍子拿來當探竿，有時候當作影草——拿來放煙幕用，有時候拿來當棍杖，就成爲活人劍，就看你怎麼用。所以這棍子打下去，有賞棒、有罰棒、也有接引或勘驗用的棒，錯綜複雜，打這一棍還眞的不簡單。你要有這個實力，才可以得罪諸方大師以後，還繼續穩坐在法座上。你有了這個能力，你才能講《維摩詰經》，這經不是隨隨便便能講的；你要是敢亂講，沒有證得如來藏也敢講，諸天、菩薩們聽了都會笑壞了，眞的會笑壞了！馬上就會宣揚到十方世界去：「娑婆世界有某某凡夫菩薩把這《維摩詰經》亂扯一通。」照樣是名聞十方。人家是講得好，用來護持正法而名聞十方，他卻是講得讓諸天、菩薩聽了笑掉大牙而名聞十方；

在天界流傳是很快的，你講完了，不必十分鐘，十方天界都知道了，並不是只有娑婆世界的百億諸天知道；這些大菩薩們可以十方世界來來去去，原因就是因爲有大神通，所以消息流通無礙。

「功德智慧以修其心，相好嚴身色像第一，捨諸世間所有飾好，名稱高遠踰於須彌。」這四句，有多少人做得到啊！眞的是鳳毛麟角。以功德和智慧來修正自己的心，功德是在世間和出世間法的證量中產生的，他們不但有福德還有功德；福德則是屬於世間的有爲法，但功德是自己的受用境界，並且有智慧，來修正自己的心行，越來越清淨、越來越有智慧。這些大菩薩們的身相不是一般人所能知道的，以這種相好來莊嚴他們的色身，色像是諸天天主所不能及；他們也捨棄三界世間眾生喜愛裝飾的貪著心，世間人都喜歡把自己的身相做許多的莊嚴，所以天人都有許多的莊嚴，從寶髻、瓔珞、臂釧、佩玉以及腳下的輪寶莊嚴，這是天人的異熟果報。

菩薩如果示現在天界，一樣會有這些，但都比天人更莊嚴，不然天人就不恭敬，心裡說：「你比我差。」就不來聽法了，所以菩薩的示現因人而異。實際上菩薩需要那些瓔珞嗎？不需要！菩薩以什麼爲瓔珞？以布施、持戒……乃至般若等種種淨行作爲瓔珞，不是以表相莊嚴當作瓔珞。但若示現到天界去，還是得要具足這些天界中的世間法，並且要比他們漂亮、殊勝、高貴，他們才會信受；眾生都是這樣，都要看表相。但其實菩薩們自身對世間所有裝飾的好樂已經都斷除了，而他示現給眾生看的莊嚴，其實只是爲了攝受眾生，不是自己喜歡而貪著的。

可是有好多人都不懂，偏要弄出許多的表相莊嚴來炫耀。有的大法師爲了莊嚴，一串念珠一百多萬、三百多萬元，高級蜜蠟做的，掛在身上莊嚴自己。佛都不掛念珠了，你掛什麼念珠？而且還要掛著幾百萬元的念珠！本來念珠只是一百零八顆菩提子，因爲念佛祖師一生持唸佛號而變成寶貝了，一代一代傳下來說：「這是我們某某祖師傳下來的寶貝。」「我出三百萬台幣向你買啦！」「對不起！這個不能賣，這是祖上傳下來的。」結果後來變成說：「他那一串念珠，人家肯出三百萬來買，我們不妨來做更好的。」於是精挑細選，五百萬台幣的蜜蠟念珠就弄出來了！那其實都是走偏鋒。

菩薩從來不以這些世俗法來莊嚴自己，而以戒、定、慧、解脫、解脫知見等五分法身來莊嚴。所以眞正有價値的念珠其實是普通的菩提子做的，一代一代念佛不斷的念下來而變成寶貝，那才是唸佛人的眞寶貝；雖然眞悟的菩薩對這個也都不看重，卻無妨作爲接引初機學人的方便。若是花大筆錢去蒐羅最高等的琥珀、蜜蠟，做成幾百萬台幣的念珠，在我看來是一文不值。所以，眞正莊嚴我們的應該是五分法身，不然就是二乘菩提戒定慧上的證量，那才是能夠眞正莊嚴我們的；我們應該以這些作爲瓔珞來配戴，而不是在表相法上面去做。有的人並不瞭解這道理，所以一串念珠聽說是好幾十萬去買來的；甚至於還有愚癡人去買西藏天珠，說一串要價兩百萬。我告訴你，那都是台灣加工賣到西藏去，給那些西藏老婆婆或出家人掛在身上，然後台灣客去了：「拜託你，你身上祖傳的這一串讓給我！」還跟著腳步懇求到他家裡去，他才肯以五十萬台幣轉讓，其實都是台灣的產品賣到那邊去，再轉買回來，都是台灣的工藝製品；卻有很多愚癡人花大錢去買，眞是愚癡。所以眞正的菩薩，捨諸世間所有裝飾的愛好，他根本不想在這上面用心，這些大菩薩們都是這樣子。

並且「名稱高遠踰於須彌」，因爲這些菩薩們有這樣的證德，所以名稱是在十方世界流傳著的，須彌山比起這些菩薩們的名聲，就不算什麼了。

「**深信堅固猶若金剛**」，是說對於三寶的信心是非常深刻的，在他心中是牢不可拔的。對三寶的信心是指什麼？諸位要先瞭解佛寶是指什麼？十方諸佛是佛寶，爲什麼佛稱之爲寶？因爲具足一切世、出世間法而且圓滿了，所以稱之爲佛寶。法寶是什麼？法寶不是單指解脫道。傳到現在末法時，一般都說：**解脫道的法就是法寶，學佛就是要修證解脫**。其實不然，解脫只是佛法中的副產品而已，眞正的佛法是法界實相的法，這才是眞佛法、眞解脫；二乘涅槃只是法界實相中很小的局部而已，所以佛菩提才是眞正的法寶；眞正的法寶不是講二乘法的解脫道，而是佛菩提，但是佛菩提函蓋了二乘的解脫道，這才是眞正的法寶。所以歸依法寶，我們大乘法中不歸依二乘解脫道的法，而是歸依佛菩提的法。

歸依於僧寶也一樣，**當作如是觀**。因爲大乘法中的僧寶，他不管你出家、不出家，也不管男身或女身，只看你證量的高低；換句話說，從十信位開始，十住、十行、十迴向、十地、等覺、妙覺，全看你的證量，不管你出家、在家、男身、女身。所以崇隆表相三寶的事只在人間才有，這就是印順法師所要強調的地方，所以他提倡人間佛教，以男身出家爲貴，比丘尼次之，在家二眾則只有言聽計從的分兒，這就是目前的台灣佛教界。但是人間菩薩們所看的不是只有人間，而是包括欲界天、色界天，也包括娑婆以外的十方世界；諸地菩薩都是這樣看待佛教的，絕不會侷限在人間，而且也是出家、在家、男身、女身、人身、天身全都平等無二，只看各人的證量。

太虛法師主張人生佛教，因爲我們在人間就是以人身一生爲本。可是不能像印順把佛教侷限在人間，因爲佛教不只在人間存在，鬼道也有，天道也有；不只在娑婆，十方世界都有。所以我們正覺同修會歸依的僧寶只限大乘的賢聖僧，不歸依二乘聖僧。二乘聖僧來了，我們照樣供養，但不歸依他，因爲他不是大乘法中的勝義僧寶，不懂實相般若；在大乘法中證道的一切賢聖，才是我們所歸依的。所以對歸依僧寶、歸依法寶，諸位要有正確的認知；你如果歸依的是二乘的聖僧，你所學的法就以二乘的解脫道爲主，不牽涉大乘的佛菩提，那你永遠無法成佛。但是我們的法不是，我們完全是大乘菩提的法，所以我們歸依的是大乘法中的賢聖，不管他出家、在家、男身、女身、人身、天身，大乘法中證道的全體賢聖，就是我們所歸依的僧寶。

要對大乘三寶生起深信，這個信心要很堅固，猶如金剛一樣，否則不免有一天被某一個人一講，就退回二乘菩提去了，就與佛菩提道——成佛之道——永遠絕緣，那不是很可惜嗎？本來已經接觸到大乘法了，也可以進入大乘見道位中，卻因爲對於大、小乘的法寶與僧寶認知不夠明確，或者產生錯誤，而又被引回二乘聲聞道中，那不是很可惜嗎？那也是未來無量世的眾生損失，但這些三萬二千菩薩卻都是深信堅固猶若金剛的。

不但如此，而且能夠「**法寶普照而雨甘露**」，法寶不能只是二乘小法，二乘小法對眾生來講固然是寶，但在菩薩眼中卻不算眞寶，所以十方菩薩們雖然也尊重二乘羅漢，但是都不看重：他們照樣供養，但是並不看重。因爲他們的法寶，只是能出三界而已，沒有般若，也到不了彼岸，因爲到彼岸是菩薩的事，他們只能把自己滅掉——十八界滅掉了——死的時候把自己滅掉，永遠不再出現於三界中，離開生死苦；至於涅槃中的彼岸是什麼，他們不知道，無法爲人解說彼岸的內容。但菩薩不然，三乘諸法都能夠普遍的顯示給眾生，普遍的爲眾生宣揚，這叫作雨諸甘露。

甘露講的是清涼法，不是西藏密宗一天到晚辦甘露法會求來的甘露。且不說他們弄得的甘露大部分都是變魔術、搞手法搞來的，就算眞正的求到天降甘露了，也只是欲界天人的食物而已，有什麼稀奇！我們證得初禪的時候，就開始用禪悅爲食了，色界天身是不吃團食的。欲界天的甘露還是團食所含攝的，那是低等的欲界中的食物。可是禪悅爲食，我們還不瞧在眼裡，要以法喜爲食，什麼法呢？般若之法、一切種智之法，以此爲食。長養法身慧命，連禪悅爲食都不瞧在眼裡的，何況是欲界天的甘露食？可是那些密宗外道廣辦甘露法會，得到的甘露，連欲界天的甘露都還算不上，都是用魔術手法騙人，或用人間食物取代的，可是誰知道這裡面的曲折呢？

然而菩薩給眾生的是大乘無上妙道的菩提法，並且普爲眾生宣說，菩薩所說的法「於眾言音」是「微妙第一」，菩薩說法，外道無法仿傚；外道如果仿傚出來，一定會被行家恥笑，因爲菩薩所說的法，他們不懂；就好像畫一隻鬼一樣，世間人沒見過鬼，只好塗鴉亂畫。因爲世間人都沒見過鬼，所以他亂畫也可以騙人說這就是鬼，世間人無法反駁他。但菩薩見了就說：「你畫的根本不是鬼。」世間不是有一句話嗎？「畫鬼容易，畫狗難」，因爲大家都看過狗的模樣，所以畫狗難；你畫得不像，人家說你畫得不像狗；畫鬼則是隨便畫就可以騙人，所以「畫鬼容易，畫狗難」。但是畫鬼雖然容易，如果亂畫，有一天也會被拆穿，親自見過鬼的人就會拆穿你；同樣道理，外道要學菩薩說法確實很困難。

凡夫要學菩薩說法也是很困難的，因爲凡夫若想要模仿菩薩說法，他要不斷的做筆記，一字一字的寫下來，然後一字一字照唸。菩薩則不然，菩薩隨便一個涅槃可以講上好幾個鐘頭，不必一字一字寫出來唸。爲什麼呢？因爲是證量。菩薩從本來自性清淨涅槃就可以衍生出很多涅槃的法道出來，讓眾生聽了說：「唉呀！眞的是法喜充滿啦！」可是法喜充滿以後，稍後想要爲人講時又忘了，記不起來，**念心所**不曾成就。所以凡夫聽了得要一字一字記下來，最好可以給他錄音，然後他轉成文字，等他上了法座時一字一字照唸。但我們沒有，我們是拿著經文直講「不可思議解脫」，上週只略講不可思議解脫，大部分時間就用掉了，爲什麼呢？因爲這是證量。你有這個證量時，不必打草稿，直接從心中流注而說出來。說法時若要打草稿，一字一字照唸，那不是有證量的人。直接從自心說出，我們都能夠做得到；你想這三萬二千位菩薩，可就不得了了，所以他們於大眾中所說的法音可以說是微妙，而且是第一；這些菩薩大部分是十方世界來的，我們娑婆世界沒有幾位。

並且說他們「**深入緣起，斷諸邪見有無二邊**」。深入緣起很困難，阿羅漢們號稱懂得緣起法，其實不是眞的懂；從菩薩的證量來看，只能說他們是**方便說懂**。至於末法時代的現在，那些在弘傳南傳佛法的法師們，我跟你講，他們完全不懂，不是像阿羅漢懂得一部分。我講這句話出去，不怕人家砸我石頭，因爲我說的是老實話、誠實語，爲什麼呢？因爲那些人在弘揚解脫道，可是他們都只在斷除我所貪著上面用心，不能實斷我見，所以他們講的都是「不要貪世間財、不要貪名聲、不要貪享受」，可是嘴裡面這麼講，卻蓋出金碧輝煌的寺廟，自己住在裡面，高廣大殿這樣住；並且還有許多大師是暗地與許多異性弟子繼續合修雙身法的，事實上是我所貪著都還沒有斷。比較好的法師們就教弟子們：不要貪愛住的、穿的、用的。可是等到演說眞正法義時卻教你：「**你要時時正念分明，要保持清淨念、保持覺醒，別讓自己昏沈或消失了。**」這都是我，都是意識心的境界，我見都斷不了；不論他們在講四念處、八正道或四聖諦、十二因緣，始終都叫人要保持清淨的覺知心不滅，都是落在意識心上，我見都斷不了，這是誤會了二乘菩提。如果是等而下之呢，則是弘揚解脫道時把如來藏否定。爲何說這是等而下之？

因爲：弘揚二乘法而不能自己斷我見，也不能教導眾生斷我見，這是正常的現象；到末法時代的今天，法師、居士們不斷我見是正常的，因爲到末法的今天要證初果已經是很困難的，所以他們斷不了我見，我們可以接受。可是弘揚二乘解脫道時，卻把如來藏否定了，這樣一來就會使得他所弘揚的解脫道、將來所應證的無餘涅槃變成斷滅；因爲害怕變成斷滅的緣故，又建立一個意識細心常住不壞，安慰自己不墮斷見中，同時又具足了常見；這樣具足斷見和常見的本質來弘揚解脫道、來抵制方廣諸經所說的如來藏；依我的想法，像這樣弘法的人，不如還俗去的好！因爲至少不造作誹謗無上勝妙正法的地獄業。我奉勸他們不如還俗回家去，再娶個老婆生孩子都好，不要再弘法了，因爲那是誹謗最勝法之罪，本質上是破壞三乘菩提的人，連他自己所弘揚的二乘菩提都加以破壞了，卻都不知道自己已經成就破法的大惡業。他們否定如來藏的結果，是使他所弘揚的二乘菩提成爲斷滅法，都是因爲不知緣起而導致的。可是他們有多少人知道這個事實與將來的嚴重後果呢？因此說，深入緣起並不容易。

二乘聖人知道緣起而不能深入，因爲他們知道眾生輪迴生死是從無明而來的，所以他們懂得見惑與思惑的無明，懂得要去斷除；但無明是依何而存？他們不知道；他們知道有個本際，由本際出生了意識而有我見與我執，所以就有無明。南傳佛法尼柯耶中，佛說眾生樂阿賴耶、愛阿賴耶、欣阿賴耶、喜阿賴耶，所以他們知道無明種子依阿賴耶識而存，所以他們不敢謗阿賴耶識（詳見《阿含正義》七輯的舉證及說明）。可是阿羅漢們不敢謗的阿賴耶識，末法現在的某些台灣法師們，身爲凡夫卻敢毀謗阿賴耶識，敢毀謗無餘涅槃的本際，你說他們膽子大不大？他們膽子眞的比我大，因爲我一點兒膽子都沒有，從來不敢毀謗第八識心及諸初悟的賢位菩薩。可是我不會羨慕他們膽子大，因爲我們已經深入緣起了，我們現前觀察到，不但是見惑、思惑這種無明，乃至一切業種、一切上煩惱——無始無明——都依附在阿賴耶識心體中而出生，都集藏在阿賴耶識中，所以諸法都以阿賴耶識爲因，假借業種、無明種的緣而生起；能夠了知這個，能夠證實這個，才是眞的深入緣起。

這三萬二千位的菩薩，當然比我們更深入，才能有前面所說那些功德。由於深入緣起，所以「斷諸邪見」，並且能夠遠離有無二邊。所以，一切阿羅漢對法界實相的無明，諸菩薩們都可以清楚的照見；一切眾生所墮的有無二邊，諸菩薩也都能遠離，以此緣故「無復餘習」。所以他們無量劫以前，從初地的入地心就已經開始在斷除種種的習氣種子了，但是阿羅漢只斷現行，不能斷習氣種子，所以菩薩到了這個地步，一切餘習已經不復存在了。

「演法無畏猶師子吼，其所講說乃如雷震，無有量、已過量」：這三萬二千菩薩在宣演佛法時，沒有任何的畏懼。心量小的眾生總是會想：這恐怕言過其實吧！但我告訴你，確實如此。因爲我們宣演佛法時都已經可以無所畏懼了：別人不敢說的法，我們敢說；別人不敢寫的法，我們敢寫。人間的我們已經如此了，何況那些等覺位或已經接近等覺位的菩薩們，當然更是如此，所以他們宣演佛法時，就像獅子吼一樣無所畏懼。

他們所講說的法都是猶如雷震一般。一般人弄出的聲音只能夠像石頭敲一敲、撞一撞一樣，大不了拿個鑼敲一敲，聲揚幾里就得意洋洋。但是菩薩所說的法，他假使在人間說，諸天俱聞。因爲那種法音會宣流到諸天去。也許有人不信，但是我說眞的：確實如此。只要你所說的法是深妙法，馬上就會有人一直傳揚出去，因爲諸天天人有宿命通，他來了聽了，回去用宿命通的功德，就一直爲你流傳出去了，所以說聲如雷震。眞正的絕妙佛法宣說的時候，魔宮都會震動的；雖然震動了，天魔也無可奈何，他只好在那一段時間接受天宮的地震，無可奈何，因為他沒有智慧來加以遮障。這種法音既不是物質，當然無有量；既不是物質，當然是超過物量的；而且是天魔波旬所無法遮障的，因為他的智慧不到這個地步，所以根本無法遮障。

「集眾法寶如海導師，了達諸法深妙之義，善知眾生往來所趣及心所行，近無等等佛自在慧、十力、無畏、十八不共。」這些大菩薩們由於他們有總持的緣故，所以是已經聚集了種種法寶。法寶兩字指的是一切諸法的總持，但法寶兩字後來被世俗化以後，用到《封神榜》裡面就變成誅仙劍、捆仙索一類東西了！但是我卻要說：佛法就是誅仙劍、捆仙索。諸仙來到佛法中都會被繫縛，如果想要搗蛋，這些法寶就會把他們砍頭：使他們來到佛門中就沒頭沒腦而沒有說話的餘地，所以說是法寶，諸佛妙法就是寶。

這些菩薩們修集了種種法寶，所以能為眾生宣說種種法，能指示眾生解脫之道，以及實相般若到彼岸之道，所以猶如大海中的導師。於眾生的生死大海之中，這三萬二千菩薩都能當導師，可以指示佛道方向與次第，並且深入了知而且通達諸法的深妙之義。其實一切佛法，佛在三乘經典中都已具足宣說，只是沒有很詳細的說明而已。這有兩個原因：第一、是因為 佛示現在人間的時間有限，因為人壽不過百歲，佛來示現也就示現百歲的壽命，所以時間有限。第二、因為人間的眾生壽命與智慧所能堪受的法有限，所以佛所說的三乘菩提法也就因此而有限量，因此許多入地後應修的法，都只作比較簡略的解說，極詳細的種智妙法只好留到色究竟天去說，只好由 彌勒菩薩在兜率陀天去說。

所以在三乘經典中，大部分的種智妙法都是只有略說大概，不詳細加以演說；人間的菩薩們隨著個人的根性不同、往昔所修學佛法的久暫差別，各自領納，所得各不相等。但其實諸法深妙之義， 佛都已經略說了，可是個人的因緣不同，因此對於所了知的層次就會產生差別，然而這三萬二千位的大菩薩們卻是完全了達的。並且善於了知眾生往來所趣，以及種種心行：哪一個眾生是如何往來的，曾經去過什麼世界，為什麼又來到這個世界，全都知道；眾生心裡面是怎麼樣想的，也都知道；因為他們已經接近 佛陀的智慧了，但仍無法到達諸佛的自在慧；他們也接近諸佛所得的十力、四無所畏境界，也即將完成佛地所證的十八不共法了。

「關閉一切諸惡趣門，而生五道以現其身」，這是菩薩的示現。也就是說，這三萬二千位的大菩薩們已經是永遠都不可能再墮落三惡道裡面去的聖人，但是為了利樂眾生，也常常故意出生在五道之中而示現出五道眾生的身相。換句話說，眾生淪落三惡道，那是因為惡業所招；善業所招，就生到天界以及人間。而阿修羅道是遍佈於五趣之中的，所以並不一定在哪一道中才有，所以常常說五趣眾生，而不說六道眾生。三惡道為什麼叫作惡趣門？明明眾生對三惡道的境界都沒有興趣，為什麼會成為惡趣而用「趣」字？這是說他們的心性適合生在惡道中，會趣向惡道。譬如心性陰狠，喜歡暗地裡用心機害人，心地跟畜生道的毒蛇類相應，死後就生到毒蛇中；而心性兇惡，適合當虎狼，就生到虎狼惡道去；心性慳吝，拔一毛以利天下而不為，這種人就適合生到餓鬼道；心性大惡，專要殺人越貨、誹謗賢聖、破壞正法，乃至教導眾生種種邪惡之法，這種人適合生到地獄，死後就生到地獄；這都是由於心的趣向而導致的，所以叫作趣。三惡道中的眾生，心中對於三惡道都沒興趣，可是他們一生的意業行為，都對這三惡道的心性很有興趣，所以被業所招感而生到三惡趣，因此叫作趣，他們因為這個緣故而淪落三惡道。可是菩薩不然，菩薩是以願的關係，由大悲心而發起大願，所以生到天中、人中，有時也願生到三惡趣，都是為了救度與他有緣的眾生，這就是「而生五道以現其身」，都是因大悲願而生，不是因為業力招感而生。

這些菩薩們並且是大醫王，是說他們不是治眾生的身病，也不是治眾生的精神疾病，治的是眾生的生死大病，世間醫師所不能治，所以叫作大醫王。所以菩薩往往為了救度眾生的生死大病，故意生在五趣眾生之中而與眾生同事、利行；所以我們有時候看到畜生、或者看到鬼神、或者遇到一些以前沒遇過的眾生，不要一視同仁把他當作下賤眾生來看待。因為有時候也許一隻流浪狗，很有精神的流浪狗，可能牠正是菩薩化現，故意去投胎的，只為了救度兩、三隻過去世與他有緣而不幸淪落三惡道的眾生，所以他去狗道眾生裡面投胎，這是有可能的。所以遇到三惡道的眾生，也不要隨意小看，因為有時候你不巧撞見了一位大菩薩去當狗王，或者去當其他畜生道的畜生。因此有時候我寧可看重畜生，反而不看重人（不是看輕諸位，而是因為人往往會生大慢，往往有人佛性既沒看見、如來藏也沒親證，卻一副七地、八地、九地、十地的樣子，動不動就寫信來教導我，可是看他寫的東西連如來藏是啥都不懂，顯然還是個凡夫，所以我說對人比較沒那麼看重）；因為人，你容易瞭解，他講出來、寫出來有沒有內涵，有沒有見道，兩三句話就看出來了；可是如果大菩薩示現在眾生道裡面，你看不出來，因為他決不跟你往來，是你無法了知的；人，我們反而容易了知。

這些大菩薩們為什麼要示現到五趣（包括三惡道）裡面去？那是沒有人要去的。請問你們諸位，你們誰願意去三惡道？不願意啊！可是他們願意去。有時候就用一條狗的一生大概二十幾年，狗的壽命大概二十幾年，用一生去度那幾個過去和他有緣的眾生。有時候像釋迦菩薩成佛之前，為度一個女人，不惜用一生的時間去跟她相處，只為了度她學佛，菩薩們是這樣做的。也許有人說：「菩薩真不是人幹的，為一個人，要花一生的時間來度他。」但我告訴你：「因為不是人幹的，所以是菩薩幹的。」事實是這樣。所以這三萬二千位菩薩都是這樣具有大悲心，並且能知眾生的生死病，所以說是大醫王。「善療眾病」，眾生所有種種煩惱的重病，他都能夠對治，所以應病與藥，讓他們信受，去服用種種治煩惱的藥，然後如法去修行。

這些菩薩們無量的功德都已經成就了，也就是說他們所成就的功德，並不是少數的一、兩樣功德。功德是最難修集的，但卻是最容易毀壞的，很多人不瞭解，一生一世很努力的修集功德、護持三寶、孝養父母，可是往往在聞所未聞法上面不能安忍，只是一句話「**那是邪魔外道**」，就把所有功德都給燒掉了。但這種事情很普遍、很常見，特別是像法期過了以後，一向如此；所以謗法、謗賢聖，是末法時代的普遍現象；釋迦佛的時代如此，過去佛的時代也是如此。所以現在有很多人在誹謗正法，我告訴你：**這是正常的現象，諸位不要灰心、不要氣餒，因爲釋迦世尊的末法還可以有一萬年的時間**。可是你們知道嗎？迦葉佛的正法是滅度後七日就滅了，祂三會說法度了幾十億或幾十萬人，但是因爲法傳得太廣、太快、太普遍，結果祂入滅後，正法七日就滅了。那你說到底是釋迦佛的法好，還是迦葉佛的法好呢？其實都一樣，釋迦世尊也可以像迦葉佛那樣，一生度好幾億的人，但是法的普遍廣傳一定會伴隨著濫傳的現象存在，然後佛一旦入滅了，沒幾年法就跟著滅了。迦葉佛的年代是這樣，諸位大概都想不到吧！這在《阿含經》中有明文記載（編案：【佛告阿難曰：「我滅度之後，法當久存；迦葉佛滅度後，遺法住七日中。汝今、阿難！如來弟子爲少，莫作是觀，東方弟子無數億千，南方弟子無數億千……」】〔《增一阿含經》卷第四十四〕。意思就是說，佛菩提的見道內涵是很難使人信受不疑的，特別是人間而不是天上，天界的天人們反而容易信受，但是人間很多人是沒辦法信受的，所以謗法的事情在人間是很平常的；把破法當作護法，在人間更是平常事，大家不要覺得奇怪。一般人能成就微少功德已經不容易了，譬如斷我見、或譬如大乘的見道，這都很困難的，有這些功德就可以算是人間少有的；可是這些大菩薩們，他們所成就的功德是無量的，已經全部成就了。

不但如此，無量佛土也皆嚴淨。佛土爲什麼無量？諸佛世尊住持佛法只不過是一佛土，也就是一個銀河系世界，這些菩薩怎麼會是無量佛土呢？這要先爲諸位說明一個前提，也就是說《維摩詰經》所講的淨土，它指的是唯心的淨土，當然也會敘述到事相上的佛土，但主要是在講自性佛土。自性佛土爲什麼稱爲土？土者能生萬物，所以稱爲土。我們人間所用一切物、所飲食一切物，都是從土而生；如果沒有土，一切有情無法在人間生存，因爲一切飲食都從土而來，有土才有人間的一切法。同樣的，菩薩們的無量佛土指的就是修證一切法的功德，由於一切法種的修證，所以能出生一切諸法，因此才有無量佛土的莊嚴與清淨，因此說三萬二千位大菩薩們已經把無量（沒有物量、數量）的佛土莊嚴清淨成就了；所以，凡是有遇見他們、或者聽聞到他們種種事相的人，都會蒙受種種不同的法益。並且這些大菩薩們凡有所做，都一定會對眾生有所利益，而不會做了以後，對眾生沒有利益，像這樣的一切功德都已經具足了。

對這三萬二千位的菩薩，只舉出有代表性的菩薩們；他們的名字叫作**等觀菩薩**、**不等觀菩薩**、**等不等觀菩薩**等，我們先講這三位。爲什麼叫作等觀的菩薩呢？這是從理上來說，譬如諸位明心之後，現前觀見所有的眾生們，不單指人，所有的眾生都和你自己一樣，都同樣有如來藏，而從眾生的根本如來藏來看待、來觀察的時候，發覺原來所有的有情，即使把四聖六凡都包括在裡面來看待的話，其實都是平等平等，並沒有高下的差別，因爲眾生們的如來藏和自己的如來藏一樣完全平等，同樣都是清淨性的、本來性的、涅槃性的，而且能生萬法的體性也都一樣，所以從此而平等觀察看待一切的眾生，這就叫作等觀菩薩。

不等觀菩薩，譬如他看待眾生的時候，一切眾生的如來藏平等平等，但是他卻又從另一方面來看，說自己因爲親證如來藏，所以生起了般若智慧，能了知三世一切佛都是這個如來藏；可是自己證悟了，有般若智慧，而眾生卻始終無法證得如來藏，因此也不能平等看待眾生。不能發起般若智慧，所以流轉生死無窮無盡，所以看見一切證悟的賢聖與凡夫眾生完全不相等，證悟的賢聖永不入三惡道，而凡夫們有時生天、有時在人間、有時下墮三惡道，在事相上是完全不相等的。也就是說，從諸法的分別觀察中看見眾生在事相上有種種的不平等，但是這些不平等都是眾生咎由自取、禍福自招，所以他悟後再來反觀眾生的時候，發覺眾生在三界六道中眞的是非常的不平等。

可是等不等觀菩薩卻這麼看：理上來看眾生都是平等的，可是由於種種的業緣導致眾生在三界中有種種的不平等；這一些不平等，其實說來都很平等，因爲修善得善報，造惡得惡報，若修淨行則得智慧的果報：或者出三界，或者有法界實相的智慧。所以眾生理上平等，而事相上有種種的不平等，其實都是平等的，因爲都是禍福無端、唯人自招，都是凡愚聰慧以及愚癡、無明而導致眾生有種種的差別。乃至修學出世間法的人也有種種的不平等，所以有的人修學佛法以後，他成爲二乘聖人，但有的人修學佛法以後卻成爲大乘的賢聖；同樣修學佛法，但是果報不平等。所以《金剛經》也講三乘的無爲法，他們爲什麼會成爲不同的賢聖呢？結果都是因爲無爲法而有差別，因爲他們所學的無爲法是二乘的無爲法，或者是大乘的無爲法，因此導致他們所獲得的果報差別不同。理上看來絕對是平等的，但是由於因緣的不同、所修的法不同，就導致他們所得到的無爲法上的證量有種種的不同，看來是不平等的，但其實是平等的。

譬如說，有的人無量世以來求解脫，不發菩薩大心，所以聽到可以明心、可以實證眼見佛性的境界，心不信受（雖不毀謗，但是決不信受）；因此他得到的法只有可能是二乘菩提的解脫道，與大乘菩提絕對無緣，所以當他修學佛法以後，不能成爲菩薩，而只能證得解脫道；成爲二乘聖人的時候，他也不能怨佛、怪菩薩，所以他不能得到法界實相的智慧，他無法怪任何人。所以，你們來學以後能夠證實法界的實相境界，乃至有人能夠親證眼見佛性的境界，但他們不能，看來是不平等的；同樣學佛，結果果報不同，他們不能怪人，不能怪佛與菩薩。

甚至於有的人被天軍阿羅漢以神通帶到兜率陀天，三度親見　彌勒菩薩，他親自見到等覺菩薩了，卻連明心都混不到，他也不能怪人。看來好像彌勒菩薩心不平等，不幫助他開悟般若實相；其實彌勒菩薩是絕對平等的，因為那個人是個聲聞種性者，一個凡夫法師見了等覺菩薩竟然不禮拜，只因為彌勒菩薩不穿僧衣；當然彌勒菩薩一看見就知道這是個聲聞，所以他三次上兜率天，三次都不禮拜，只好三次空手而回，連明心都混不到，更不要說見性了。等不等觀菩薩就是從理上再來看事相，然後再回到理上再來看眾生的心性，所以他看得很清楚，眾生修學佛法成為不同的三乘賢聖，都是因為無為法的不同而有差別，所以每個人所證的佛法差別其實也是很平等的。所以，來我們這裡學法也是很平等，你若不能明心，當然有不能明心的原因。所以，有的人很厲害，去禪三前就知道密意了，可是一進了小參室，腦袋就變漿糊，出了小參室又會講，一進去又變漿糊，都沒辦法。有的人，我們一直努力在幫忙，可以說已經是放水了，他沒進小參室時可以講得出來，一進去，腦袋又變漿糊了，這表示說他的情形是應該參加第二次或第三次才通過會比較好，而我們弘法很多年來的經驗也證實事實上確實是這樣。有的人見性的因緣也是如此，雖然知道說這個人可能會被人家轉了，但他見性的緣熟了，我們還得幫，不能遮障他；雖然明知後來會被轉走，但是去那邊證實說佛性確實可以眼見，不是你某某人講的不能眼見，那也很好。就像有時候派個菩薩去三惡道中證實：佛法眞的可以實證。這也未嘗不好。所以，等不等觀菩薩是綜合了等觀菩薩和不等觀菩薩的證量來爲眾生說明，這是三位菩薩取名的原因所在。

再來是定自在王菩薩、法自在王菩薩，這又是相關聯的。定自在王不是只有定自在，而且是自在成王了；換句話說，這位菩薩就是代表一類菩薩：凡是三乘菩提的種種法，他只要親證以後就絕對不會退失，心得決定；由於心得決定的緣故，而且不會產生一念的懷疑，連一念的懷疑都不會有，這才叫作自在王。王就是於一切親歷的境界能得自在，譬如國王於他所統轄國境中的一切境界中皆得自在。同樣的，由於對一切法，只要親證了就得決定，而不會有任何的懷疑、或不自在，所以他叫作定自在王菩薩。法自在王則是說：對於較廣範圍的種種法，即使是他還未親證的法，也能夠去接觸、瞭解、親證而了知種種法，所以他了知及親證的範圍比定自在王廣泛，因此他叫作法自在王菩薩。

「法相菩薩、光相菩薩」又不相同。法相是說於諸法的相貌能得通達，這叫作法相菩薩。法相，並不是一般人所說的於法的名相做理解、解知，而是說，於種種法的相貌能夠如實的理解，這才叫作法相菩薩。所以法相菩薩的意思，他實際上所說的是深入諸法之中去加以體驗、加以觀察、加以證實而了知種種法的相貌，這叫作法相菩薩。這不是作佛法名相的學術研究而說法相，請諸位要瞭解。光相菩薩是說他證實諸法的相貌以後心得轉依，轉依之後發起心光。人的色身有光，但是那個光不值得羨慕，因爲所有眾生都有光；但是心的光不一樣，心的光顯現出來的時候，一般的儀器無法測量，只有天眼通才能夠看得見。而這位菩薩深入種種法去了知種種法的相貌之後，因此轉依了，產生了心光而顯現出來，這樣就叫作光相菩薩。

接下來**「光嚴菩薩」**與**「大嚴菩薩」**，就是說實證諸法相以後，使得他的心光轉變越來越莊嚴，因此顯現出的勝妙心光，和光相菩薩不同而比光相菩薩更爲莊嚴。若是莊嚴到極爲殊勝的時候，他就叫作大嚴菩薩。

寶積菩薩，寶積菩薩有什麼不同呢？寶積，我們未來會講《寶積經》，不是講《大寶積經》，《大寶積經》篇幅太長了，共有一百二十卷，那不可能講得完，我們只講《寶積經》。什麼叫作寶積？也就是代表菩薩身上所掛的瓔珞、臂釧，甚至有的菩薩還戴手環。菩薩又不是女人，爲什麼戴手環，還戴臂釧呢？那都是代表他所修的種種功德，所以叫作功德寶。這一切的功德寶是一世又一世不斷的累劫修集的結果，所以成就了天法界的菩薩所有的天冠，胸佩的瓔珞，腰佩的瓔珞以及臂釧、手環。天界的瓔珞不是經由人工去打造的，而是由福德所修集成就的。這意思就是說，修集菩薩應當有的種種瓔珞，這時就叫作寶積菩薩。

辯積菩薩是由四無礙辯的累積而立名，四無礙辯當然要從**法無礙**開始，因爲了知種種的法，前面他已經把種種法的相貌去加以實證，證實了、領受過了，所以得法無礙。法無礙之後，經由領受產生了義無礙，每一種法的相貌都能夠瞭解，所以有了**義無礙**。每一種法的相貌都能夠瞭解，而有能力爲眾生說明，所以有了義無礙。義無礙加上修習聲明，也有因明的修證，加以原有的內明，所以他就能夠用種種的語言音聲及辯才，爲眾生說明一切諸法，所以就有了**詞無礙**來配合，於是產生了**樂說無礙**的功德。因爲有這四種無礙，所以他叫作辯積菩薩；這四種無礙，是從見道之後就不斷修學，到初地以後開始發起四無礙辯的功德，但是到九地滿心才滿足了四無礙辯，這要經過將近二大阿僧祇劫以上的修集，四無礙辯才能成就，所以叫作辯積菩薩。

寶手菩薩與寶印手菩薩又是兩個互相關聯的境界相。菩薩爲什麼叫作寶手菩薩？你們拜大悲懺時不是有個寶手印嗎？那是主法和尚才用的，他有個寶手印。寶手印代表什麼？代表他具有無量珠寶能夠普施給眾生，那是觀世音菩薩所擁有的無量功德之一。寶手伸出來時，就是眾生要什麼，他就給什麼，這才叫寶手；換句話說，他有大福德，所以叫作寶手菩薩。寶印手菩薩是因爲他有大福德，並且了知一切法，所以能夠印解一切法相，於一切法的相貌他都能夠印證，而且眞實理解；能夠印解的關係所以他能夠布施一切法給眾生，所以叫作寶印手菩薩。

常舉手菩薩與常下手菩薩又是另一種意思。有位菩薩常舉手，見了人就舉手，不管誰見了就舉手；這種菩薩在禪宗很多，只是他換個方式，所以俱胝和尚見人就舉一指，跟常舉手菩薩一樣。關南道吾禪師也是一樣，他上堂呢，就打花鼓上堂，其實他不是單純的打鼓。禾山，禾山禪師是個女人——比丘尼，她每一次上堂，就拿一個鼓掛在胸前咚、咚、咚、咚的打著上堂；

人家問她：「如何是禾山家風？」她說：「我禾山懂得打鼓。」不管問什麼，她都說：「禾山懂得打鼓。」這叫作「禾山解打鼓。」解就是懂的意思。關南禪師也是，他不是只打鼓，他是打花鼓，弄出很多變化的鼓聲出來：「咚嘟隆咚、咚咚」，他會變出種種不同節奏。「如何是關南家風？」關南禪師回答：「關南解打鼓。」也是說他自己懂得打鼓，意思都一樣。德山入門便喝，臨濟入門便棒，跟這個常舉手菩薩是一樣的，他們的目的在做什麼？在告訴眾生說：你本來就是涅槃。常舉手菩薩就是在告訴眾生「你本來就是涅槃」，誰遇到他，他就表示這個意思，也就是佛所說的一切眾生本來常住涅槃。但這裡面的密意，不在這裡講，要留到《金剛經宗通》時才講。常下手就跟他有一點不同，就是接引眾生，所以常下手。一個是告訴眾生本來常住涅槃，另一個是接引眾生趕快進來學這個本來涅槃，也就是起大悲心來接引眾生。

常慘菩薩、**喜根菩薩**、**喜王菩薩**，又是另一個類型。常慘菩薩，他生生世世都示現給眾生看；生生世世示現給眾生什麼樣的狀況呢？就是生生世世都是貧窮，沒有任何財富，每一世都是賣身，賣身所得的錢財拿來護持正法；為了護持正法，但是沒有錢財而賣身，用賣身所得錢財來護持正法，所以叫作常慘，一世又一世都是這麼悽慘的示現。他眞的沒有福德嗎？有！已經世世賣身來護法了，此世怎麼會沒有福德？但他就是故意示現這樣：**即使賣身都要護法**。讓眾生知道正法的可貴，所以世世常慘的示現，所以十方法界中都叫他常慘菩薩。喜根菩薩是個對比，凡是有人宣揚佛法，他就很歡喜，就去護持，他有這個喜根在，特地示現給眾生看，讓眾生懂得要隨喜正法的弘揚。喜王菩薩則是很歡喜的努力護持，沒有人比得上他，再怎麼辛苦勞累、散盡家財都仍然是大歡喜的，所以叫作喜王菩薩。

辯音菩薩、**虛空藏菩薩**和**執寶炬菩薩**又是另一個類型。辯音是說他有種種無量的言語善巧能夠爲眾生分別諸法，乃至降伏一切外道，令外道無法破壞正法，所以他叫作辯音菩薩。虛空藏菩薩是說他的心猶如虛空含藏一切諸法，能夠爲眾生顯示。有許多很詳細說明如來藏妙法的經典，都以虛空藏菩薩爲主角，就是這個緣故。執寶炬菩薩，執什麼寶炬呢？執法寶慧炬，換句話說，由於辯音菩薩、虛空藏菩薩的這種內涵，然後執寶炬菩薩把它顯示出來，用法寶的慧炬——智慧的火把，顯示出三乘菩提的勝妙，所以他稱爲執寶炬菩薩。所以，如果設立一家出版社叫作慧炬，那就應該用智慧的火炬來利樂眾生，沒想到是用西藏密宗的邪法來殘害眾生，所以那個出版社不應該叫慧炬，應該改名。

再來是**寶勇菩薩**、**寶見菩薩**。寶勇就是說，因爲他有這個心寶，所以他知道這才是眞正的實相，因此發起大勇，無所畏懼，要以這個法來利樂眾生，所以叫作寶勇菩薩。你如果悟了之後，以這個心寶發起勇氣，能夠出來摧邪顯正，護持正法救護眾生，那你就可以成爲寶勇菩薩。寶見也就是說悟了以後，依這個眞實心寶而發起種種的見地，能夠親見：一切諸法的法相都從這個心寶而來，那你就是寶見菩薩。

再來是**帝網菩薩**、**明網菩薩**。帝網也就是帝珠寶網的意思。帝珠，譬如說皇帝他如果選了一顆寶石鑲在他的皇冠上，或者像清朝皇帝的帽子有一顆寶珠，當然要選天下最好的寶珠，鑲在皇帝的皇冠上，就稱爲帝珠。可是皇帝也只有這麼一顆，最好的寶珠只有一顆；但是這位菩薩的帝珠寶網，一大張的網子上面鑲滿了這種帝珠，所以他叫作帝網菩薩。佛法中的帝珠寶網，當然是如來藏所生一切妙法，才能稱爲帝珠寶網；所以佛法中的帝珠當然就是如來藏，因爲一切法都從祂而生，祂才有資格被稱爲帝珠。這位菩薩他有帝珠寶網，表示他對如來藏所有的種種法，已經親證得非常多，足夠變成一大張的帝珠寶網，那表示他的證量很高，能通達種種法。明網菩薩就是光明智慧之網，光明智慧而成爲很大一張網子，表示他不但親證種種的法，而且能夠把這些法的光明顯發出來。如何顯發呢？就是爲人宣說，所以他叫作明網菩薩。所以你如果能以正法來當親教師爲人說法，那就是說你已經有明網，只是說這個網子大或者小而已，但至少也是明網菩薩之一。

無緣觀菩薩、**慧積菩薩**。無緣觀，爲什麼叫作無緣觀？因爲菩薩證得心珠、心寶之後，現前觀察到：這個菩提心、實相心於六塵萬法都無所緣，祂根本就不攀緣，祂出生六塵萬法給眾生去玩，可是祂自己不攀緣，一點兒都沒有執著。菩薩在這上面去觀行：我的如來藏出生了萬法，讓我一直去攀緣，可是祂根本就不攀緣；祂就像鏡子一樣，鏡子顯現種種影像，眾生在那影像裡面玩，可是鏡子對自己所生的影像都不攀緣，一點兒都不動心。這位無緣觀菩薩這樣觀察以後，就轉依了如來藏而不攀緣，於一切法都如是觀之後，就不會再隨順以前的意根自己、意識的自己到處亂攀緣，他就會安住於寂寞的境界之中，所緣都是內心的萬法，去一一加以深入觀察整理，所以都是住在自心內境，不向外攀緣的，這樣的人就稱爲無緣觀菩薩。所以，如果悟後還一天到晚向外攀緣，今天去哪裡玩，明天人家烤肉，他要去烤素食肉，那就不是無緣觀菩薩，得要叫作攀緣菩薩。由於無緣觀菩薩有這種無緣觀的關係，所以他都住在自心內法裡面，由於住在自心內法裡面的緣故，所以他的智慧不斷的增長，所以他就成爲慧積菩薩，這二位菩薩是一對。

再來是**寶勝菩薩**、**天王菩薩**。爲什麼寶勝菩薩跟天王菩薩有關聯？寶勝菩薩是說他的法寶勝於一切世間。菩薩不用世間的珠寶去跟人家比上下，不在世間法上面跟人家比高下。菩薩用法寶去示現他的富有。眾生要是想要跟他比的話，他的法寶一拿出來，沒有眾生可以贏過他，所以他才叫作寶勝菩薩。寶勝菩薩就憑著種種法寶，勝於一切世間，所以最後就成爲天王菩薩；不只是贏過一般的國王而已，他是天王菩薩。

天，有四種，這四種天叫作生天、世間天、第一義天、解脫天。生天，是已經生到天界去的天人；什麼叫作世間天？國王就是世間天。像現在陳水扁也叫作世間天，不過只有四年，也許當六年，或者當七年、八年，並不一定，他也是世間天（編案：這是 2004.11.30 所講）。換句話說，國王就是世間天，總統也是世間天。什麼叫作解脫天？諸阿羅漢就是解脫天。因爲阿羅漢勝過生天，勝過天人、天主，更有資格當天，所以他就叫作解脫天。還有一種最高天是第一義天，就是明心以上的菩薩，其中有一部分同時也是解脫天；現在有好多第一義天，都在我們正覺講堂。將來也可能有外面的讀了我的書而成爲悟入的第一義天，但在我出書以前還不曾見過有這種人；目前自稱已悟的人來要求勘驗，都是似是而非的人，所以尚無第一義天在會外被發現。玄奘菩薩當年在天竺被諸大論師推崇爲第一義天，確實當之無愧，因爲沒有人能勝過他，解脫天的阿羅漢也不行。想想看，護法菩薩，據說是賢劫千佛之一，可是後來 玄奘菩薩顯示出來的智慧絕對在當年護法菩薩之上，這叫作青出於藍、更勝於藍。護法菩薩所說的法還有些許的錯誤，還是可以找得出來，在《成唯識論》裡面也有辨正過，所以玄奘菩薩當然更夠資格稱爲第一義天。

且不說他，說諸位明心以後，你所知道的如來藏自心現量境界，阿羅漢們都不懂，那些解脫天們都不懂的；如果是眼見佛性呢，我告訴你，阿羅漢們更不懂，所以眼見佛性後當然更有資格被稱爲第一義天。因爲遍山河大地上面，乃至狗屎上面都看得見自己的佛性，可是佛性卻又不在狗屎上，不在山河大地上。你說：「怎麼這麼怪？」就是這麼怪！可是等你看見了，一點兒都不怪，就是這樣見而已，也沒有什麼可以說明，沒有什麼可以計較的，沒有什麼可以分別的，更沒什麼可以在見後整理的。所以會外的大師們恨死我的原因就在這裡，因爲蕭平實弄個眼見佛性來，誰都沒辦法證，就只有他可以，就只有他教出那些人可以，別人都做不到，歷史上、佛教史上，你要找根據呢，你也找不到，也找不到幾個人有記載說可以這樣看見佛性；想要推翻又無法推翻，因爲《大般涅槃經》又有講**十住菩薩眼見佛性**，所以他們恨得牙癢癢的，又沒辦法作什麼，原因就在這裡。但是，這些都是第一義天所見。所以說天有四種，所以說現在有很多第一義天在我們會裡，外面找不到一個。

可是這四種天裡面的王，那你想想是什麼境界？換句話說，如果要論福德，一定是足夠當人間的國王、總統、當皇帝，而且也足夠生到天上去當天主，譬如說要去初禪天當初禪天裡的大梵天，也就去當初禪天的天主，他的初禪還得要遍身發，才有資格，而且福德要蓋過現任的初禪天天主；有那個大福德，才可以去當大梵天。但是這還不能成為這四種天的天王，因為最多就是當大梵天而已，解脫天的天王仍然當不起，第一義天的天王也當不起，這二種天王是只有 佛陀才能當，或是 佛陀不在這個世間住持正法時，才能由天王菩薩來當，所以這個天王菩薩還眞的不容易當。想要當這四種天的天王，當然是要先有寶勝菩薩的福德和功德；當寶勝菩薩種種法寶具足圓滿了，他就可以當天王菩薩，成為四種天的王。

接下來，**壞魔菩薩**、**電德菩薩**。壞魔意思就是說你有摧壞魔法的種種智慧和威德。如果你光有福德，仍沒有辦法壞魔；你最多只是搶了他的寶座，壞不了他，他還照樣當他的魔。如果有人福德很大而沒有智慧呢，他把天魔趕下寶座，反而是坐上寶座以後自己當天魔，根本沒有辦法壞魔。所以除了要福德大以外，還得要有智慧，才有辦法壞魔，沒智慧是做不到的。所以，壞魔菩薩不光是要有智慧，還要有福德；如果福德不夠，你單是有智慧，魔會一天到晚來跟你搗蛋。如果你沒有智慧，縱使修得初禪了，入了禪定中，魔一天到晚派美女來跟你搗蛋，你奈何不了他。所以，你除了要有大福德，同時要有智慧，才能夠當壞魔菩薩，因為你可以出來弘法把他的魔子魔孫給度了，讓他恨得牙癢癢地，但是奈何不了你，這才是壞魔菩薩。

壞魔菩薩之後，再來有電德菩薩。也就是說無論諸魔如何搗蛋，你永遠都能電光一閃（你心中永遠會有許多的電光一閃，然後就突來神筆一寫，那叫作突來神光一閃），一句話出來就把他撂倒了，這才叫作電德菩薩。智慧源源不絕好像電光一樣，一閃又一閃不斷的顯示出來，這一些威力使得諸魔無法應付。所以，不論是有誰破法，我們都有辦法對付。假使有人要冒充八地、九地菩薩來到我這邊，我告訴你，他們跟我談不了五分鐘；因爲如果他自稱是幾地菩薩的話，我一見面先要勘驗，先從明心勘驗起：「**你的如來藏何在？**」那些冒充的，我告訴你：一句話就問倒了。還要強冒充的話，我一定會給他一巴掌，看他懂不懂；如果這一巴掌還不懂，我就把臉湊上去讓他打打看，看他懂不懂；如果再不懂，就亂棍打出門去！什麼八地、九地？都是騙人的。所以那些所謂的八地、九地菩薩，寫信來指導我，都只好藏頭縮尾，連個姓名都不敢寫出來，地址也不敢留，都是一些野狐啦！因爲我們有很多的電光閃過去（其實不必很多的電光，一個電光就把他們電死了），什麼八地、九地菩薩，什麼法王，都是騙人的，都是經不起考驗。

我們現在不像以前剛開始弘法時，某某人極力推薦，我們就去拜師學學看，現在都要先勘驗。勘驗過了、證實了，我可以公開拜他爲師。但是想要經過我的勘驗，不容易啊！野狐來了，一隻隻要叫他頭破血流。這不是說大話，因爲法本來如是，他既然以八地、九地、十地的姿態示現，得要有那個內涵，要拿出來給人家看，要讓人家勘驗得過，那才算數。冒充，現在都冒充不過去。所以且不說電德菩薩的證境，就說每一個人剛悟道好了，也都是電光見道，因爲都是靈光一閃就知道：「啊！原來這個是如來藏。」那也是電光見道，光這一個電光見道也有一小分的電德菩薩的功德。野狐來了，先問問看，別管他大師、非大師，名氣再大都一樣，來了就先驗驗看：「你的如來藏在哪裡？」得要當面分緇素。既然他說是八地、九地，不必我來勘驗，你們明心的人就可以去勘驗他：遞張紙條給他，等他接過手，你就問：「是什麼？」「紙條啊！」一巴掌就打過去、喝道：「還說紙條！」等他問你：「那，不然是什麼？」你就告訴他：「紙條！」（大眾都笑…）他聽不懂絃外之音，當然該打，對不對？這就是電光見道，也有一分的電德菩薩的功德，野狐大師們來到你面前還是瞞不了你；不管他說什麼九地、十地、法王、等覺都一樣，照樣勘驗看看再講，所以電德菩薩就是從電光見道的功德而來的。有電德菩薩的功德，當然就有自在王菩薩的功德；換句話說，不論什麼大師來，都無所畏懼。所以，我們法義辨正無遮大會敢公開接受邀請，誰要來邀請都可以，只要不是縮頭藏尾，我們都接受。凡是被我評論過的大師們（無名小卒不要來動我，我沒有那個美援的時間），不管哪一位被我評論過的大師、小師都可以，隨時可以召開無遮大會。假使眞有那麼一天，那是我的福氣啦！因爲如果有人能夠法義辨正贏得過我，那正是我要找的師父，踏破鐵鞋無覓處，自己送上門來，我還不拜這個師父啊！當然要拜爲老師呀！那就表示我的福氣來了，證量要迅速提升了，這是好事，不是惡事。所以，如果眞的哪一天有人公開的出面，不是縮頭藏尾搞什麼網站論壇無遮大會，那其實是縮頭烏龜無遮大會。眞的來了，我會認眞看待，用恭敬的心來對待，我會想我有可能會遇到一位眞正的大菩薩，可能眞的是等覺菩薩、十地菩薩，不一定啊！如果他不是大菩薩而輸了，也無妨，我就收個好徒弟，那也不錯。至少他敢出來做這件事，一定是有勇猛心，所以結果都會是好的。如果我被人家收作徒弟，那更好，這表示我這一世要再往上迅速提升的機會又來了！主動送上門來，不必我去求，爲什麼不接受？所以若有人要來找我開無遮大會，一定是好事，絕對沒有壞事。當你能夠這樣存心的話，你就會有一分自在；如果天下沒有人能跟你挑戰，你就當自在王菩薩。有人贏過你，你再把這個聖號送給他，永遠都是好事。

再來，**功德相嚴菩薩**、**師子吼菩薩**。菩薩以什麼法相來莊嚴自己呢？以功德相的莊嚴。長得美麗沒有用，生得英俊也沒有用；在佛法裡面，不看人英俊不英俊、漂亮不漂亮，只看他的法有沒有英俊、漂亮。因爲都要從法來看，所以菩薩長得黑黑的、矮矮的、小小的、醜醜的，就像六祖那樣（六祖個子小小的、黑黑的、醜醜的），可是大家都恭敬啊！甚至於武則天四度召見，最後第四次說：「如果再不來洛陽朝覲，就提頭來！」六祖說：「好啊！要頭就給你。」就把頭伸出去，那將軍可不敢砍。後來武則天還是乖乖的，摩那袈裟以及紫珠的唸珠，第五度派人送去供養他，還是奈何不了他。今天也一樣，如果今天不是總統，是皇帝要殺我，頭就送給他，我也無所謂。除非爲了正法，否則什麼都無所謂，就是這個傻勁。但是，爲什麼皇帝不敢殺你？我們不是現在才空口說大話，古時候我們就這樣，皇帝要砍頭就讓他砍，偏偏皇帝不敢砍，最後只好把你趕到南方去。「好！南方！我就去南方嘛！」最後他也不敢砍殺，皇帝也沒那個膽量，正因爲有功德相來莊嚴。皇帝們心中始終是害怕的，所以皇帝對阿羅漢們、對菩薩們都一樣，都是色厲內荏，表相上他就是要降伏你；但是你若不降服，他也不敢殺害你，頂多是把你送到邊疆，不讓你弘法，想要苦死你。皇帝們都是這樣，這是因爲你有功德相來莊嚴自身。什麼功德相呢？「**善知種種法相**」，所以皇帝老子不敢拿你怎麼樣，只是裝模作樣嚇唬你啦！你被嚇唬住了，他就贏了；你要是不被他嚇唬，他就反而回過頭來奉承你。

等你有功德相來莊嚴的時候，你就能獅子吼。以前常常有人勸我：「老師啊！你不要再寫了，你都四面爲敵，四面楚歌了。」我口裡面說：「我也不想四面爲敵，可是我總不能裝孬種嘛！因爲他們已經公開毀謗正法了。」口裡面這麼講，我心裡是這麼想：「反正是一頭雄獅在一群野狼之中，怕什麼！」所以就照寫不誤，管他什麼大師不大師的，甚至於我們後來還爲大師出專輯，對不對？《入不二門》、《普門自在》不就是專輯嗎？這就是說，只要你能夠獅子吼，那些狐狸大師都不敢再吼了；你吼一聲，他們就都住聲了。

雄獅不出來吼的時候，那些狐狸們一個個在那邊叫：「嗥！嗥！嗥！」都說那就是雄獅之聲。等到雄獅「吼」一聲，他們都停了，不敢再叫了。你有這個實力，你就是獅子吼菩薩。換句話說，這些菩薩們的名德所代表的是什麼？是種種的證境，都是諸位要證的法，都是你們要修證的證量；這些跟你們解釋了，你們就要知道這些菩薩們所已證的，都是你們遲早要證的。

再來，**雷音菩薩**、**山相擊音菩薩**。雷音菩薩，諸位想想看，世間什麼聲音最大？不就是雷嘛！沒有什麼聲音比雷聲更大的。那意思就是說，凡是你所寫出來的法，你所說出來的法，傳遍諸方，沒有人可以遮擋得住，再怎麼遮止，都還是會有人聽得到，這就叫作雷音。可是雷音往往短時間就過去了，過去以後大師們就不當一回事，那你要怎麼辦呢？要把那個時間拉長，延續不斷，那就變成山相擊音。想想看：大山相擊，那個聲音多麼大！可是它相擊之後，不斷的擠壓而產生很大的聲音出來，卻是長時間一直存在的，凡夫大師們就會害怕，追隨的徒眾們更不敢強出頭；菩薩就是以雷音，以山相擊音來伏眾。

一般的菩薩像雕出來時，一看都是慈眉善目；但是我告訴你，慈眉善目的菩薩專幹眾生害怕的事。你們要是不信，去看看十一面觀音，你走到背面去，看看背面的第十一面是長什麼模樣：憤怒觀音。對於無惡不作、屢勸不改的眾生，就用那種憤怒相來降伏。菩薩慈眉善目，可是做的事情都是那些邪師外道們所害怕的，常常用雷音、用山相擊音，來降伏那些邪師外道；不管是佛門內的、或是佛門外的邪魔外道，都這樣去降伏。所以，你如果破邪顯正，不可以講一次就算了，因為你若只講一次，他嚇一跳，過三分鐘後就把你忘了。假使你破邪顯正，出一本書印個幾千本、一萬本，流通過後就不再印了，他們根本就不怕。甚至於你一本書一直印去流通，他們也不怕；你要再寫第二本、第三本，一直寫、一直破，他們看了就怕：「**我還是不要去招惹他算了。**」他們會這樣想。

所以大師們都不敢招惹我，就只是一些沒有見過世面的小嘍囉，才會來招惹我，因為他們本來就沒有名聲與地位，損失不了什麼；以小搏大，萬一勝出了，名利雙收，因此就敢來捋虎鬚。大師們卻都知道，一旦招惹了正法就會倒楣：「**誰招惹了蕭平實，誰倒楣。**」這是屢試不爽的。最後剩下什麼大師才會招惹我呢？是因為他已經沒辦法生存了，為了救亡圖存，不得不做最後迴光返照的一擊，叫作孤注一擲。所以菩薩做的事情跟一般人所想像的有很大差距，說一句老實話，菩薩都是雙重人格者，他們對待眾生無比的慈悲，可是對待邪師、外道卻無比的勇猛，會讓他們無法招架。你們看那一些古來極有證量的大菩薩們，哪個不是這樣？統統是這樣的！所以菩薩是標準的雙重人格：既慈悲又威猛，都是這樣。

再來，**香象菩薩**、**白香象菩薩**。香象是說這一頭象雖然很有力氣，可是牠不發出惡臭，才叫作香象。菩薩很有威德，可是為什麼大家都稱讚他？因爲他戒德清淨，菩薩不會外表示現很清淨的樣子，可是背地裡紅包一直收，「欸！趕快送錢財來！多多益善。」所有在家菩薩都不受供養，所以你們都不要想送什麼東西來給我；我若跟你拒絕，你會很沒面子，很難過。可是我若跟你拒絕，我也很難過，因爲我知道你會難過，我就會跟著難過；所以會裡不是三令五申，而是再三的拜託，不要讓我爲難；讓我爲難，你也會難過，你覺得：「老師！只不過是個小東西，也不肯收。」好像顯得我很矯情，對不對？所以，這樣眞的不好。這意思就是說，戒德要清淨，一切在家菩薩都是不會受錢財供養的。如果上位菩薩憐憫布施者而命令下位菩薩受供時，眞的沒辦法推辭了，當下就轉施出去，他不會留在身上，完全無貪，所以叫作戒德香，有戒德香所以稱爲香象菩薩。白香象菩薩跟香象菩薩有什麼不同？香象菩薩是戒德清淨而且有威德，可是名聲並沒有廣大的流傳出去；白香象是由於體香遠聞諸方，色身清白而不是污濁的顏色；但這位白香象菩薩不但是戒德清淨、具有威德，而且名聲遠聞，所以他叫作白香象菩薩。

常精進菩薩和**不休息菩薩**還是有一點不同。常精進就是每天精進，一年到頭始終不休息，所以名爲常精進。常精進是說每天精進，有時候出去玩兩個鐘頭、三個鐘頭再回來精進，還是每天精進，但也常有出去玩的時候。可是不休息菩薩卻不只是常精進而已，是永遠都不休息的，一直爲法、爲教努力不休，所以他叫作不休息菩薩。

妙生菩薩、**華嚴菩薩**。妙生是說他世世往生而出生的人家，都不會是在下賤之家，譬如說開綠燈戶的、賭博的、酗酒的、吸毒的、竊盜的、屠戶之家，他不會生到那種人家去，所生之家永遠都是清淨父母，所以叫作妙生菩薩。爲什麼他能這樣？因爲他有那個戒德，也有證法及禪定的大福德，可以選擇來世的父母，其他的人都要讓給他，所以他叫作妙生菩薩。妙生意思也是說他能夠出生種種妙法來供養眾生，所以也叫作妙生菩薩，也因爲妙生的緣故，所以能夠進而成爲華嚴菩薩。華嚴就是以種種法的妙花來莊嚴自己，所以《華嚴經》講的是以大方廣的種種妙法之花來莊嚴，再以種種功德來成就佛地的無量功德，凡是像這樣說這些法的經，就叫作華嚴經；所以華嚴又叫作花嚴。以種種妙法之花來莊嚴，他就叫作華嚴菩薩。

觀世音菩薩、得大勢菩薩，這又是一對。《觀經》裡面說爲「大勢至菩薩」，就是得大勢菩薩。爲什麼得到大勢力呢？《觀經》說大勢至菩薩的腳只要一踩，十方佛土震動，你想那是多大的威德？要先有這個大威德，才能成就 觀世音菩薩的功德；所以 大勢至菩薩要在 觀世音菩薩之後於極樂世界成佛。阿彌陀佛無量億劫以後也是會入滅，入滅之後，觀世音菩薩繼起在極樂世界成佛，接下去才是 得大勢菩薩，可見觀世音菩薩一定先具足大勢至菩薩的功德。大勢至菩薩的腳一踩，十方佛土震動，這威勢有多大？想想看：有這個大威德之後，再加以無量福德來莊嚴，所以觀世音菩薩一舉足、一下足迸散出無量無邊的莊嚴。《觀經》你們讀過了沒有？有空，應該讀一讀。那無量的莊嚴是 觀世音菩薩的功德，這樣具足種種莊嚴才能成佛，這是兩位大菩薩。

再來，**梵網菩薩**、**寶杖菩薩**。爲什麼稱爲梵網？因爲他具足無量梵行，所以成就梵行寶網。有了梵行寶網之後，才能有寶杖的功德。寶杖是以何爲杖？以法爲杖。他的寶杖用來做什麼？用來指點眾生，誰被他點著了，誰就能獲得大利益。他又用來杖擊外道邪見，外道邪見只要被他寶杖所擊，無明就全部壞散，這個外道馬上就會變成菩薩，這就是寶杖菩薩的威德，他能夠以寶杖杖擊眾生的無明。

無勝菩薩與**嚴土菩薩**。無勝菩薩就是說，一切有情無能勝之；沒有人能勝過他，所以叫作無勝菩薩。所以，無勝菩薩最少一定是十地滿心，才能夠說一切有情不能勝他。再來，十地滿心就能把所有時間、生命全部用在莊嚴佛土上面，他要開始全力攝取眾生，所以百劫修相好，以整整一百劫的時間布施一切外財、內財；隨便哪一個眾生要眼睛，眼睛就挖給他，要一隻胳膊就剁給他。一切外財、內財布施整整一百劫，百劫之中無一處非捨命處，無一時非捨身時；這樣布施、這樣利樂眾生，百劫之中專修福德來攝受眾生，以攝受眾生來成就及莊嚴他的佛土，這樣叫作嚴土菩薩。

金髻菩薩、珠髻菩薩又是一對。金髻菩薩，有時候你們看菩薩或者頭戴天冠、或者頭髮綁成爲一個金髻，這就是爲眾生而顯現於外。金髻之內是什麼呢？金髻就是珠髻。珠髻，《法華經》有沒有讀過？菩薩額頭的寶珠一拍之後就嵌在額頭裡面了，已經不在外面了。聽懂嗎？意思就在這裡。所以，禪宗有個公案，有人問：「珠髻菩薩頂上的寶珠爲什麼陷入肉裡面去了？」祖師就故意提出來問徒弟們。明心的人聽了就懂，沒有明心的，你就聽不懂。珠髻菩薩就是說，一切無量諸法的修證收歸於內心之中，不顯示於外，可是遇緣對境時就顯現於外，就是金髻菩薩顯現於外而有種種的莊嚴，但主要就是金髻的莊嚴。

到這個地步，就是彌勒菩薩、文殊師利法王子菩薩。彌勒菩薩又稱爲慈氏菩薩，就是大慈悲心啦！他以慈悲爲姓，所以稱爲慈氏菩薩。彌勒是梵音直翻過來，如果義譯過來就稱爲慈，所以將來彌勒菩薩成佛的時候，所有出家人都要改名稱了！譬如理事長現在名爲釋悟圓，如果在彌勒菩薩成佛的時候，他就叫作慈悟圓。如果我將來成佛時還姓蕭的話，所有出家人都要姓蕭，譬如名爲蕭悟圓，這是諸佛常法。釋迦牟尼姓釋，所以現在佛門中的所有出家人都姓釋，出家人的姓氏是這樣來的。印度如今還是有人姓釋，仍然姓 Shakya——Shakyamuni——Shakya，但如今印度姓釋的人不一定是佛門的出家人，但一定是釋迦牟尼佛那一支的族人繼續延續下來，所以仍然姓釋，大家都知道他們原來是 釋迦牟尼佛的宗族。 彌勒就叫作慈氏，所以到時候出家人都叫作慈某某，就不像現在都名爲釋某某。

彌勒菩薩他是等覺菩薩，現在正在兜率天的內院專講方廣經，也就是專講增上慧學——唯識學。《瑜伽師地論》傳到人間來，只有六百六十法，但是他在兜率天內院講的可就不只是六百六十法，那可能是幾萬億法，現在還在講，五億七千六百萬年以後才會來人間示現成佛。彌勒菩薩的《瑜伽師地論》，現在佛門已經沒有人敢毀謗，但是一千多年前有許多聲聞種性的法師還毀謗它是外道論。你們不信嗎？我告訴你，這是事實。當年他剛傳給 無著菩薩，無著菩薩剛弘傳的時候還是有許多人不信，罵他是外道，都不相信是等覺菩薩所傳的，以前常常有人斥罵彌勒菩薩是外道。所以，今天我被人家罵，是很平常的事情，我一點兒都不以爲意，因爲眾生總是無明的人居多。

譬如安慧（就是寫《大乘廣五蘊論》的那個安慧），他不承認《瑜伽師地論》是正論，私下就跟他的徒弟般若趜多講，說那是外道論；般若趜多就跟玄奘菩薩講：「那個是外道論，你不必去天竺學，你在我這裡學法就好了。」玄奘菩薩本來很恭敬他，一聽他說是外道論，就把他當作低賤的泥土一樣看待，然後就問他：「那麼你很懂佛法囉？」「懂啊！」「請問，你都教些什麼？」「教《俱舍論》。」「好，那我用《俱舍論》問你。」從開頭一問，就答錯了！後來又問《俱舍論》裡面的法義，也是答錯。自稱全部都懂的人，連他自家的《俱舍論》都弄錯了，連自己二乘小法的《俱舍論》都已經誤會了，有這樣的徒弟，他那個師父安慧法師也就可想而知了！怪不得會將能出生識蘊的阿賴耶識歸納在所生的識蘊裡面；就好像說，能出生兒子的媽媽竟然可以歸類為兒子所生的法，你說荒唐不荒唐？所以般若趜多謗《瑜伽師地論》是外道論，把等覺菩薩當作是外道。一直過了好幾代以後，大家漸漸的才開始承認《瑜伽師地論》是深妙的佛法。

你看！眾生是多麼愚癡，這個叫作貴遠賤近、崇古賤今，眾生常常這樣。所以一百年後，蕭平實就會成為大師了，但現在仍是某些人所毀謗的外道。這就是眾生。彌勒菩薩即將成佛，現在在兜率天的內院說法；而 文殊師利示現是七佛之師，隨時都可以成佛的，但是仍然以菩薩的形象出現。很多佛都是這樣，故意倒駕慈航來示現爲菩薩，當他扮演菩薩角色的時候，他就一定謹守菩薩的分寸，不會扮演到佛地的角色。像維摩詰菩薩，他有時候也裝孬種，讓他的女兒出頭，他自己故意裝孬種。菩薩就是這樣，神頭鬼臉，怎麼扮演都可以，因爲他已經眞實無我，所以只是演一個角色來利樂眾生而已。彌勒菩薩與文殊師利又是成爲一個搭檔。文殊師利還故意示現爲 佛的王子、法王子，其實他都可以當七佛之師了，難道自己不能成佛嗎？他是故意要這樣示現，讓眾生知道菩薩們根本是無私無我的，雖然隨時可以成佛，卻故意去當某一佛的徒弟， 文殊、普賢就這樣示現，成爲 釋迦牟尼佛的脇侍。

這三萬二千位的菩薩，你看他們的功德如何，再來想一想我們自己要怎麼樣到達他們那個境界，怎麼樣圓滿他們的智慧與福德；這些功德圓滿了，才能成佛，所以成佛眞的非常不容易。這三萬二千菩薩有多少是娑婆世界的？不多欸！大部分是十方世界來的，都是來聽釋迦牟尼佛說勝妙法。他們坐什麼交通工具來呢？坐輪寶。輪寶就是他們腳下的那個蓮花，那就是他們的交通工具，想要到什麼地方，一念就到，比光還快。光，想要從我們這個娑婆世界去到最近的另一個佛世界，那就不曉得要跑幾億年，單單是我們這裡到火星那麼近，光速得要跑幾分鐘才會到；若是以光速想要到另一個佛世界，那不曉得要跑幾億年，如果要到極樂世界，恐怕是跑死了也到不了！但菩薩們踩著這個輪寶，比道教三太子的風火輪快過不曉得多少倍，一念就到。諸方世界來的出家菩薩們是什麼模樣？頭戴寶冠、手有臂釧、胸有瓔珞、腰配寶玉、腳踩輪寶、身穿天衣，與出家菩薩文殊、普賢一樣，眞是莊嚴！菩薩們長髮飄飄，比你們女眾的長髮還漂亮；就是這樣的菩薩們從十方世界來到這個世界，特來聽聞釋迦牟尼佛說法，其中當然也有不少是在家菩薩。

接下來是**彌勒菩薩**與**文殊菩薩**。彌勒菩薩是我們娑婆世界賢劫千佛之中即將降生在我們人間成佛的第五尊佛，是當來下生的佛。當來下生的佛，他所講的論，當然就是即將成佛的菩薩所應當修證的論。可是十方過去、現在諸佛都以什麼智慧而成佛的呢？答案是：一切種智。一切種智講的就是如來藏所含藏的一切種子的智慧，換句話說，他講的就是如來藏所含藏一切功能差別的智慧。所以他講的論《瑜伽師地論》就是一切等覺菩薩即將要成佛之前所應該具足修證的法義，是一切菩薩論的根本，所以《瑜伽師地論》也是一切菩薩造論的根本，所以又名爲根本論。換句話說，一切菩薩所造的論，都不許違背他的論；只有完全契合《瑜伽師地論》的人，才有可能是等覺菩薩，才有可能成佛。

可是自古以來（不是現在才這樣），一直都有法師們奉承天竺月稱法師的邪論，他們的論義都是由月稱、安慧一脈遞傳給寂天，然後由阿底峽傳到西藏去，正是宗喀巴奉行的應成派中觀，今天傳到達賴喇嘛與印順、星雲、證嚴、聖嚴等人身上；他們都是六識論者，所以心中是不承認《瑜伽師地論》的，他們往往私底下說那是方便說。假使他們承認 彌勒菩薩的論是正確的，就等於間接的承認禪宗的證悟標的是第八識如來藏，等於正式承認他們都悟錯或沒有開悟，所以他們都不可能公開承認 彌勒菩薩的根本論是正論，因爲 彌勒菩薩的論中主張般若的見道就是證如來藏而現觀祂的眞如法性。

安慧法師的徒弟般若趣多乾脆就明說那是外道邪論，意思是說：「彌勒菩薩是外道。」你們想想看，當來下生成佛的等覺菩薩 彌勒所講的《瑜伽師地論》，竟然會被安慧等人謗爲外道邪論。諸位可能覺得這很嚴重，但是依印順法師他們的應成派中觀法義來看，彌勒菩薩的論著是應該要被破斥的邪論，所以他們從來不引用《瑜伽師地論》的法，即使是引用《瑜伽師地論》爲根本而造的《攝大乘論》，他們也要加以曲解來符合他們的觀點。所以，《瑜伽師地論》有那麼容易懂嗎？顯然不容易懂！因爲光從文字表相去理解就已經很不簡單了，更何況是在它的文字裡面所隱含的眞義，當然更不容易懂，這就是彌勒菩薩的論中顯示出來的種智妙義。

即將成佛的等覺菩薩，將來下生到人間的時候入胎示現出生，雖然沒有成佛之前，仍然名爲菩薩，卻已經是最後身菩薩了，以後不會再示現爲菩薩身了。可是他的法講到那麼勝妙，《瑜伽師地論》一百卷（我現在很擔心這一世可能講不完）；那麼勝妙的法還會被謗爲外道論，你想佛法有那麼容易懂嗎？當然是不可能啦！但是不說一切種智的妙法，光說是二乘的《俱舍論》，已經有多少法師、居士都誤會了，導致學法、弘法二十幾年、三十幾年、乃至五、六十年以後，仍然斷不了我見，連《俱舍論》都嚴重誤會了，何況是實相法界的根本論。

由這裡就可以看得出來，等覺菩薩所寫的論，絕對不是一般人所能懂的；從這個地方也可以顯示等覺菩薩的證量是何等的高深廣大，所以等覺菩薩的證境不是那麼容易就可以達到的。不說等覺菩薩，光說是破參明心就好，多少人寫信來求我們印證，可是他們連諸位在禪三剛破參還沒有被勘驗前的見地都還沒有；即使知道密意了，也不一定能獲得印證，很可能勘驗時還驗不過去，所以從這裡就可想而知：一切種智的智慧如何能想像？凡夫們根本就無法想像的，這就是等覺菩薩的境界。可是這個境界修證完成以後，才能到達 文殊師利法王子的境界，也就是說他不必再受生，現前就可以紹繼佛位，才能稱為七佛之師。七佛成佛前還得要以他為師，那麼 文殊師利法王子代表的是什麼意思？代表的就是大圓鏡智的具足成就。

這三萬二千位**眾所知識**的菩薩們，以等觀菩薩到 文殊師利法王子菩薩作為代表。這些代表三萬二千位菩薩的具名菩薩們，他們共有幾位呢？諸位有沒有計算過？剛好是五十二位。這是什麼意思？這跟《楞嚴經》「**大勢至法王子與其同倫五十二菩薩皆從座起頂禮佛足**」一樣，還是五十二位；這跟善財大士五十三參總共五十二位菩薩，也是一樣的意思。換句話說，這等覺菩薩等五十二位菩薩代表的，是從初信位開始乃至到等覺位的菩薩，妙覺位就是文殊師利法王子菩薩的境界。換句話說，在這些菩薩中，以他們的名號來代表，代表了六即佛，從**理即佛**開始，**理即佛**就是等觀菩薩，從理上來看一切眾生，一切賢聖與凡夫平等平等而無差別，到最後是文殊師利菩薩的境界，意思是說從初信位的凡夫地，一直到妙覺位菩薩的**究竟即佛**，這就是成佛之道。現在來問問諸位：你們在不在這五十二位菩薩之內？（眾答：在！）當然在嘛！所以，我也許隨便挑一位說：「你就是等觀菩薩。」你可就別推辭！因為縱使你還沒破參，但是我來看你跟諸佛是一樣，是等觀；真悟的人都可以如同我一樣現觀，當然更有資格稱為等觀菩薩。這意思在講什麼？在說所有的人若要成佛，都得經過這五十二個階位；想要到達佛地，必須經過五十二個階位的具足修行。

諸位中如果是比較敏銳的人，也許會發覺說：「奇怪！這裡面怎麼沒有普賢菩薩？」是喔！普賢菩薩怎麼不見了？這麼重要的一位菩薩。但我告訴你，這五十二位菩薩就是 普賢菩薩，懂了嗎？《華嚴經》有很多人在講、很多人在讀，但是講的人不懂，讀的人也不懂，聽的人就更迷糊了！善財大士從初信位的凡夫位開始，到最後具足五十三參，終於成為等覺大士。可是善財童子（你別看一般民間信仰的觀音像畫一個小孩子站在觀世音菩薩腳下，那是民間信仰所想像的），其實他是等覺大士，因為他已經參訪過五十三次共五十二位菩薩，完成了五十二個階位的果證，可是普賢大士卻說：善財童子完成這五十三參共五十二位善知識的參訪以後，才算是遊盡普賢身。意思就是說，普賢行函蓋了五十二個階位的所有菩薩行。

但是有多少人懂得這個道理呢？顯然沒有什麼人懂這個道理，甚至於還有人認為不必五十二個階位的修行，只要解脫道完成，就是成佛了，這就是印順與達賴等人所傳的藏密應成派中觀邪見。現在問題來了：如果解脫道完成就是成佛的時節，那麼這部經或阿含諸經開頭時，「**一時佛在毘耶離菴羅樹園，與大比丘眾八千人俱**」，那些大比丘眾都是阿羅漢，那麼當時應該已有八千零一位佛陀在世了；因為這大比丘眾都是完成解脫道者，加上 佛世尊，就有八千零一位的佛陀同在了！經的開首就應該改為「一時佛在毘耶離菴羅樹園，與諸佛眾八千人俱」；但世間絕不可能有二佛同時住世，所以顯然解脫道的完成，並不能夠使人成佛。因為這些大阿羅漢們沒有一個人敢自稱成佛，如果他們有誰敢自稱成佛的話，這三萬二千位菩薩中的寶杖菩薩一定會上前一寶杖就打了，阿羅漢們頭上馬上就長出一個腫包，更別說維摩詰大士還要破他們呢！所以，一定要遊盡普賢身才能成佛，普賢身講的就是遍遊十方世界而世世不斷修證這五十二個階位的過程。

可是遊盡普賢身的時候，是在誰的身上遊盡？是在你自己的如來藏裡面遊盡。懂得這個道理，能夠為人宣說華嚴，你才有資格說：「**我已經通達般若了。**」否則的話，永遠都還沒有通達，仍然是三賢位的賢人。這個道理沒有人跟我講，我六、七年前就知道了，所以才敢註解《楞伽經》。普賢身，說一句簡單的，就是你的如來藏。你的如來藏裡面的所有境界，你都體驗過了，你都圓滿了——一切種智成就了，那你就已遊盡普賢身。可是這普賢身無量無邊的廣大，為什麼呢？也許你上一輩子在琉璃世界，這一輩子來到娑婆，因為聽某一尊佛說：「**你這一輩子去娑婆世界，就可以開悟了。**」就趕快來，來到這裡真的悟了，結果蕭平實幫你悟了以後說：「**你下輩子要去極樂世界，很容易得到無生法忍。**」也許你下輩子又跑到極樂世界去了，可是這樣都還沒有遊盡普賢身，只是遊過普賢身中的一點點而已。那你想，普賢身大不大？大啊！可是普賢身雖然那麼大，就像禪師講的：「**尚書您啊！讀萬卷書，都在腦子裡；然而摩頂至踵也只不過像椰子那麼大，你萬卷書放在哪裡？」都在如來藏心中啊！懂嗎？所以，普賢身那麼廣大，結果是有多大呢？（平實導師伸手畫了個小圓圈說：）就這麼大而已。（聽眾大笑⋯⋯）我告訴你們，你們各人在笑，但各人所笑的意義都不一樣，所以《維摩詰經》就是這麼妙，它就妙在這裡；你破參了就懂：「啊！原來我以前是跟人家傻笑，現在終於眞的懂了。」是不一樣啊！

這三萬二千位菩薩，以等觀菩薩等五十二位來代表，獨獨漏掉了普賢菩薩，原因就是說，這五十二位菩薩已經代表了普賢菩薩了，所以不必另外再舉稱普賢菩薩的聖名。這意思就是說，得要歷經布施、持戒、忍辱⋯⋯十度圓滿，你才能成佛；可是這十度圓滿後，還得加上最後的百劫修相好。以前的布施還不夠，以前那五十一個階位中的種種布施，難忍能忍、難行能行、難學能學、難證能證，都還不夠，還要以整整一百劫的時間專修布施行，廣修福德，什麼都不管；因爲智慧的部分他都已經圓滿了，所以專修布施：誰要眼睛？來！當場就挖給他，不問理由，反正就是要布施嘛！「你要錢財，好，給你。」五千萬不夠，「好，全部送給你。」「我總共有二億，二億送給你；如果有一百億，一百億都送給你。」專修布施，這樣來具足以及圓滿他的三十二種大人相和種種的隨形好，是要靠這百劫修來的，所以成佛沒那麼簡單。

你說：「唉呀！佛陀的法相那麼莊嚴，眞羨慕！」但每一相都是無量的福德修集成的，這樣子，大智圓滿之後，加上無量的福德。可是百劫所修的福德有多少？說是無量，但比起五十二個階位中所修的福德，那又算少了。那就好像一個寶塔，寶塔是花了很多珍寶建造起來的，可是最後、最頂端還需要一個定風珠。寶塔最頂端不是有一個定風珠嗎？最貴的寶珠就裝在那上面。成佛也是一樣，最後百劫專修布施行，專門修集福德來成就、來補足仍然不夠的那個福德，這樣才能夠在觀察眾生得度因緣成熟時，具備資格來降神母胎，來示現凡夫身，終於以人身而成就佛道。

這樣，諸位聽了有沒有恐懼起來？想一想說：「成佛這麼難。」可是正因爲這麼難，所以佛尊極爲可貴。雖然這麼難，可是你遲早要走這一條路，你總不願意像耶和華一樣再去當天主，再去混生死吧？你遲早要走這一條路。耶和華那個位子給你當上了，就算能夠當一劫、二劫好啦！當完了以後還是輪迴啊！還是凡夫啊！你還是得要回來走這一條路啊！所以恐懼，還是得要走。但是我們開出一條坦途大道，明心、見性、開闢大福田讓你可以修集大福德；又教你如何修除性障，準備在將來親證禪定；更教你種智，到達初地怎麼走，都幫你排好了，你只要努力去做就是了，一世就可以完成，超劫精進，這是最便宜的。如果不是在這裡，我告訴你，你學道、修道一大無量數劫，那就是整整一大無量數劫，眞的要一大無量數劫才能到初地，沒那麼簡單啦！但是 佛把便宜送給我，我就轉送給你們；我也沒有保留，該講的、可以講的，我都講了，只是我把它穿插在種種法裡面講；假使你明心而有慧眼了，就把它挑出來；挑出來湊、湊、湊，湊成了以後，你就有法眼了，所以不必因爲這一段經文的開示就害怕、打退堂鼓。

不過，該講的，我還是要跟諸位講；也就是說，這五十二個階位走得快，或者走得慢，都在你們自己；有的人可以走很快，有的人卻會走得很慢，我都看在眼裡。爲什麼走得快？爲什麼走得慢？都跟個人七識心相應的種子有關聯；有的時候我們只能暗地嘆息，因爲不能當面跟那個人講。不管是誰都一樣，每個人我都看在眼裡，但我不能當面去跟你說；因爲說了，你會很難過。而且，說了就有用嗎？不一定有用，只有極少數人有用。爲什麼呢？因爲那些種子都很不容易改變。

也許有人不信，我舉一個簡單的例子好了，譬如說一個人貪杯好酒，他清醒的時候，你跟他講：「貪杯誤事，害你錢財散失，事業失敗，不要再貪杯了。」他說：「我知道，我知道，我一定會改。」可是等他看到一瓶酒可以喝時，他又控制不了，又繼續喝了，然後第二天再來悔恨。有很多人是這樣，眞的沒辦法。貪杯如是，好賭也如是；每賭一次就懺悔，每懺悔一次就剁掉一根手指頭；最後十根手指頭都剁掉了，他還在賭，眞的就是這樣子。所以該講的，我就講一講，但是我不願意當面去講，有智慧的人就自己想辦法去扭轉它；能夠扭轉過來，你就可以超劫精進，成佛的道路會走得非常快。如果聽不進去，那就沒辦法，那麼一大無量數劫可就眞的是一大無量數劫；人家是幾世就到初地，他可能就眞的一大無量數劫才能到得了。所以佛道的修行不是嘴巴說：「我今生一定聽老師的，我一定要到初地。」不是嘴巴講的就算數，而是要劍及履及，眞的無法投機取巧的。

這一段講的是說這一部經的緣起主角以外的菩薩們，來顯示佛菩提道的總相，因爲主角到現在都還沒有出現。在說明這部經的主角出現以前，所要宣說的佛道內涵；換句話說，它的函蓋範圍很廣泛，但是不會跟你說細節、枝節的部分，卻會跟你說明那個理念、知見、見地：你要成佛的話，該具備哪一些法，該具備哪一些正確的理念。這一段經文主要就是在講這個，所以三萬二千位菩薩以五十二位菩薩來作爲代表，它的原因就在這裡。

【復有萬梵天王尸棄等，從餘四天下，來詣佛所而聽法；復有萬二千天帝，亦從餘四天下，來在會坐；并餘大威力諸天、龍、神、夜叉、乾闥婆、阿脩羅、迦樓羅、緊那羅、摩睺羅伽等，悉來會坐。諸比丘、比丘尼、優婆塞、優婆夷俱來會坐；彼時佛與無量百千之衆恭敬圍繞而爲說法，譬如須彌山王顯于大海，安處衆寶師子之座，蔽於一切諸來大衆。】

講記：接下來就是配角了，主角還沒出現，主角不會立刻出現，所以配角先出現，把應該修的內容大略顯示了以後，先上來的就是配角。我不曉得你們有沒有人以前未學佛時，有時候請神問事，有沒有？正統的神，祂要降在乩童身上的時候，祂會先唱詩歌，那就是說明這個主人家今天所要問的事情原委，祂用唱詩歌的方式先說明一遍；若是懂得要訣，先聽一遍就大概知道事件的來龍去脈了，除非你的古文很差。同樣的道理，一部經典中往往先把要為你說的法義濃縮起來，用五十二位菩薩的名號先告訴你：「我這部經典即將要為你說什麼法。」說完了，配角就出現了。現在有哪些配角呢？一萬的梵天王——尸棄是他的名稱——等等從其餘的四天而下，來面見釋迦牟尼佛，要來聽法；另外還有一萬二千的天帝，也就是一萬二千位的釋提桓因，也是同樣從四天而下，來在釋迦牟尼佛這個法會上坐下來；還有其餘的四天下來的大威力諸天（因為並不是只有釋提桓因，每一位釋提桓因下面都還有四大部將，即是四大天王，廣目天王等四大天王等）也都來到。

還有龍——龍有四種：卵胎濕化等四種天龍以及地龍等等；還有鬼神、夜叉、乾闥婆、阿脩羅、金翅鳥和龍神等等全部，也就是天龍八部，都來到這個法會上坐定了；接著還有佛的四眾弟子也來法會上都已經坐定。這個時候，「如來與無量百千之眾」，換句話說，還有很多的四眾弟子「恭敬圍繞」，如來正在為這一些天、人說法。

諸位也許想：這麼多人，古時候又沒有擴音機、沒有麥克風，怎麼聽得見？我告訴你，別擔心，聽得見，這個道理在後面就會說到。這個時候，佛在眾會之中，就譬如須彌山王一般。須彌山爲什麼叫作山王？因爲須彌山在諸山之中，它最高；七金山以須彌山爲最高，然後一山一山漸次下降；所以，有人從外太空看這個世界的時候，第一個看到就是須彌山。所以說祂像須彌山王。爲什麼「顯於大海」呢？因爲七金山等是在大海之中，大海空無一物，一看就看到七金山，而其中須彌山最高，所以就說所有人一定會先看到須彌山。同樣的道理，這就是在顯示說 佛在一切有情之中最爲尊貴、最爲明顯，所以在這麼多大眾圍繞之下，放眼望去，第一就是會先看到世尊；會看到世尊是坐在哪裡呢？祂是安處於眾寶獅子之座，也就是說祂的法座猶如獅王一般明顯分明。蔭蔽，就是說 佛陀的光輝照耀著，把一切所有大眾的光輝都遮蓋了，即使是那麼多的大菩薩，也是被佛光所遮蓋了。

【爾時毘耶離城，有長者子名曰寶積，與五百長者子俱，持七寶蓋來詣佛所；頭面禮足，各以其蓋共供養佛；佛之威神令諸寶蓋合成一蓋，遍覆三千大千世界，而此世界廣長之相悉於中現；又此三千大千世界諸須彌山、雪

山、目眞鄰陀山、摩訶目眞鄰陀山、香山、寶山、金山、黑山、鐵圍山、大鐵圍山、大海江河川流泉源，及日月星辰、天宮、龍宮、諸尊神宮，悉現於寶蓋中；又十方諸佛、諸佛說法，亦現於寶蓋中。爾時一切大衆覩佛神力，歎未曾有，合掌禮佛，瞻仰尊顏目不暫捨；長者子寶積，即於佛前以偈頌曰：】

講記：這個時候毘耶離城有位長者，他的兒子叫作寶積，這位寶積菩薩常常有五百長者子與他一起論法、共事、遊行。這時寶積菩薩和五百長者子同時一起個個執持七寶蓋——七寶所做成的寶蓋——來詣釋迦牟尼佛；他們各人都以頭面禮足，也就是說額頭著地來頂禮釋迦牟尼佛尊足，並且每個人都把他們所執持的寶蓋一起供養釋迦牟尼佛。如果是我們接受這五百零一個寶蓋，那也是很頭痛，不曉得該怎麼處理，因爲你若要拿出門，叫個人幫你拿在後面，擎著寶蓋，大家也會側目而觀，覺得很奇怪、很張揚。菩薩們出門都不執持寶蓋、不用寶蓋，反而是外道們個個都拿著寶蓋在身後，你們看那個喜饒根登不就這樣嗎？我們可不知道要怎麼處理五百零一個寶蓋，可是佛世尊沒有這些煩惱，所以才稱爲佛；祂就把這五百零一個寶蓋，變成一個七寶蓋——非常大、非常大的七寶蓋——遍覆了娑婆世界，你想想看那有多大？

遍覆了三千大千世界，也就是說遮蓋了一個佛世界、遮蓋了娑婆世界，就把這個世界的廣相、長相顯示在這個無量廣大的七寶蓋之中。並且這個娑婆世界所有的須彌山（因爲這個娑婆世界有百億四天下的人間，百億的六欲天，乃至百億的須彌山，也有百億初禪天等等），包括雪山、目眞鄰陀山、摩訶目眞鄰陀山、香山、寶山、金山、黑山、鐵圍山、大鐵圍山，大鐵圍山不是娑婆世界的邊緣，是每一個世界的邊緣，這叫作大鐵圍山；以及大海江河、川流泉源、日月星辰、天宮、龍宮、諸尊神宮，全部都在這個寶蓋裡面顯現出來。換句話說，它就像一個很大的寶鏡一樣，把這個娑婆世界的所有境界顯現出來；不但如此，十方諸佛也顯現在這裡面，諸佛說法也顯現在這裡面，都在寶蓋裡面顯現出來。

這意思是說，釋迦牟尼佛以祂無量廣大的無漏有爲法大功德，來顯現這樣的境界相。爲什麼要這樣顯現呢？佛陀已經成佛了，祂又不是愛現的人，爲什麼要這樣變化？這就是爲了攝受眾生，讓大眾起信。《起信論》是以法理的說明，建立眾生來生起信心；但是 佛用這種方式來建立眾生的信心，來生起眾生的信心，所以有這樣的示現。佛連我執的最微細習氣種子隨眠都斷盡了，哪有可能是為了愛表現？所以這是為了起眾生信的緣故，所以做這樣的示現。如此示現了以後，一切大眾目睹世尊顯現這樣的威神力，都感歎說：「從來沒有見過這樣殊勝的示現。」所以不由得合掌禮佛，表示恭敬的意思。大眾禮佛之後，瞻仰 世尊無比莊嚴的容貌，都是目不暫捨。這是說捨不得把眼睛移到別的目標上去。我們這裡說法時還算是很好的，來聽法的人總是聚精會神的聽法，很少東張西望。但是外面往往是，大德在上面說法，下面聽法者有許多人在竊竊私語，東張西望，那個情形是很普遍的。可是如果在佛座下聞法，你眼光不會瞄到別的地方去，就算來了十位世界小姐、環球小姐，你也不會把目光稍微轉動一下，這就是佛的威德，這就是佛的功德力所在。

如果你沒有經歷過佛的召見訓勉，你可能會懷疑：「哪有可能？不可能啦！」但我告訴你，事實真的是這樣，你不會有一念分神，一定會使你專精的注意聽 佛所說的一切法；能不能如實領納，那是另一回事，但是你絕對不會分心，不會打妄想，忽略掉 佛所說的每一句話，所以目不暫捨這是正常的。如果你有緣遇到佛的召見訓勉，你就會相信：我沒有跟你說謊。由於這些緣故，大家都歎未曾有，所以合掌禮佛以後，瞻仰尊顏，目不暫捨。這個時候，緣起人物的寶積菩薩，當然得要先來講個開場白，所以他就 佛前以偈頌曰：

【目淨脩廣如青蓮　心淨已度諸禪定　久積淨業稱無量　導衆以寂故稽首
既見大聖以神變　普現十方無量土　其中諸佛演說法　於是一切悉見聞
法王法力超群生　常以法財施一切　能善分別諸法相　於第一義而不動
已於諸法得自在　是故稽首此法王：
「說法不有亦不無　以因緣故諸法生　無我無造無受者　善惡之業亦不亡
始在佛樹力降魔　得甘露滅覺道成　已無心意無受行　而悉摧伏諸外道
三轉法輪於大千　其輪本來常清淨　天人得道此爲證　三寶於是現世間
以斯妙法濟群生　一受不退常寂然　度老病死大醫王　當禮法海德無邊
毀譽不動如須彌　於善不善等以慈　心行平等如虛空　孰聞人寶不敬承
今奉世尊此微蓋　於中現我三千界　諸天龍神所居宮　乾闥婆等及夜叉

悉見世間諸所有　十力哀現是化變　衆覩希有皆歎佛　今我稽首三界尊
大聖法王衆所歸　淨心觀佛靡不欣　各見世尊在其前　斯則神力不共法
佛以一音演說法　衆生隨類各得解　皆謂世尊同其語　斯則神力不共法
佛以一音演說法　衆生各各隨所解　普得受行獲其利　斯則神力不共法
佛以一音演說法　或有恐畏或歡喜　或生厭離或斷疑　斯則神力不共法
稽首十力大精進　稽首已得無所畏　稽首住於不共法　稽首一切大導師
稽首能斷衆結縛　稽首已到於彼岸　稽首能度諸世間　稽首永離生死道
悉知衆生來去相　善於諸法得解脫　不著世間如蓮華　常善入於空寂行
達諸法相無罣礙　稽首如空無所依」】

講記：現在寶積菩薩以這麼長的偈來讚頌世尊。頭四句他說世尊眼目清淨脩廣，「脩」就是修字，是看起來比較長的意思；所以佛像的眼睛雕起來或畫起來時，不能畫得像我們這樣短短的，要畫長一點，這是「脩」；並且還要大一點——廣，所以叫作眼如牛王嘛！這是三十二相之一。目淨脩廣，不會眼睛像我們一樣老是紅色的血管佈滿了眼睛，熬上兩個晚上不睡就會這樣；佛陀不會這樣，這叫作脩目淨，目淨而又脩廣，好像青蓮花一樣

——青蓮花若是花朵大一點而又是紫色的，很漂亮，佛目就像那個青蓮花一樣。又說佛心已經清淨了，並且度過一切禪定的境界；凡是世間人所有的禪定，佛沒有不曾親證的，已經都具足了。並且長久以來淨業就已經具足圓滿，所以稱爲無量；因爲三大阿僧祇劫的修行，加上百劫專修福德，所以這一些善業與淨業，無量無邊不可記數，所以稱爲無量。

「並且已經引導眾生同得親證寂靜涅槃境界。」這涅槃當然不是單指二乘涅槃，而是指四種涅槃的具足教授。因爲這些緣故，「所以我寶積童子在大眾前向佛稽首」。稽首和禮佛是有一點不同的，我們現在一般說：「你見了師父們，得要先問訊。」其實那個問訊就叫作稽首，就是彎腰合掌，那只是稽首。問訊是要加上口中訊問，訊問什麼呢？要問：「自從上次別佛以來，已經三月，不知世尊身心輕利否？眾生易度否？少惱少病否？」這樣問候，才叫作問訊。作一個動作哪能叫作問訊？那都是後人亂發明。目前大家共用的這個問訊手印，我們也查詢過好多道場，沒有一個道場知道：爲什麼這個手印是這樣的，這手印又是怎麼來的，也沒有人知其然，「其所以然」就更不知道了！應該說，有人這樣發明出來，然後大家就沿用下來。其實那個不叫問訊，那個動作應該叫作稽首，就是低頭彎腰，加上合掌。因為前面已經合掌禮佛過了，所以現在讚歎的時候說是稽首。

接下來四句，「如今既然已經看見大聖——就是佛世尊——以五百零一個七寶蓋合為一蓋，示現這麼大的莊嚴寶蓋，以這種神變而普遍的顯現十方，一切的佛土都在這寶蓋中可以看得見，並且十方佛世界的諸佛也都在這大寶蓋中顯現出演說佛法的實況，我們在這裡所有的人們都親見親聞。」這是什麼意思呢？這就是說，所有的佛世界雖然無量無數，其實就只有一個佛世界。所有無量恆河沙數的佛世界，其實只有一個佛世界，這個佛世界就叫作如來藏。每一個如來藏就是一個佛世界，而所有過恆河沙數無量的佛世界，同樣都是依如來藏而有，如果沒有如來藏，就不會有過恆河沙數無量無邊的佛世界。你如果證得如來藏，不管你將來往生到什麼佛世界，所有的有情也都同樣是這個如來藏；包括十方諸佛在內，也都是這個如來藏，沒有第二個。無妨每一個人各有一個如來藏，但都是同樣的沒有差別。所以一切都見聞，見聞什麼？見聞如來藏。不能超出於如來藏之外而有任何一法的存在，所以合五百零一個寶蓋成為一大寶蓋而顯示十方諸佛世界，它的意思就是在這裡。

接下來四句：法王的法力超越於無量無邊的眾生。這個法王講的就是 佛世尊。西藏密宗說有四大法王，這四大法王，任何一位法王全部都沒有斷我見，都是凡夫；這樣的法王讓你來當，你要不要當？我才不要，因為當有人稱呼他為法王的時候，他默不作聲，也就是默然承認，那麼大妄語業就成就了：被稱一遍成就一遍大妄語業，被稱呼十遍則成就十遍的大妄語業。這些人愚癡無智，還以法王的身分沾沾自喜，但是他如果真的知道法王是什麼意思的時候，我告訴你，他每天晚上都會睡不著覺。只有 佛可以稱為法王，如果要降低法王的標準，至少也得十地滿心。可是他們顯然連我見都沒有斷，都還是凡夫，就以法王自居，那個業是要怎麼承擔呢？言歸正傳，法王釋迦牟尼佛的法力超越所有的眾生，並且常常以法財來布施給一切的有緣人，而且能夠善於分別所有的法相，可是於第一義諦上面卻是心得決定而不搖動。

這後面兩句常常有人拿出來解釋，結果總是解釋錯了；這兩句話是從 佛的七識心來說的，不是在講第八識。「**於第一義而不動**」，不是說心不動，而是說心不搖動，也就是心得決定的意思。這是說，法王能夠善於分別一切諸法的相貌，「法相」不是講佛法的名相，是講一切諸法的相貌；能善分別諸法相，是善於分別諸法的相貌。很多大師把「法相」兩個字當作佛法名相來解釋，那是錯誤的。佛能善於分別一切諸法的相貌，佛於第一義諦，心中絕無搖動。也許有人說：「對佛讚歎這個，未免太差了吧！」其實不然，除了佛地以外，菩薩在一切地中，於第一義諦多多少少都還有不能決定的地方，因爲塵沙惑還沒有斷盡，所以或多或少而有疑惑，這都是正常的。如果說完全沒有疑惑，那是騙人的，所以有疑惑才是正常的。但是對於自己已經親證的，能夠心得決定而不退轉，這個才是最重要的事情。所以不應該要求在因地就全部都無疑惑、都得決定，那是不可能的；因爲塵沙惑沒有斷盡之前，多多少少都會有一點疑惑，這才是正常的。所以「於第一義而不動」，這句話正好拿來讚歎世尊，因爲全部都已決定而無任何微小的疑惑。

接下來六句：「**已於諸法得自在，是故稽首此法王；說法不有亦不無，以因緣故諸法生；無我無造無受者，善惡之業亦不亡。**」這是讚歎佛已經在一切諸法中而得自在。於一切諸法得自在是很困難的，因爲法無量無邊，沒有人敢宣稱他完全了知一切法；對一切法的具足了知而無疑惑，只有諸佛才能做得到，連等覺菩薩都不敢誇口已於諸法得自在。所以等覺菩薩還要奉侍諸佛、還要諮詢於佛，原因就在這裡。所以眞正於諸法相貌得自在的，只有已經成佛的諸佛如來。「因爲世尊您已經於諸法得自在，由於這個緣故，所以我寶積童子稽首於法王。稽首於法王您的理由是什麼呢？爲什麼值得我代表大眾向您稽首呢？」接著就說：「世尊您說法不會落在有或無裡面，一定是非有亦非無，永遠不落兩邊，永遠不落常與斷之中。但是雖然說法非有亦非無，卻又不妨礙世間相中有一切諸法的出生，所以說由於因和緣的和合，導致諸法的出生，所以並不因爲非有亦非無的緣故而否定了三界現象界中的一切諸法。可是諸法因緣而生的緣故，所以念念變異，遷流不停，所以諸法之中其實並沒有一個眞實我，沒有任何一個法可以說是眞實我；既然無我，當然沒有能造者，也沒有所受的人。雖然無我、無造作者、無受者，但是現象界中所有的善業、惡業卻也不會敗亡。」換句話說，法界之中無因無果、無善無惡、無來無去、不斷不常，可是雖然如此，不妨礙眾生所造一切善、惡業的果報不爽。意思就是說，佛說法不會落在實相法界一邊，也不會落在現象界一邊，一定是函蓋如來藏中所有法界諸法，但是也會函蓋出世間的一切無爲法。換句話說，佛說法的時候，一定是函蓋無漏有爲法與無漏無爲法，並且也會宣示有漏有爲法在裡面，兩邊圓滿；一定是具足圓滿的宣說，不會有所遺漏，這是這六句要表示的意思。

接下來四句：「**始在佛樹力降魔，得甘露滅覺道成；已無心意無受行，而悉摧伏諸外道。**」讚歎釋迦牟尼佛，剛開始在佛樹下（就是菩提樹下），以智慧力降伏魔怨，然後獲得甘露法門而滅除一切煩惱，所以覺悟菩提之道便成就了。爲什麼是先降魔，然後才得甘露法門而覺悟菩提之道？也就是說，先要把心清淨了，才能證悟。如果我見煩惱一直都纏身不斷，我見一直無法捨棄，要證悟法界實相就非常的困難了。我們這兩年禪三開始的時候都要先殺大家——把大家的我見先殺掉。以前我們就是沒有先殺我見，而先幫大家親證如來藏，然後再從如來藏的現量境界回頭來觀察五蘊十八界虛妄來斷我見，是顛倒過來的。

當年我們看見許多人悟不出來，最後一天下午乾脆都叫到小參室來明講，然後叫他用我們明說的如來藏，來反觀五蘊我的虛妄，來斷我見，可是這樣就有後遺症了。當我們告訴他，哪一個是如來藏的時候，有智慧的人會接受「我」是虛妄的；可是我執很深重的人，他就斷不了我見，所以到最後就想要另外再去找一個更玄、更妙的如來藏；結果所謂的更玄、更妙的如來藏都是離念靈知，是意識心，我見根本沒斷。所以在我這裡，每一次講經說法時不斷的殺我見，不斷的鋸他們的我見，鋸到最後竟然沒鋸死，他們心中動搖而自稱證得佛地眞如、證得初地眞如，結果所謂的佛地眞如、初地眞如，還是離念靈知，還是意識，不離我見。原來我見沒有被我鋸掉，這就表示他們的心還沒有清淨，那個「我」始終沒有死掉，我見煩惱一直都在。

我們是書也寫、經也講、法也說，他們應該是我見早就斷了，可是爲什麼又重新把我見再長出來呢？都是因爲我執深重。我執深重，不願意讓自己死掉，所以就再把它灌溉、灌溉，於是我見又生出來了，所以就創造一個**現在就可以證佛地眞如，一悟就成佛**的說法，結果那個佛地眞如還是離念靈知，不離意識，落在五陰中。這就是說，一定要先降魔。魔是什麼？主要就是五陰魔；其餘三魔其實都不厲害，最厲害的是五陰魔，這五陰魔纏繞著眾生不斷生死輪迴，才會有死魔、煩惱魔、鬼神魔－天魔－存在；如果不是五陰魔，就不會有其餘的三魔。但五陰魔是最難降伏的，因此我們現在禪三前，我最少要講一個鐘頭，先講五陰、十八界、十二處，要先把大家的三縛結給斷了。

砍得五陰魔死，才有機會證悟如來藏，如果砍不死，找到的一定都是覺知心的變相，逃不出五陰魔的境界外。成佛也是要這樣示現，示現先降伏五陰魔。五陰魔降伏了，所謂的鬼神魔、死魔、煩惱魔，最後就能全部降伏了。把這個煩惱斷了以後，接下來才有辦法釐清一個正確的方向：我要找的實相，到底方向如何？會是與意識心一樣的心嗎？正知見就很清楚顯現出來了。但是佛這個降魔，有個過程，是先從外道那邊學禪定，從初禪、二禪、一直到非非想定，後來發覺原來這個非非想定裡面的最微細覺知心還是在三界中，終於瞭解：啊！原來就是要把五陰十八界全部都給殺死，殺死了以後，我不存在了，才能脫離生死。十八界法只要有一個法繼續存在，就會拉著如來藏繼續再受生死。確實認清楚這個道理，就是降魔；換句話說要先完成解脫道的過程，解脫道的過程就是降魔的過程，然後才能夠證悟萬法的根源。入了無餘涅槃以後，究竟是什麼，才能夠找得到。找到了，甘露道就成就了，煩惱就滅了；所以「覺道」，覺就是菩提，覺道是菩提道成就了。

當菩提道成就的時候，他已經超越了心與意的境界了。心就是阿賴耶性，第八識爲什麼叫作阿賴耶識？因爲有阿賴耶性。把阿賴耶性滅了，就是降伏了分段生死的煩惱，就是降魔完成了，改名異熟識了。當祂以手按地，如來藏出現了，大圓鏡智成就了；夜後分，天快亮時，東方火星出來了，很明亮，眼見佛性了，成所作智也就具足了，這時四智圓明。這個時候阿賴耶識不叫作異熟識了，改名爲無垢識了，由於已經沒有眾生的心相存在了，當然更不會有眾生的意根執著性存在，已經是究竟清淨的七識心了。所以佛的七識心王不叫作轉識，因爲祂不再轉變了，已經是清淨的七識了，這時已經脫離一切行陰、受陰的境界，所以說佛世尊菩提道成就的時候，已經沒有心與意的境界，也沒有受與行兩陰的境界了。

俱解脫阿羅漢只能超越受陰、想陰境界，但是第八識心顯現的行陰境界，他們都無法超越，只能在捨壽時入無餘涅槃而使得色、識、受以及想陰滅掉，行陰就跟著滅除了。但是生前的行陰他們都無法滅；因爲阿羅漢的七識心始終不離行陰，因爲意根念念變異。可是佛的七識心永遠不會再有變異，所以祂超越於行陰之外，所以說無受亦無行。由於這樣的緣故，所以具足了五分法身，戒身具足圓滿，定身、慧身、解脫身、解脫知見身都具足圓滿，究竟清淨的法界成就，所以能以一切種智來摧伏所有的外道。

這四句讚歎完了，接下來用十二句讚歎：「**三轉法輪於大千，其輪本來常清淨；天人得道此爲證，三寶於是現世間。以斯妙法濟群生，一受不退常寂然；度老病死大醫王，當禮法海德無邊。毀譽不動如須彌，於善不善等以慈；心行平等如虛空，孰聞人寶不敬承。**」說佛世尊三轉法輪於三千大千世界，這個法輪本來就一直都顯示清淨相的，由於佛的三轉法輪，所以諸天、眾人可以親證佛菩提道，並且以他們所親證的來證實：人確實可以如佛一樣，在未來具足證得佛菩提道。因爲隨著佛這樣親證的緣故，所以三寶就因此而出現在世間了。

前後三**轉法輪**，固然是許多佛弘法的同樣過程，但不是絕對；因爲長阿含中世尊有說過，有的佛是只有一轉法輪的。換句話說，在某些佛的世界，祂們不施設三乘菩提，而是只講唯一佛乘，所以往生到祂們世界去的眾生，全部都是菩薩性的眾生，沒有聲聞種性，也沒有緣覺種性；所以，以一乘法具足宣說三乘菩提的法，把三乘菩提函蓋在唯一佛乘的菩提中。所以，有佛是只有一轉法輪的，可是也有佛是二轉法輪，有佛是三轉法輪的。世尊說祂自己是三轉法輪，也就是分為三個時期來講，第一時期先講二乘菩提，第二時期專講大乘般若，第三時期宣講一切種智，就是方廣唯識系的所有經典。佛世尊雖然在這個五濁惡世是三轉法輪，可是畢竟同樣是清淨法，所以世尊就以這三轉法輪、三乘菩提的清淨妙法來救濟一切不同種類的有情，讓這些有情能夠在親證之後信受奉持而不退轉，並且常常都能夠如同世尊一樣住於寂然清淨的境界之中。

三寶與外道最大的不同就是寂靜，外道們喧鬧不斷，但是如果去到佛所住持的所有道場，都是寂然無聲的。所以，有一次舍利弗尊者帶著五百比丘遊行來見佛，佛正在靜坐，當時舍利弗尊者沒有好好教導那五百新學比丘，所以五百新學比丘進了園中喧囂無比，講話都很大聲，佛就問：「是什麼人這麼喧鬧？」侍者就稟報：「舍利弗尊者帶了五百比丘來。」佛就說：「把他們趕出去！」舍利弗尊者也不敢問什麼緣故，就帶著五百比丘走了；後來有人稟告佛，佛就說：「叫他們回來。」當然舍利弗被趕出去，就知道一定是太喧鬧，就有教導他們：不要再講話，好好用功。然後佛就問舍利弗，佛說：「我把你趕出去，你心裡怎麼想？」舍利弗尊者就說：「一定是因爲我們很喧鬧，不如法，所以是我們的過失。」佛說：「如是，如是，應當如此。」換句話說，佛法道場是應該安靜的，不應該是喧鬧的。因爲學法，特別是佛法，不管你是大乘法或二乘法，都應該安於寂寞、忍於寂寞、樂於寂寞、享受寂寞，寂寞才是最好的享受。

古時候有很多大禪師們，他們在城市中有大寺院，可是他們才四十幾歲，還不到我這個年紀（我已經耳順了），他們才四十幾歲，就說：「吾思終老林泉之所。」他說：「我現在想的是可以讓我安度老年的林泉之所。」是有樹林還要有泉水的地方。所以很多古剎就是這樣建起來的，他們不想要吵鬧。古時如此，現代也如是，廣欽老和尚不是這樣嗎？土城承天禪寺，他住膩了，覺得吵，就跑到寶來去了；寶來是很偏僻的地方，可是沒想到去到那邊，後來比丘尼眾也是一大堆人。這意思就是說，於佛法中不管是二乘菩提或者大乘菩提都一樣，都應該安然處於寂靜的境界中。因爲二乘法是修證無我法的，因此常常要住在滅盡定中，沒有證得滅盡定的也要去修禪定，把慧解脫轉變爲俱解脫，哪還有時間在那邊喧囂言笑？不可能有啊！所以，二乘聖者的道場也都是安靜的。

大乘法更應當如此，因爲你證得如來藏了，而如來藏離見聞覺知，你轉依了如來藏就應該這樣子去安住，怎麼還要一天到晚：「欸！張三，我們明天去泡茶，後天去唱卡拉ＯＫ，大後天我們去郊遊，好不好？」哪有時間在這上面用心？該修的法、該往上進修的道業太多了，哪有時間去亂攀緣呢！時間是什麼？時間就是生命。一個人一生不過百年，如果以我現在來講：六十歲，後面剩下多少年？現在眞的是在算天，不是算年，就覺得說：唉呀！一天又過去了，沒做多少事；唉呀！今天怎麼做這麼少！現在就是這樣想，每天想：唉呀！這麼多事，做不做得完？還有多少時間？想的是這些，所以眼睛一張開就先想到今天要做什麼，沒有時間去想到說：今天去爬山，明天去游泳，後天去做什麼。如果去爬山、去游泳，那是不得不然，爲什麼？因爲都不動，快變成殭屍了，所以只好找時間去運動；可是也覺得運動是浪費時間，但不運動也不行，我同修說：「你老坐在電腦那邊，不行啦！」就拉著我動一動、走一走。現在是不得不動一動、走一走，因爲眼睛不行，所以只好電腦打上兩個鐘頭就下樓去拈花惹草，不得不這樣子做。所以，眞學佛法的人是應該安於寂寞、忍於寂寞；佛法修得好的人，他是樂於寂寞、享受寂寞的。因爲法樂無窮，怎麼會想到說要到處去攀緣，覺得去攀緣眞的是沒意思，因爲講來講去都是三界中的事，對佛菩提道來講實在沒有營養，它無法增長你的佛菩提道；所以懂得寂然，才是眞懂佛法的人。

接下來說，佛世尊已經過度老病死，所以是大醫王。過度老，在理上和事相上不相同，事相上佛說祂可以住世一劫、若減一劫。佛在入涅槃前三個月時有講過，曾經跟阿難尊者講過三次，《阿含經》有明文記載。佛跟阿難尊者說：**諸佛世尊住世可以或者一小劫，或者少於一小劫**。那你想，如果當時阿難尊者有爲我們向佛請求：「**請世尊您，千萬千萬住世一小劫。**」我們今天不就是賺飽了！對不對？從佛那邊親自聽聞佛法，怎麼說也強過聽我蕭平實講吧！可是阿難尊者，佛連續說三次，他都沒有請求，所以後來迦葉尊者就怪罪他說：「**佛講三次，你爲什麼都不請求？**」其實阿難尊者是被天魔波旬遮障了，腦袋一片空白，不懂得請求，所以默然，然而佛是可以度過「老」這個事相的。既然阿難尊者沒有請求，佛就說：「三個月後，我將般涅槃。」因爲天魔波旬一天到晚求佛：「你既然成佛了，爲什麼不般涅槃？」他常常來求佛，佛都說：「止！止！我自知時。」說：「我自然知道什麼時候該涅槃，不必你來催。」天魔又來找幾次，佛又說：「現在還不是我般涅槃的時候，因爲我的弟子們還沒有全部解脫，還沒有得到自在。」說了一些理由，「所以你波旬不要再講了，時間到了，我自然會涅槃。」天魔波旬就是希望佛趕快涅槃，不然人一直被祂度走；在最後一次佛拒絕波旬以後，波旬離開了，佛就跟阿難尊者說：「諸佛可以住世若一劫，若減一劫。」講了三遍，結果阿難尊者沒反應，所以佛就宣佈：三個月後入涅槃。

所以，佛其實是可以度「老」這一關的，事相上如此，理上更是如此。理上，你們只要明心就度老這一關了：色身可以老，但如來藏不老；如來藏不老，覺知心就不老，沒有錯啊！死這一關也一樣：如來藏永遠不死，覺知心死了，沒關係，如來藏不死，我轉依如來藏，所以我是不死。如果人家問你：「你會不會死？」「會啊！」沒有錯啊！覺知心會死，只有一世。明天又有別人問：「你會不會死？」「不會啊！」「你怎麼說話跟昨天顛倒？」「我昨天講的是覺知心，今天講的是如來藏。」都可以啊！你要答「死」也可以，答「不死」也可以啊！所以從理上來講，你只要悟了，就度過死這一關了。病呢，如果你是以意生身，你就永遠不會有病；人會生病是因爲這個色身不能免除病毒細菌的侵害，可是如果只有意生身而無人身，怎麼會有病毒侵害？不必說意生身，光是欲界的四天王天的天身就好了，就沒有病了，更何況佛有三種意生身具足，又加上自性法身、他受用法身等等，哪裡會有病呢？所以病是事相上的。如果說煩惱病，佛也是全部斷盡，因爲煩惱障的現行不見了，煩惱障的習氣種子隨眠也斷盡了，加上所知障的一切上煩惱也全部斷盡了，哪裡還有病可說呢？所以眞正是度老病死的大醫王。因爲自己已經過度了，所以就能夠爲眾生宣說，眾生就可以因此而得度。而佛所度的病是生死病，不是世間病。世間病，佛也可以治，因爲佛有醫方明，世間醫生還得要用藥，佛有時候根本就不用藥。有時候，醫生用很多藥，怎麼治都治不好，求佛加持以後就好了，沒事了！所以從世間法來講，佛也是大醫王；並且世間醫生治不了生死病，佛能治，所以祂是大醫王。

「因爲這些緣故，所以我寶積童子應當要頂禮，爲什麼頂禮呢？因爲佛世尊法海的功德無量無邊。」爲什麼稱爲法海？因爲法無量無邊而可以不斷衍生出來，光是一個如來藏可以衍生三乘菩提，三乘菩提裡面的二乘菩提就可以衍生出三十七道品；然後再從如來藏又衍生出大乘菩提，大乘菩提又衍生出三十七道品；然後從如來藏出生了七識心，又可以出生宇宙中無量無邊的法。想想看：原子彈怎麼來的，飛機怎麼來的？不都是由你的意識心去設計、思惟、構造、製造出來的嗎？可是這些種子又從哪裡來？還不都從如來藏來！那你想：世間有多少法？不說別的，光說一個電腦，你看，電腦這樣發展出來，日新月異，目前看來好像無止無盡，那其他種種法也就可想而知了。可是無量無邊的法跟大海一樣的廣大無邊，都從哪裡來？還是從自心如來而來，不能外於自心如來而有種種法。可是 佛能夠從這裡來教導我們，教我們親自去證實，這功德無量無邊的廣大，所以寶積童子應當稽首。

又說**「毀譽不動如須彌」**，毀譽不動是很困難的，一般眾生有毀就暴跳如雷，有譽就沾沾自喜，但是俱解脫阿羅漢遇到毀謗時，他會當面向你說明，你這樣說是不對的，怎麼、怎麼不對。如果是慧解脫的阿羅漢被誹謗，心中還會起瞋，瞋個幾分鐘，然後心平氣和再去跟對方講：「你要懺悔，不然你會下地獄。」菩薩，菩薩也許起瞋，那就看是什麼菩薩了。有的菩薩說：「你給我記住！」他把你記恨一輩子，你只要批評他一句話，他就跟你記一輩子。我們以前有一位退失的親教師就這樣說：「我會把你記一輩子！」當面這樣講，我後來聽了搖頭說：「我到底派對人，還是派錯人了？」有的菩薩會氣個幾天；悟了以後，還會氣好幾天，但終究還是放捨了。如果是入地了以後，最多就是氣個幾秒鐘，他就丟了。如果初地滿心，我告訴你，他縱使有氣，也只是一、兩秒鐘就不見了。瞋尚且如此，那當然就不可能有恨、有怨、有惱。所以對毀與譽都能夠不動，這是不簡單的；因爲諸地菩薩遇到人家當面打罵，通常會有個一、兩秒的瞋，但不會延續，可是佛就厲害了，根本不會出現，一剎那、兩剎那都不會有，所以才叫作毀譽不動如須彌。

「**於善不善等以慈**」，於一切善法和一切的不善法上面，不管什麼人造作了惡法，也不管是什麼人造作了善法，世尊都同樣平等的以慈心來看待，同樣以慈心來接引。這就像有人下墮地獄，但是生前曾經對一隻卑賤的蜘蛛起過一念的慈悲心而救護牠，下墮地獄以後又懂得懺悔，所以心中念佛，佛世尊就用一根蜘蛛絲垂到地獄救他。這就是說，他雖然是個大惡人、造了惡業，佛也願意以慈心來看待他、接引他；這個惡人爬著蜘蛛絲，本來就要離開地獄了，後來看見很多人跟著他爬，怕絲斷掉，所以心中起瞋；因爲起瞋，所以蜘蛛絲就眞的斷了。本來是不會斷的，他如果不起瞋，佛化現的蜘蛛絲是怎麼也不會斷的；結果因爲他起瞋，不想讓別人跟著爬，只想著自己，所以後來還是斷了，起了惡念就斷了。這就是說，佛世尊對惡人也同樣用慈心來看待，對於善人做了善事、修學善法，當然更是以慈心來看待，所以說 佛的心行是平等的，猶如虛空一樣。

什麼人聽到人間有這樣的無上至寶的聖人，而竟然不會恭敬的來敬奉承侍祂呢？諸佛的七識心是眞平等的，但眞平等不是在事相上平等。爲什麼說祂是眞平等？又爲什麼說不是在事相上平等？先講第一個問題，因爲佛地已經完全轉依心眞如，完全轉依無垢識的究竟平等性，所以說祂是眞正的平等如虛空。等覺菩薩的第八識無法和別境五心所、以及善十一心所相應，所以轉依異熟識的功德遠不如諸佛轉依無垢識的功德，所以仍然不是究竟的平等。但是諸佛在佛地是完全轉依無垢識的究竟平等，所以是眞平等。

爲什麼說諸佛接引眾生時在事相上無法平等呢？這就牽涉到《華嚴經》上很有名的經句「理事圓融」了。常常有人會講：「你們正覺同修會說很平等：不分貴賤、不分大學教授、或者小學沒畢業。」因為大學教授去禪三破不了參的也有很多人，小學畢業的去那邊破參的卻也有，所以是很平等。可是他們會說：「為什麼不是每一個人去了都可以悟？這樣顯然不能稱為理事圓融嘛！」但是我們想要提出一個反問：「是不是您認為佛是如您所說的完全理事圓融？」當然要答「是」，不可以答「不是」；可是現在問題來了，為什麼佛對某些人只講阿含，不講般若？為什麼佛對某些人最多講到般若，卻不跟他們講唯識方廣的一切種智呢？這是什麼道理？實際上是因為眾生的根器、因緣各不相同，所以才會有許多俱解脫阿羅漢，甚至也有三明六通的大阿羅漢，都沒辦法悟到如來藏，都不通般若。因為他們的因緣就是不適合，根器也不適合，他們是一心想要在捨報後就入無餘涅槃的，不想承擔如來的家業，也不想生生世世利樂有情自度度他。所以佛只對久學菩薩、利智菩薩宣講方廣唯識的種智正義，所以對阿羅漢們祂只說阿含，不說般若，也不說方廣。也就是說，真正的平等是要觀察因緣、觀察根性，所以要在立足點上平等，不可以在事相上齊頭式的平等，這樣的心行才是真正的平等。那麼這樣來看待眾生本來具足的本來自性清淨涅槃，來看待四種涅槃平等平等，來看待一切眾生四聖六凡所有眾生平等平等，從事相上這樣來看理上的完全平等，才可以說是理事圓融，不能要求 佛扮演白痴的角色，那不是眞正的理事圓融。如同 佛這樣理事圓融的聖者，才是一切人天、一切眾生、一切菩薩、一切阿羅漢、辟支佛所應當敬承的世尊。

接下來八句說：「**今奉世尊此微蓋，於中現我三千界，諸天龍神所居宮，乾闥婆等及夜叉，悉見世間諸所有，十力哀現是化變。眾睹希有皆歎佛，今我稽首三界尊**」：「如今我寶積和五百長者子一同奉上我們所有以七寶造成的寶蓋」，但是自稱爲微蓋、小蓋。因爲這個蓋比起 佛所化現的遍覆三千大千世界的寶蓋，眞的是微蓋，太渺小了。「我們奉獻給世尊以後，世尊又在這個大寶蓋中顯現我們這個娑婆三千大千世界。」三千大千的世界到底有多大？大部分的人都沒有想過。從我們地球發射電波到火星要六分多鐘才能到達，電波的速度要六分多鐘才能到達，那你想：如果到天王星、冥王星要多久？可是我們這個太陽系在娑婆世界中，只是最邊邊的一個最小的太陽系。而我們這一個娑婆世界稱爲三千大千世界，因爲有三個千；也就是說一千個太陽系的世界等於一個小千世界，然後一千個小千世界就成爲一個中千世界，一千個中千世界就是一個三千大千世界，所以一個大千世界就有三千，所以稱為三千大千世界，這就是我們的娑婆世界，一個銀河系。

你想想看：一千乘一千再乘一千，這樣是一個娑婆世界，換句話說，一個娑婆世界就等於我們這個銀河系。我們這個地球所歸屬的太陽系是我們這一個銀河系裡面最邊邊的一個小小的、最小的太陽系。從我們這個地球，如果以光速前進或者以電波的速度前進，從最邊邊經過中間點到達另外一端邊緣，就好像從台北市最南端到最北端一樣的意思，或者說台灣最南端到台灣最北端同樣的意思；我們這個銀河系從這一端經過中央到另一端，要十萬光年，以光的速度、電波的速度前進要十萬年才能到，那你想它有多大？佛化現的那個寶蓋就是那麼大。換句話說，你這個寶蓋，假使有一天發明出一個飛機能夠以光的速度前進，從這一邊到那一邊要跑十萬年，所以你絕對跑不到，除非你學著冬眠，把你冬眠起來，十萬年後到了那邊再叫醒你，不然你永遠到不了，因為目前人壽只有百年。那你想：這個寶蓋有多大？它顯現出這麼大的一個三千世界。

這麼大的世界裡面，當然是有諸天、龍、神所居的所有宮殿；並且還有欲界天的乾闥婆（也就是音樂神，音樂神是專門娛樂釋提桓因的，就是釋提桓因的樂師）以及夜叉（夜叉就是四天王天的天眾）；很多人供奉四大天王，四大天王的職務，除非是初地菩薩委屈自己去擔任，不然的話，一般都是屬於夜叉王。眾夜叉因為受四大天王的管束，而四大天王要受忉利天主釋提桓因的管束，釋提桓因是佛弟子，祂護持人間的佛弟子，所以四大天王的使命就是專門來護持人間學佛的眾生。《楞伽經》就是在楞伽山講的，屬於夜叉所住的世界，不是在我們人間，不能像印順法師亂考證一通，說是印度南方什麼「楞伽山」；印度南方的「楞伽山」又沒有七種寶華，也沒有楞伽寶，所以那個考證是錯誤的。在這三千大千世界裡面，顯現世間的一切所有現象與境界，這是佛以祂的十力及慈哀之心，為寶積菩薩和其他菩薩們變化顯現出來的，因為眾生如果現前眼見佛的威德如是，當然就會覺得很稀有，會一起都來讚歎佛世尊，使得眾生都可以發起具足的信心。由於這個緣故，寶積菩薩他知道了：所以說由這些緣故，我現在稽首於三界中的至尊。

接下來四句說：**「大聖法王眾所歸，淨心觀佛靡不欣；各見世尊在其前，斯則神力不共法。」**佛是大聖，也是法王。法王的意思是說，於一切法得自在；大聖則是說，超過一切聖人，所以稱為大。由這裡來看，法王這個稱號不是隨便哪個菩薩能拿來用的。有時候我們讚歎說十地法王，那還算是高抬他了，因為十地滿心菩薩於一切法仍然未得自在，只有佛才能於一切法都得自在，所以諸佛稱為法王。至於西藏密宗四大法王，諸位只要嗤之以鼻就好了，不必多所用心；因為他們不但不能於一切法得自在，乃至大乘見道所悟的內涵如來藏，他都不知道在哪裡；連見道都不知道，怎麼有資格於一切法得自在？且不說大乘見道，說二乘見道斷我見就夠了：他們還認取樂空雙運的覺知心作為眞如、如來藏。這樣的人連我見都沒斷，正是具足愚癡無明的凡夫，竟然自封為法王，這就是大妄語業。所以，眞正的大聖與法王，只有眾所歸命的佛世尊。

既然大家知道這個道理，所以都以清淨心來觀視於佛，沒有人不因此生起歡喜心的。不生起歡喜心是很困難的，因為諸佛的福德力、智慧力會使得所有佛弟子見到祂的時候，都不由自己的生起歡喜心。可是生起大歡喜心的時候卻不會放肆，因為佛的威德無比的厚重；威嚴很重，沒有人可以見了而不畏懼的；所以很想親近祂，可是又覺得威嚴很重而不敢放肆，這種情況是很奇怪的一個感觸。由於這個緣故，所以眾生見佛的時候都會很歡喜。並且眾生見到佛的時候，即使是坐得很遠，他也會覺得佛就像在自己眼前一樣，這就是佛的威神之力不共於等覺菩薩、不共於二乘聖人。

接下來四句又說另一種神力不共法：「**佛以一音演說法，眾生隨類各得解；皆謂世尊同其語，斯則神力不共法。**」這是讚歎說：佛以同一種音聲來演說法義，眾生聽了以後，所獲得的理解各不相同。也就是說，佛說法的時候雖然只是一種音聲，可是畜生道的畜生聽了，是畜生道的語言，人類聽到的是人話，鬼道聽到的是鬼話。也就是說，它雖然只是一種音聲，但是眾生都可以聽得懂：天人也聽得懂，阿修羅也聽得懂，如果地獄道眾生能聽得見，他們也會聽得懂；不必像我們人間，有人台語聽不懂，請人來翻譯台語；如果是有外國人，再請個人翻譯英文、法文。佛都不用，祂以一音演說，眾生可以隨類各自得解，所以他們各人都會認為：「**佛是在單獨跟我說法。**」如果我已成佛了，我用中國話講，台灣人也聽得懂，大陸人也聽得懂，法國人也聽得懂，乃至外星人也聽得懂，這就是佛的神力不共法。我們沒辦法，所以聯合國開會，大家要戴耳機，累死那些翻譯員，要有幾十種語言的翻譯，但是諸佛不用翻譯，佛有這種神力不共之法。再來四句：「**佛以一音演說法，衆生各各隨所解；普得受行獲其利，斯則神力不共法。**」佛以一種音聲來演說法義，眾生各個隨著他們自己的根性不同，而得到不同的理解。這意思就是說，佛說法的時候，分為初轉法輪、二轉法輪、三轉法輪。在後來第三轉法輪的時候，菩薩記錄下來就是大乘經典，就是方廣經典；如果是二乘聖人聽完大乘經，寫下來就變成阿含了，變成解脫道的經典。也就是說，眾生的根器以及智慧各不相同，所以會導致他們所聽聞的法各不相同。

不說佛講的，光說我寫的書就好，有些人在網路上討論或者謾罵，或者誹謗；那一些會外的人，他們參加網站論壇討論的時候，一個人說一個樣兒，但我講的是同一個東西啊！結果他們講出來變成好幾樣。同樣的道理，佛說的一個法，不同根性的人聽了以後，他們領受的法義就不相同。不但如此，即使是諸地菩薩聽佛說法，初地菩薩聽到的，跟十地菩薩聽到的不會一樣，因為智慧淺深不同，所以他們所領受的也會不一樣。所以，我十年前讀經典跟現在讀經典不一樣，可是經典的文字並沒有變動，所以我講《楞伽經》

的時候，經本拿著就這麼講，講完了有人說要出書，稿子整理出來，我看了就說：「唉呀！講得好差喔！」自己讀了，耳朵有一點兒熱熱的，爲什麼呢？因爲三年後重新再來看過一遍時，覺得以前沒有把最好的講出來，也就是說，對它裡面眞正的意思還沒有具足的領受。

經中文字完全沒有改變，但我們因爲證量不同，所以重讀時就不同了，更何況眾生層次千差萬別，當然一定是「各各隨所解」啦！所理解到的不會完全相同。今天我說的法，同樣這一些音聲文字，但是你們層次不同，聽了得到的理解也會是不同的。所以，三乘人聽到佛說同一個大乘法，所領受到的並不一樣；三乘人聽到的是如此，如果是一般人間眾生以及天人凡夫來聽到的，也會是一樣的不同。所以，隨著個人所領受到、理解到的法義差別，各人受行以後都會得到不同層次的利益，不會有人聽了佛說法以後而沒有得到利益的，這就是 佛的另一個神力不共法。

接下來四句：「**佛以一音演說法，或有恐畏或歡喜，或生厭離或斷疑，斯則神力不共法。**」 佛以一種音聲來演說法義，可是眾生聽了，有的人恐怖畏懼，但是有的人聽了歡喜。諸位覺得奇怪說：「爲什麼有人聽了恐怖？

聽佛說法有什麼好害怕的？奇怪了！」我告訴你，還眞的有，譬如佛說阿含時，那些執著五陰、執著十二處十八界、執著自我、執著五陰我、十八界我，特別是執著意識我的凡夫眾生以及外道們聽了，都會恐怖畏懼啊！他們怕斷滅，因爲外道們都說：「我們這個覺知心是常住不壞法。」因爲他們有些人確實有天眼通，他看到梵天天主也是這個覺知心，他不知道如來藏，不知道意根，又看到梵天天主是長生不死的；因爲人最多只有一百歲，所以他往前推，上輩子我看到那個梵天天主，上上輩子也看到、一百世前也看到祂，所以梵天那個神我顯然是不滅的，而梵天的神我就是覺知心。所以因此就產生了常見外道，常見外道就認定梵我、神我是常住不滅的：「可是梵我、神我跟我得到天眼通、宿命通的這個我，一樣是這個覺知心啊！」好啦！後來出現了悉達多太子，出家成佛了以後出來說法：「不！這個是意識，這個是有壞之法。」他們聽了就很恐怖：「啊！那糟糕啦！這個會壞，覺知心壞了，不就變成斷滅了嗎？」因爲佛說：「梵天也會死啊！祂只是生命長一些而已。你一百世前看到祂，祂還在，但是幾千萬年、幾億年後，祂還是要死掉。」佛又證明說：「這個覺知心、梵天這個神我，仍然是意根觸法塵爲緣才出生的，**所以是生滅法。**」這一下可就恐怖了！所以，佛說意識是虛妄法，他們不肯接受，所以我見斷不了；如果我見斷，就成爲佛弟子了，怎麼還會有外道呢？不可能有外道了，所以外道都是對佛法有恐怖的。

我們四十幾本書（編案：此書出版時已有六十餘本了），幾乎每一本書都有寫，可以說九成以上的書都有寫：**意識是虛妄的**。可是佛教界那麼多人，他們我見還是斷不了，還是不肯斷；所以看到我的書印出來，他們也很恐怖，也是很畏懼。如果他們無所畏懼，應該都證得初果了！一定證初果啊！可是他們顯然沒有證，到現在還在倡導：「**一念不生的覺知心、離念靈知就是眞如。**」所以，你們如果拿我的書送給他們，他們會恐怖，不敢要。我這麼淺的書都已如此了，何況 佛說的深妙法？當然他們會恐畏。可是阿羅漢們聽了歡喜，菩薩聽了更歡喜，爲什麼？因爲 佛說：「**你阿羅漢可以放心入無餘涅槃，不必擔心斷滅，因爲涅槃裡面有本際不滅，那就是眾生的愛阿賴耶、樂阿賴耶、欣阿賴耶、喜阿賴耶。**」他一聽說有本際不滅，放心了，不是斷滅，捨報時就安心入無餘涅槃去了。迴入大乘的菩薩們聽了也歡喜，因爲：「**原來有一個實相叫作如來藏，我們跟著佛學法可以親證，並且是現前就已涅槃。**」菩薩更歡喜，因爲親證這個法就可以得到根本無分別智，進修以後可以得到後得無分別智，再進修可以得到一切種智，就成佛了。唉呀！太好了，就起大歡喜。

可是這個「恐畏」呢？阿羅漢也有恐怖畏懼的時候，因爲佛說修學大乘法時，得要親證如來藏才有辦法入門，阿羅漢們聽了說：「這如來藏很難證，怎麼辦？」心中有恐怖！佛又說：「證得如來藏，還只是剛入門，接下來還有般若要學。」「唉呀！這個般若又更難了。」他想：「我要學這個般若？我反正要入涅槃，我學般若做什麼？」他們也不願意學。然後又說：「接下去還要學一切種智，最後成佛，總共經過三大阿僧祇劫。」哎喲！腳底都涼了，他們不願意啊！所以聽到佛說第三轉法輪的方廣唯識諸經，他們許多人腳底都涼了，恐怖畏懼。不但如此，說一句老實話，枯坐在那邊聽大乘經典，實在聽不懂，聲聞凡夫們以後不來聽了，恐懼聽聞大乘經了；所以不同層次的人，有不同的恐懼。

諸位就是不怕死嘛！所以來到這裡，說：「再怎麼不懂，我也要聽。至少要聽聞熏習啊！總有一天，我好歹會抓到如來藏。」所以諸位才會來嘛！

因爲這《維摩詰經》很深，不淺啊！所以說：佛以一音演說法，眾生或有恐畏、或歡喜，這才是正確的，不可能是所有人都歡喜，除非講的是通俗化、淺化後的極粗淺佛法。阿羅漢所恐畏的，菩薩們聽得歡喜得不得了，因爲每聽一次就增長一些智慧，不斷的向上提升。

因爲恐畏或歡喜，就產生了厭離或斷疑。厭離，從表相來說，常見外道們聽到佛說阿含，心中厭離：「我不要學佛了，學到最後變成一切法空、斷滅空。」他們誤會了，所以有的人不喜歡《金剛經》，《金剛經》剛才讀過第一遍時說：「唉唷！一切法空。」那很震撼。本來被教導說：「死了，頭砍了不過碗大一個疤，老子二十年後還是一條好漢。」結果現在說是一切都空了。原來他誤會了《金剛經》，所以他厭離佛法，從此以後聽到有人邀他學佛，他就生厭離心，他就離開佛法，不願意學。聲聞種性的佛子聽了阿含，他也厭離：厭離世間五欲、厭離蘊處界。他也生厭離。厭離的時候斷疑，斷什麼疑？我見的疑、以及我執如何破除的疑，也就是大乘法中講的一念無明的疑，他也斷了。菩薩聽了阿含也是厭離，除了阿羅漢們所厭離的以外，也斷疑；斷了阿羅漢所斷的疑以外，菩薩另外還有厭離：厭離聲聞種性。菩薩聽了阿含以後，斷什麼疑呢？斷無始無明的疑。所以，你看，眞的是：佛以一音演說法，產生這麼多的差別不同，這也是佛的神力不共法。

因爲這個緣故，所以寶積菩薩接下來以十四句來述說他爲什麼站到大眾面前來向佛稽首的原因：「**稽首十力大精進，稽首已得無所畏，稽首住於不共法，稽首一切大導師，稽首能斷眾結縛，稽首已到於彼岸，稽首能度諸世間，稽首永離生死道，悉知眾生來去相，善於諸法得解脫，不著世間如蓮華，常善入於空寂行，達諸法相無罣礙，稽首如空無所依。**」他說的第一個原因：稽首十力大精進。因爲佛有十力威德，而且這十力是三大無數劫中極爲精進才能獲得的，所以我寶積菩薩向佛稽首。第二是因爲佛於一切法、一切境界無所畏懼，所以我寶積菩薩向佛稽首。又因爲佛一直都住於不共法中，無人能具足佛的全部不共法，這不單只是不共於凡夫、不共二乘、而且還不共菩薩；因爲不共，所以三明六通的所有大阿羅漢們，對佛只能唯唯承命，不敢起心動念有所違拒；不但阿羅漢如此、辟支佛如此，上至等覺菩薩亦復如是。

等覺菩薩無法想像佛地的境界，所有等覺菩薩見到佛的時候，他會有一個疑問說：「佛地的無垢識跟五別境相應、跟善十一相應，這究竟是什麼境界？一一心、一一心所可以獨立運作，這是什麼境界？」不能想像。所以，等覺菩薩見了佛的時候覺得說：「佛的境界跟我相差這麼遙遠！」那跟一般人剛悟了如來藏的時候不一樣，一般人剛悟了如來藏、剛眼見佛性時說：「我也悟了，我也見性了，那我跟佛一樣了。」等到悟後起修時才知道：「原來還差很遠。」可是我告訴你：「等你一大無量數劫過完了，把剩下的這第一大無量數劫的三分之二的時間修過了，進入初地了，你說：『唉呀！原來現在比以前剛悟的時候，覺得距離佛地更遙遠。』」因爲終於知道說：「喔！原來還有很多東西我們無法知道。」然後到了二地時說：「喔！又更遠。」到了等覺地，那是遠得不得了，越接近佛地就覺得離佛地越遠，越瞭解佛地功德時才越知道佛果難成。佛法就是這樣，這樣才是眞正的大乘佛法。

所以，一切等覺菩薩沒有人敢違抗於 佛，原因就在這裡，那福德、威德相差太多了，智慧相差太多了。所以：「因爲佛住於種種的不共法中，所以我寶積菩薩稽首於佛。」 佛既然有這麼多的不共法，所以祂是一切人天的大導師。「如果只是一切人天的導師，那還不足以稱之爲大；可是連等覺菩薩都要跟佛學習，當然就夠資格稱爲大了，就因爲這個緣故，所以我寶積菩薩稽首於佛。」佛世尊降生在人間，能爲眾生斷除種種結、種種繫縛，沒有一個眾生在願意接受佛教導的情況下而不能斷結的，由這個緣故，所以寶積菩薩向佛稽首。

佛是究竟到達彼岸的聖者，所以寶積菩薩向佛稽首。阿羅漢也到彼岸啊！所以是人天應供；可是他們的到彼岸，來到我們正覺同修會，我們卻說他們不到彼岸；因爲他的到彼岸是方便說，不是了義說。我們的我執還沒有斷盡就可以到彼岸，這才是了義說。阿羅漢入無餘涅槃後算是到彼岸了，他們十八界都滅盡了，根本就沒有阿羅漢存在了，所以說他們沒有到彼岸：雖然已不再流轉生死，可是沒有到彼岸。彼岸是什麼境界，他們不知道，他們也踏不上去；可是我們找到如來藏了，無餘涅槃裡面就是祂，祂就是生死的彼岸——涅槃。我們不必到彼岸，就已經上了彼岸。是不是這樣？你們找到如來藏的人，現觀一下嘛！現在就可以觀察到：你還沒有踏上彼岸就已經在彼岸了，因爲你本來就在彼岸。所以佛以這一種證境，再加上斷盡我執思惑，斷盡我執的習氣煩惱隨眠種子，再斷盡無始無明的塵沙惑隨眠，當然是究竟到彼岸的聖者；因爲這個緣故，所以寶積菩薩向佛稽首。

佛在三界中出現，能度一切人天都得解脫；阿羅漢也能度人天得解脫，但不能度一切世間人天。世間是講什麼呢？我們現在三個講堂大略算一下，大概就是一千個世間，坐滿了人大概就是一千個世間；每一個人就是一個世間，一個五陰就是一個世間；不要把它想像是說地獄法界、人間法界，其實世間就是眾生法界。阿羅漢爲什麼沒有辦法度一**切**世間呢？因爲他們無法度菩薩種性的人。他們如果想要成佛，還得要菩薩來度他們，所以他們無法度一切世間。可是佛能度一切世間，包括許多菩薩們所不能度的八地、九地、十地、等覺，佛都能度。我們沒辦法度，我見了八地、九地、等覺菩薩，只有請他幫我度，我不能度他，所以我們也無法度一切世間；但是阿羅漢如果要學佛菩提，我們就度得了他。所以度一**切世間**，只有佛能做得到；因爲這個緣故，所以寶積菩薩向佛稽首。

佛永離生死道，所以寶積菩薩向佛稽首。有人也許請問：「阿羅漢難道沒有永離生死嗎？」眞的，他沒有永離，因爲他不夠種：「有種的話，你再起一分思惑，再來投胎試試看嘛！看你有沒有永離嘛！」因爲轉入下輩子時，他就忘了上一輩子曾經是阿羅漢，除非是三明六通的大阿羅漢，慧解脫或俱解脫而不修三明六通的阿羅漢，都會忘記上一世證果的事。只有一種阿羅漢可以離胎昧，俱解脫還做不到，還得要三明加六通。因爲慧解脫只有初禪或二禪，所以不證滅盡定；但是俱解脫者除了慧解脫以外，他加上具足四禪八定，所以證得滅盡定。如果他不再進修五通，不能完成三明，那他縱然是俱解脫的大阿羅漢，如果發願投胎重新再生爲人，他也會忘了上一輩子曾經是阿羅漢，他的解脫道智慧也會暫時忘了，那你說這樣怎麼能夠叫作永離生死道？而且縱使他不再受生，捨報時一定入無餘涅槃，也不算眞正的永離生死道，因爲他的煩惱障裡面的習氣種子都還隨眠著，還沒有斷，那就表示他還有變易生死沒有斷；他只斷分段生死，變易生死還沒有開始斷，那不是究竟的永離生死道。只有斷盡變易生死的諸佛世尊，不管什麼時候發願在三界中受生度眾，永遠都是斷盡分段生死和變易生死的，那才可以說是永離生死。就因爲這個緣故，所以寶積菩薩向　佛稽首。

並且　佛能夠知道一切眾生的來去相，不管遇到哪一個眾生是從哪裡來、下一輩子會去到哪裡，都很清楚的知道。所以阿羅漢不能度的人、不願度他出家，而佛也可以看得見：某人過去無量世前曾被老虎追趕，爬到樹上大喊：「南無佛！」歸命佛！所以他有因緣出家，阿羅漢沒辦法講話。眾生的來去相，佛都知道，不像三明六通的大阿羅漢只能看八萬大劫，所以有許多眾生的來去相，阿羅漢仍然不知道。來相不知，去相就一樣不知了！因為眾生的因緣有時候有一個小變化，下一世走的路就變了，所以阿羅漢無法完全知道，但是佛可以完全了知，因此應當稽首。

而且世尊善於諸法而得解脫，不是像阿羅漢們只知道二乘法中的四聖諦、八正道等三十七道品，也不是像辟支佛只懂得十二因緣觀，所以他們不善於諸法。他們的解脫不善於諸法，所以聽到般若經，大部分的阿羅漢不懂，只有須菩提等少數迴心大乘開悟以後的阿羅漢能與佛對答，這就是《金剛般若經》；但是只有文殊師利等大菩薩們能真正與佛對答，這就是《大品般若經、小品般若經》。至於第三轉法輪的方廣諸經，阿羅漢們更不懂了！所以他們不善於諸法，只善於二乘解脫道的法義；但是佛具足了知，寶積菩薩因此而向佛稽首。

佛在世間示現，不管在色界、欲界示現，都對一切世間無所執著。菩薩們有時候在人間說：「我還有許多事沒做完，讓我多活五十年，好嘛！」佛不這樣想。佛如果要留下來，那不是五十年、一百年，那是「若一小劫、若減一小劫」，以這樣的方式來留在人間；否則的話，就跟眾生一樣八十歲、九十歲就走了，不會用祂的威神力貪戀生死，故意再多留幾十年。所以，佛是不著世間的；就好像蓮花從淤泥之中冒出來，從一灘死水、髒水中冒出來，它卻不沾染污穢的物質，因此應當爲佛的究竟清淨心來稽首。

佛陀常常善入空寂之行，佛世尊如果今天示現在人間，祂絕對不會接受你以卡拉OK供養，祂一定不跟你唱歌的，所以說善入空寂之行。諸佛都不會喜樂喧囂吵雜、聊天，不樂於享受人生的喧鬧境界，因爲諸佛世尊不樂於在五塵中安住，早就已經滅盡一切種子的變異性了，怎麼還可能會貪著於五塵呢！所以說佛最善於入住空寂的境界當中，所以說是善入於空寂的心行，因此應當稽首。

佛陀並且通達諸法相，一切法的相貌都已經通達，無所不知，所以於一切法無所罣礙，因此應當稽首。佛所住的智慧境界猶如虛空那樣的廣大，並且無所依，這才是究竟的自在解脫。以前有人在我們幫他證悟以後，也拉拔他當了親教師，結果後來信了月溪法師的法，就開始教人：「我們找到眞如了，可是眞如的所依是什麼？你要去找眞如的所依。」若眞如心得要有所依才能存在，則眞如心就不是究竟法了，所以我就開示說：「如果有所依，那就不是究竟清淨心；如果眞如心仍然有所依，那就得要輪轉生死。」這叫作頭上安頭，明明自己的頭就是眞正的頭了，他說：「不！這個頭還是假的，還要再找一個眞的頭。」然後想辦法去想像有個頭在自己頭上，說那叫作眞頭。眞正的究竟法永遠沒有所依，可以獨立的存在、單獨的存在。七識心，我們說祂是虛妄法，正因爲祂們有所依，必須要依眞如心（依阿賴耶識或者無垢識）才能存在，所以祂們就是虛妄法；因爲祂們都是有所依的心，要依止於第八識才能存在，所以祂們就無法入無餘涅槃中，所以祂們就不可能是涅槃的本際。但是如來藏不同，如來藏可以單獨存在，所以祂能夠存在無餘涅槃中，祂可以不依止任何一法而單獨存在，體性猶如虛空而無所依，所以祂才可能是實相。佛的七識心王已經和無垢識完全的相應，所以同樣可以無所依，所以佛地的境界是無所依的境界，這才是究竟的境界。「因爲世尊住於如空、無所依的境界中，所以我寶積菩薩應當向世尊稽首。」

【爾時長者子寶積說此偈已，白佛言：「世尊！是五百長者子，皆已發阿耨多羅三藐三菩提心，願聞得佛、國土清淨。唯願世尊說諸菩薩淨土之行。」佛言：「善哉！寶積！乃能為諸菩薩問於如來淨土之行。諦聽、諦聽！善思念之！當為汝說。」於是寶積及五百長者子受教而聽。】

講記：現在漸漸的要進入主題了，這一段是寶積菩薩為我們問成就淨土之法。淨土，如諸位所知有四種。請問：「如果你往生極樂世界去，是不是說極樂世界有劃分成四個部分：這裡是常寂光土，這裡叫作凡聖同居土，這裡叫方便有餘土，那邊叫實報莊嚴土。是不是這樣？」不是的！四個淨土其實是在同一處的，但是個人所見不同。漸漸的就會講到這個淨土出來，稍後佛還會為你顯現這個娑婆世界是如何的清淨莊嚴。我們現在先說這一段，說寶積菩薩以這麼長的偈頌讚歎世尊以後，就向佛稟白說：「世尊啊！這五百位長者的兒子都已經發起無上正等正覺之心了。」換句話說，他們已經發起菩薩性了，所以想要聽聞如何證得佛果，如何使得將來成佛時佛土是清淨的，希望世尊說明。唯願，就是說眼下我只有一個願，就是願世尊為我們大家說明諸菩薩們如何成就淨土的種種修行道理和方法。寶積菩薩爲我們請問了，我們就可以懂得如何莊嚴自己的淨土；將來成佛的時候，我們的淨土就是莊嚴的，所以 佛聽了就說：「你問得眞好！寶積啊！你竟然能夠爲諸菩薩們向我請問如來成就淨土的行門。你仔細的聽好，聽完之後，還要善於思惟、憶念，而且不要忘記了，我現在就爲你們來說明。」 佛說完了，寶積菩薩和五百長者子接受 佛的教導，敬心的聽聞。

【佛言：「寶積！衆生之類是菩薩佛土，所以者何？菩薩隨所化衆生而取佛土，隨所調伏衆生而取佛土，隨諸衆生應以何國入佛智慧而取佛土，隨諸衆生應以何國起菩薩根而取佛土，所以者何？菩薩取於淨國，皆爲饒益諸衆生故。譬如有人欲於空地造立宮室，隨意無礙；若於虛空，終不能成。菩薩如是爲成就衆生故，願取佛國，願取佛國者非於空也。」】

講記：現在開始進入主題了， 佛說：「寶積啊！眾生有許多種的種類，但是這許多種類的眾生，不管哪一類眾生，他都是菩薩所要攝取的佛土。」大家聽起來會覺得很奇怪，尤其一般初學者說佛土時，那不就是一個很廣大的世界嗎？佛土怎麼會在眾生身上？但是要先建立一個正確的觀念：一切穢土、一切佛土都是依眾生心而有，所有的十方世界國土都是因為眾生的如來藏之中有大種性自性以及業力、願力的緣故，所以十方世界國土才能形成，不是外於眾生心而能形成的；所以不論穢土或者淨土，都是眾生心以及佛心共同成就的。所以你如果想要成就未來佛地的莊嚴佛土，你就應當攝取眾生。如果你不攝取眾生，將來你一個人成佛（沒有度任何眾生，而你成佛了），假設能夠這樣；當然是不可能，但我們假設能夠這樣，那你將來成佛時的佛土將只有你一個人；我想沒有人願意這樣，事實上也不可能這樣。佛土的成就，不單是佛一個人的事，也是和祂有緣的眾生共同的事；這個我們在這一段說完的時候再來跟大家做個說明，你就會懂：**極樂世界為什麼會有你的蓮花在那邊**。

佛說：為什麼眾生之類是菩薩將來要成佛時的佛土呢？為什麼菩薩要攝取眾生才能成就將來佛國的佛土呢？因為菩薩是在他所度化的眾生身上去攝取佛土的，並且是在他所調伏的眾生身上來攝取佛土的，菩薩是隨著種種眾生，觀察他們應當以哪一個佛國來獲得佛智慧，這樣子來取佛土的。這句話好像比較複雜，意思就是說，菩薩在度眾生的時候，不可以心裡面想：「這是我度的眾生。」諸佛度眾生的時候心裡面也沒有想：「這是我度的眾生。」為什麼呢？因為每一個眾生從凡夫地到最後究竟成佛，都要歷事諸佛，要供養無量的諸佛，他們才能成佛。所以你若度了一個眾生證悟大乘菩提，將來你成佛時，他會在你座下成為菩薩，或者成為聲聞、辟支佛；但是你成佛時只有一段時間，在你成佛之後，他還要繼續奉事諸佛、供養諸佛，最後才能成佛。所以你不可以把一個眾生據為己有說：「這是我個人的弟子。」我告訴你，他不但是你的弟子，也是諸佛的弟子，也是諸菩薩的弟子。所以，菩薩觀察這一個眾生是應該先往生極樂世界，下一輩子再來跟他學；或者這個眾生應該先跟他學，悟了以後再去極樂世界跟阿彌陀佛學；另一個眾生是應該先到不動如來的世界去，下一輩子再來跟他學。菩薩善觀眾生與諸佛國的因緣，幫助眾生往生佛國，而在未來無量世以後能與自己共同成就佛土；所以，每一個人佛菩提道的法緣，是非常錯綜複雜的，不是很單純的；所以，菩薩想要成就自己的佛國淨土，應該隨著所有不同眾生的根機去觀察他們的因緣：他應該是在什麼樣的佛國去證得佛菩提的智慧，就幫助他往生某一個佛國，而在那邊證悟，悟後或者再回來進修、或者就在那邊直接進修。但是將來你成佛的時候，他一定會到你座下來，那個時候由他的如來藏和你的如來藏來共同成就你的佛國淨土。這樣，這一句聽懂了嗎？（眾答：懂了！）喔！終於懂了！有很多人解釋這一句經文時，都只是依文解義就講過去了，沒辦法講清楚；但是我們必須要讓大家眞正理解每一句經文的義理。

再來這一句**「隨諸衆生應以何國起菩薩根而取佛土」**，換句話說，菩薩應該隨著不同眾生、一一眾生，都要觀察他們與各處佛國的因緣；因爲眾生初學佛法的時候，成爲新學菩薩，他要發起善根並不容易，要發起菩薩性更不容易。你得要善於觀察：這個人慧根好、善根也好、很猛利，那就把他留下來，幫他悟了再講，並且限制他：「你若還沒有悟入，不許去極樂世界。你一定要悟了再去。」那就能上品上生，所以他沒有開悟般若之前不放他走。這就是說，他的**菩薩根**是如此猛利，可以在這裡先悟，然後上品上生去極樂。有的人不行，他這一世是不可能開悟的。你不要堅持反對我說：「哎喲！你蕭老師怎麼講這句話？」我告訴你，眞的是這樣！你看那麼多人，有誰願意到正覺講堂來人擠人的聽法？所以你向他介紹：「平實導師這個法很好，趕快來學。」他說：「**不啦！我哪有辦法？**」你大概就知道，這個人的**菩薩根**是要去極樂世界才能發起的，你就知道了！

那你要善於觀察，有的人善根好，可是他的慧根不夠，福德也還不夠，與證悟的境界不能相應。你觀察到了，那你該怎麼辦？你要勸他：「**你不必那麼辛苦啦！你就一心念佛，能夠淨念相繼就很好了，你就求生極樂世界去吧！**」爲什麼呢？因爲他的腦筋已經很混沌了，八十幾歲、九十幾歲，走路也走不動了，你跟他講話，他又耳背、聽不清楚，你根本沒辦法幫他建立正知見，他要怎麼悟啊？怎麼辦呢？所以你就知道說，除非等他重新投胎再來，否則是沒有開悟因緣的；假使他不想投胎再來，就只好求生佛國了。如果他對自己沒信心，就請他去極樂世界，去那邊發起菩薩根，也不錯啊！上品下生還是很好的。這就是說你如果能夠善於觀察，就**隨諸衆生應以何國起菩薩根**，你就幫助他往生那一個佛國去。雖然你把他送走了，將來你成佛的時候，他還是你的弟子，一定會來到你的座下，你就這樣子攝取佛土；因爲將來你成佛的時候，他來到你的世界，他的如來藏自然就跟你的如來藏共同完成這個佛土了，菩薩就這樣攝取佛土。

爲什麼呢？因爲菩薩攝取清淨佛國的目的是爲了饒益眾生，所以不必說：「欸！你生生世世都要跟我，不許跟別人。」所以有些人堅持說：「我永遠是佛光人，我永遠是慈濟人。」那就是不懂佛法，不懂攝取佛土的眞義。所以我們從來不鼓勵大家說：「我們永遠都是正覺人。」因爲每一個人成佛之道的過程中都會有許多不同的法緣出現，所以不應該發願說：「我生生世世只當正覺人。」我告訴你，正覺同修會也許維持兩百年就不見了，這很難講。能夠維持兩百年就算很好了，所以應當說：我們攝取眾生當然是爲了成就未來佛國淨土，但是成就佛國淨土，不是爲了自己：「我這個佛國要多麼偉大莊嚴。」而是爲了讓更多的眾生獲得佛菩提果，目的都是爲了饒益諸眾生的緣故，才來攝取佛土的。譬如有人想要在空地來建造起立宮殿以及所有的房間，都可以隨意而沒有障礙。可是如果有個愚癡人說：「我在人間既然沒有地皮，那我就蓋在空中好了。」始終是不可能成就的。同樣的道理，菩薩爲了成就眾生的緣故，所以願意攝取佛國淨土，可是雖然願意攝取佛國淨土，這個佛國淨土不可以在虛空中建立，所以一切法空是建立不了佛國淨土的，只有眾生的實相心如來藏才能夠建立佛國的淨土；所以你要幫助眾生開悟而在將來你成佛時成為你的弟子，或者往生適合的佛國而圓滿菩薩根，將來你成佛時在你座下成為弟子，這樣攝取眾生，讓眾生的如來藏能與你的如來藏相應，而在將來與你的如來藏共同成就你成佛時的佛國淨土。

我們再回頭來說剛剛講的極樂世界為何會有你專屬的蓮花？前面跟諸位吊胃口、賣關子，現在要跟你講了。說為什麼你在這裡念 阿彌陀佛、觀想 阿彌陀佛，或者心裡面常常想著「我捨壽後要去極樂世界」，就可以在極樂世界七寶池中同時生出一朵你專屬的蓮花？ 阿彌陀佛在你將來捨壽時來接你，那時不能摘下別朵蓮花來接你，只能摘下你專屬的那一朵來接引你。就好像很多人喜歡去酒廊喝酒，他喜歡那個氣氛，就買一整瓶開了：「幫我存著。」他就把餘酒存在那邊；也許有的人一存就是五、六瓶不同的酒，下回再來時，吧檯服務生就問他：「張董事長！你今天要喝哪一種酒？」就幫他取來他專屬的酒；因為他已經把幾瓶酒錢都付清了，寄存在那裡。同樣的道理，你在這裡念 阿彌陀佛，心裡面想著「我要往生極樂世界去」，那邊七寶池就會出生了一朵你專屬的蓮花。為什麼就會生出一朵專屬於你的蓮花呢？其實那朵蓮花是你的如來藏所生成的，是由祂變成的，你的離念靈知做不到；既然如此，離念靈知怎麼可以叫作實相心？根本沒有這個能力。只有你的如來藏才能做得到，你的如來藏因爲你的意根有這個作意，由思心所決定要往生了，這已足夠與阿彌陀佛的願力相應了，所以阿彌陀佛的如來藏配合你的如來藏，在極樂世界七寶池裡面幫你造了一朵蓮花出來。當你的信力越來越強，對極樂的信力越來越強，蓮花就越來越堅固；你的性障越來越少，那一朵蓮花就越來越大；你的智慧越來越好，那朵蓮花的色澤光采就越來越莊嚴；乃至你悟了的時候，你那一朵蓮花就變成金剛台。這都是由你的如來藏在做，你一點兒也做不來。

同理，無量百千萬億的眾生，他們有共業，當他們的共業在某一個世界報完了，那個世界就會開始毀壞，這一些共業眾生的如來藏就共同在另一處虛空中變化出一個三千大千世界，原有的那個世界壞了，他們就一個一個先後次第死了，就漸次往生到新的世界來住，虛空中各處的穢土是如此成就的。因爲如來藏有大種性自性，祂能夠攝取虛空中的四大，而虛空中的四大也是眾生的如來藏所變現的。這樣子形成了一個新的三千大千世界，這就是穢土，其中有清水也有髒水，有山林、樹木、果實，但是也有爛掉的樹木、果實；這就是眾生共業所形成的，如來藏有這個功德。

當你在修學佛法行菩薩道，攝取眾生、利益眾生，眾生跟你有法緣了，未來世將會常常遇到你；因為跟你有緣，所以你行菩薩道的過程中，他們會有很多世常常遇到你、跟你學法；將來你成佛的時候，這一些被你度過的眾生不管在什麼佛世界，都會轉生來到你座下；當他們也來到你座下的時候，他們的如來藏就會跟你的如來藏共同變現同一個世界出來，讓這個世界增長。所以極樂世界，你不必管它大或小，如果想要去的人越來越少，那個世界就越來越小；想要去的人越來越多，那個世界就越來越大；因為要去的人多了，那些人的如來藏會共同增長那個世界。所以極樂世界不是 阿彌陀佛自己單獨變現的，而是與祂所攝取的眾生所有的如來藏共同變現。

也許有人會說：「你這是對阿彌陀佛明揚暗貶吧！」但我告訴你，不是這樣，我說的是老實話；不信的話，你們求 阿彌陀佛跟你託夢，請祂跟你開示，講的將會跟我一樣，這才是眞實淨土。 阿彌陀佛有那個願，十方諸佛也幫祂把這個願傳達出來，五濁惡世眾生都可以往生；當大家願意往生那邊的時候，就會在那邊增廣那個彌陀淨土。我們也是一樣，想要將來成就佛國淨土，就是要攝取眾生，所以攝取眾生就是攝取自己未來的佛國淨土。所以自己將來成佛的時候，那個佛國淨土不是由自己一個人所變現的，而是你即將成佛時將會共同來跟你學的佛弟子們的如來藏，和你的如來藏一起來變現；所以你利樂眾生，與他們有法緣，這就是在成就你未來世的佛國淨土，這就是攝取佛國淨土的正行。

不能像西藏密宗的喇嘛們在那邊妄想：「我將來成佛的時候，佛國變成某種模樣。」一直努力觀想自己未來的佛國淨土模樣多麼莊嚴，結果都是虛妄的，將來不但不會有那個佛國淨土，乃至他自己觀想的都是虛妄的；因爲佛國淨土不是這樣觀想而成就的，而是在攝取眾生中成就的。但是攝取眾生，並不是一天到晚打電話：「欸！你不可以離開我，你永遠都只能當我的弟子，不許親近別的老師。」你這樣做是沒有用的啊！因爲你的法錯了，眾生當然要離開你，你再怎麼打電話也沒有用。你說：「你們來共修一次，我每一次都給你一千塊錢。」他們還是不會來，因爲那樣不能成佛。所以你要眞正的利益眾生，不是爲了眷屬欲而去攝取眾生。攝取眾生的方法是利益他們的道業，當你有能力幫他們一步一步一直往上走的時候，他們怎麼捨得離開你？若是捨不得，你將來成佛時，他們當然會與你感應道交，還是會感應而來找你的。

不但是你成佛時，就在你剛進入第十地的時候，大家都將會爭先恐後來找你，因爲那時十方諸佛即將要加持你成爲十地滿心了，你以前度過的所有弟子都會感應而趕快來觀禮，看你怎麼成就十地滿心；他們來的時候也有大好處，每一個人都可以證得百萬三昧，所以你以前度過的徒眾們大家都會來，不光是你成佛時。所以攝取佛土時不是在虛空中攝取，因爲虛空無法；也不能在**一切法空**中攝取，因爲**一切法空**是**斷滅**，無有一法可以攝取成爲佛土；而是要從眾生身上去攝取，因爲眾生身與各自的如來藏同在一處，你攝取了眾生，眾生的如來藏將來就會跟你一同成就佛國淨土；所以不能於空無之中、於虛空之中，或者於斷滅空裡面去攝取佛土，而是應該在眾生心去攝取你未來的佛國淨土，這才是成就淨土的眞義。但是你自己成就淨土時，願行應當擴大一些，才能有更多的眾生與你相應而使你成就更廣大的佛土。

【「寶積當知：直心是菩薩淨土，菩薩成佛時，不諂眾生來生其國；深

心是菩薩淨土，菩薩成佛時，具足功德衆生來生其國；菩提心是菩薩淨土，菩薩成佛時，大乘衆生來生其國；布施是菩薩淨土，菩薩成佛時，一切能捨衆生來生其國；持戒是菩薩淨土，菩薩成佛時，行十善道滿願衆生來生其國；忍辱是菩薩淨土，菩薩成佛時，三十二相莊嚴衆生來生其國；精進是菩薩淨土，菩薩成佛時，勤修一切功德衆生來生其國；禪定是菩薩淨土，菩薩成佛時，攝心不亂衆生來生其國；智慧是菩薩淨土，菩薩成佛時，正定衆生來生其國；四無量心是菩薩淨土，菩薩成佛時，成就慈悲喜捨衆生來生其國；四攝法是菩薩淨土，菩薩成佛時，解脫所攝衆生來生其國；方便是菩薩淨土，菩薩成佛時，於一切法方便無礙衆生來生其國；三十七道品是菩薩淨土，菩薩成佛時，念處、正勤、神足、根、力、覺、道衆生來生其國；迴向心是菩薩淨土，菩薩成佛時，得一切具足功德國土；說除八難是菩薩淨土，菩薩成佛時，國土無有三惡八難；自守戒行不譏彼闕是菩薩淨土，菩薩成佛時，國土無有犯禁之名；十善是菩薩淨土，菩薩成佛時，命不中夭、大富梵行、所言誠諦常以軟語、眷屬不離、善和諍訟言必饒益、不嫉不恚正見衆生來生其國。如是！寶積！菩薩隨其直心則能發行，隨其發行則得深心，隨其深心則意調伏，隨意調伏則如說行，隨如說行則能迴向，隨其迴向則有方便，隨其方便則成就衆生，隨成就衆生則佛土淨，隨佛土淨則說法淨，隨說法淨則智慧淨，隨智慧淨則其心淨，隨其心淨則一切功德淨。是故寶積！若菩薩欲得淨土，當淨其心；隨其心淨，則佛土淨。」】

講記：這一段經文釐長的，現在 佛接著又開示說：「寶積菩薩啊！你們應當要知道。」知道什麼呢？佛說：「直心就是菩薩的淨土，菩薩成佛的時候，這一些直心而不諂媚的衆生就來生到你的國度當中。」直心是有兩個說法：從理上來說，以及從事上來說。一般人說理，他說：「當我們心地直而不曲，那叫作直心。把哪一個心直而不曲呢？就是把覺知心直而不曲，這時就是直心，這就是眞心，因爲《維摩詰經》講：『直心就是菩薩淨土。』」可是這種「理上」的說法不對。從理上來說，哪一個心才算是直心？只有如來藏第八識。跟人家做事耿直而不彎曲的覺知心，那是意識第六識，完全不同，所以從理上來說直心時，應當說是如來藏。但是這一句經文開示卻是在說事相上的法，說菩薩若要成就淨土，心要直、不要彎曲。

彎曲，當然諸位知道：就是想很多，彎來拐去。爲什麼會彎來拐去？因爲希望自己可以得到較大的利益，所以就彎來拐去，這樣就不叫作直心了。如果是直心，他不管自己有利益或沒有利益，只要正理應當如此，他就這樣子做，不管自己的利害得失的，這才叫直心，事相上的直心應當如此。如果我們不直心的話，我們應該在出來弘法的時候，以及弘法的過程當中，都要到處去拜碼頭。這就像在電視上有一位講什麼經的法師（他講什麼經就不必明講了，講了你們就知道是誰了，他後來也是暗中在搞雙身法而與女徒弟亂倫的），這一位法師出來講經之前，他先去向王雲林老居士—雲林老人—拜碼頭，包兩千塊錢紅包供養他，這是雲林老人親口跟我講的。老人卻這樣想：我一個居士受法師供養，以後恐怕吃不了、要兜著走。可是他又退不掉，怎麼辦呢？他就再添上一千塊錢，去供養法師的師父。那位師父也是蠻有名的，我們也不講名字，老人就這樣回供了法師的師父。

所以，拜碼頭似乎是天經地義的，就只有我們不拜碼頭，不只是不拜碼頭，爲了救護眾生離開邪見，還要評論大師：你這個地方講錯了，你那個地方講錯了。明知道爲了救眾生而做法義辨正時，你一定會得罪諸方，特別是我們十幾年來一直宣示：「大乘的開悟就是證如來藏，不證如來藏就不能稱爲開悟。」那幾乎是以一竹篙打翻一船人，怪不得人家要罵我們、抵制我們，這都正常的。可是我們如果怕人家抵制就不敢說實話，那算不算直心呢？（大眾答說：不直心。）當然是歪心嘛！要像我們這樣不計較利害得失，你才能夠迅速成就佛國淨土。如果你不是這樣直心去做事，你將無法成就佛國淨土，因爲成佛之道將會遙遙無期，也無法救護更多的眾生成就佛道，怎麼可能攝取佛國淨土呢？只能攝取世間穢土了！所以說應該要直心來做。

若以直心來行菩薩道，未來世成佛時，來生到你國度中的菩薩們、眾生們，都是不諂媚的心性，他們的心地也都是直爽的，才會生到你的佛國中來。這道理是否可以作相反的解釋？因爲法律有時候會有相反的解釋。從這個理上顛倒過來解釋，那就是說：**如果不直心的話，將來成佛的時候，來生的眾生就都是不直心的眾生**。可不可以這樣講？講不通的！因爲你若不直心，將來就不能成佛，怎會在你成佛時有不直心眾生來生到你的佛國中？這好像是腦筋急轉彎。意思是說，當你成佛時，不直心的眾心很難生到你的佛國中來，除非有特別的因緣來作示現。所以有的時候，法不能夠從字面上去做反面的解釋。有的人懂法律，就把法律從另一面的解釋來寫契約，你看了表面似乎沒問題；等到反面解釋起來的時候，完了！那時來不及補救了。但是佛法不能這樣，所以沒有歪心、彎心而能夠攝取淨土的，所以一切人成佛都是不諂眾生來生其國。

接著又說「深心是菩薩淨土」，菩薩成佛的時候，具足功德的眾生將會往生到祂的佛國來。這是從事相上來說，因爲最後身菩薩示現在人間，即將成佛的時候，祂以前無量世所度的一切眾生都會生到祂的佛國來，但是並不一定每一個人都能生到祂的淨土中。也就是說，菩薩自己的佛土是跟眾生息息相關的，因爲祂的佛國不是單由他一個人來成就，而是與祂所度的弟子們共同成就的。如果祂成佛的時候，世界國土是清淨的，可是不清淨的眾生就無法生到祂的國度來，那就意味著，在祂往世所度的弟子們當中要有一些人是合乎淨土條件的人才能生到祂的佛國來。這是在事相上來說，是說：如果祂所度的弟子們對祂所說的法沒有深心的信受，就無法生到祂的佛國來。另一方面也說：這最後身菩薩累劫以來一直都不捨棄深心，所以永遠不退於利樂有情的十無盡願，這樣祂才能攝取自己的佛土。

從理上來說則是：在祂成佛的國度當中，只有進入到祂所傳授的見道法之中的弟子們才算是生到祂的淨土中，而不是說每一位在祂座下修學的人，都算是生到祂的淨土中。這個生到祂的淨土中，廣義和狹義並不相同：廣義來說，在事相上，生在佛國能夠面見於佛，就算是生到祂的淨土了；只不過那是淨穢土，也就是凡聖同居土。從比較狹義來說，明心了就算是生到祂的淨土中，但這個淨土還是不符合《維摩詰經》所講的淨土，也就是在經文第七頁當中佛所顯示的淨土；所以至少得要加上眼見佛性才能符合經文第七頁所說的淨土，我們繼續講到經文第七頁時，諸位就會明白為什麼狹義的佛淨土要這麼定義；因此，攝取淨土，廣義和狹義的解釋上大不相同。最後身菩薩既然成佛了，一定是具足深心，乃至一念的疑都不可能生起，所以說是深心。菩薩因為這種深心的緣故，所以當祂成佛的時候，要生到祂這種淨土中的人得要具足功德，所以說「具足功德眾生來生其國」。

「菩提心是菩薩淨土，菩薩成佛時，大乘眾生來生其國」：菩提心也有兩種解釋：世俗菩提心和勝義菩提心。世俗菩提心就是一般所說的發菩提心，就是發起想要成就無上正等正覺的誓願心，那就是諸位在歸依三寶的時候，在佛前所發的四宏誓願最後不是講「佛道無上誓願成」嗎？這就是發無上正等正覺心——誓願成佛——這個就是**世俗菩提心**，因為還沒有悟得眞正菩提心如來藏。在西藏密宗裡面說什麼叫世俗菩提心呢？那就不堪入耳了，你們去讀《狂密與眞密》就會知道了。佛法上講**勝義菩提心**，講的就是如來藏，就是《起信論》講的**心眞如**；因爲一切佛法匯歸於如來藏，如果離如來藏就沒有一切菩提可說，所以說勝義菩提心就是如來藏，因此勝義菩提心才是眞正的菩提心。當最後身菩薩成佛的時候，他的淨土、眞實的淨土就是勝義菩提心；那就是說，當他成佛的時候，他的常寂光淨土就是無垢識自住境界，這才是他的眞實淨土。因爲是以實相心作爲眞實淨土的緣故，所以菩薩成佛的時候，大乘種性的眾生來生其國，要跟他修學大乘佛法。

「**布施是菩薩淨土，菩薩成佛時，一切能捨眾生來生其國**」：布施爲什麼會是菩薩的淨土呢？因爲菩薩在三大無量數劫中捨身、捨命、捨財、施法；以三種施利樂眾生，如果不做財物布施、無畏布施、佛法布施，他就不能成就淨土，因爲這三種布施是成就淨土的基礎。如果不做這三種布施，或是做了卻不圓滿具足，菩薩就無法成佛；乃至圓滿十地的布施而入了等覺位以後，還要整整一百劫之中全力修布施行。所以等覺菩薩最後百劫中，「無一處非捨命處，無一時非捨身時」，生命都可以捨了，何況身外之財？有這最後一百劫的內、外財布施，才能成就三十二大人相，每一相都是由無量的福德修集而成的。如果不在這百劫之中全意修集福德，三十二大人相就不能圓滿成就，因此這也是具足福德、成就常寂光淨土的基本條件。所以凡夫菩薩初學佛法，從十信位開始專修信心，一旦進入初住位就開始廣修六度萬行。可是六度的萬行都以布施爲基礎，布施行若不成就，持戒行就不能成就。布施行不能成就，就會有貪，有貪就不能成就戒行。布施行不能成就，瞋無法布施出去，心中就會常常有瞋；把瞋布施出去以後，才能生起慈忍、悲忍，戒才有辦法持好。乃至愚癡無明如果不能布施出去、不能捨棄，對愚癡的因果不具足了知，或者不如實知，所以不能樂施，表示他的無明還沒有布施出去，他也是無法清淨的持戒，所以施是戒的基礎。

戒又是忍的基礎，這樣一度一度互相含攝，每一度都含攝著其餘五度。所以布施是成佛的首要，一個人是不是菩薩種性？他的種性有沒有發起？單看布施就知道。菩薩沒有不樂善好施的，所以即使自己很窮苦，只剩下一餐之資，但是看見有人餓了三天，他寧可自己餓，也要送給那個窮人。即使自己沒有能力去幫助對方，他寧可去借錢來幫助對方，這就是菩薩；所以從一個人有沒有私心，就知道這個人有沒有生起菩薩性。如果是聲聞種性，他通常是沒有施習性的，由這裡就很容易去判斷。所以布施既然是六度的基礎，乃至進入七住位以後，又重新開始內門廣修六度萬行，還是要再度從布施開始修起。甚至於進入初地以後，還是要以布施波羅蜜爲主修，所以初地還是修施，布施是盡未來際都要一直實行的，沒有布施所集的大福德，菩薩道是不可能成就的，因此布施是菩薩的淨土。

布施行，一直修到等覺菩薩位以後，還得要百劫專修布施，所以布施眞正是菩薩的淨土。如果有人遮障別人布施，那就是障礙別人修道。所以即使有人問我說：「我去某某山布施好不好？」我一定說好，我不會說：「你不要去，你來我這裡布施就好。」因爲各各有情的法緣互不相同，所以我只有贊成，沒有反對的。只有一種我會反對——破法的道場。如果他們不破法，誰要去布施，我都贊成，我都不反對。可是一旦做了破法的惡業，我就反對了；因爲你去跟他支持，你就是幫他造作破法的共業，除了破法道場以外，我都贊成，因爲布施是菩薩的淨土。菩薩無量劫以來，不斷的自己修布施行，也教導弟子們修布施行，所以他的弟子們也同樣都有捨心：捨財、捨時間、乃至於大心的捨生命，所以未來他成佛的時候，一切被他教導過的能捨的眾生來他的佛土中出生。

「持戒是菩薩淨土，菩薩成佛時，行十善道滿願眾生來生其國」：修學佛菩提，沒有人不持戒的，因爲不持戒就不能成就佛道。可是眞實的持戒，那是二地滿心以後的事，因爲他知道戒的毀犯與受持有什麼因果，因爲他也有能力掌控自己的內相分，才是眞實的持戒者，在此以前都稱爲學戒。至於一般人仍然是要持戒的，一面持、一面學，乃至到初地滿心還在學戒；二地未滿心之前，還在學戒。可是戒的守持不犯，非常的困難，一不小心就犯戒了。以目前的佛教界來講，犯大妄語戒的人比比皆是。

我也曾經遇到過一個人，連我見都沒有斷，但自稱他是阿羅漢。那一些大法師、大居士們，我見都沒有斷，所證悟的、所謂的眞如，卻是離念靈知，意識心，但卻自稱開悟了。也有的大法師講經的時候，口若懸河說：「能聽的**一念心就是眞如**。」然後接著就說：「**聖人說話是不打誑語的**。」意思是說他是聖人，可是他其實還落在六識心裡面，顯然我見未斷，仍是凡夫。後來還不錯，有個李元松老師廣發懺悔信，這算是一條好漢，不顧面子才能做得到，但目前也就只有這麼一位。

更多的犯戒者是西藏密宗的喇嘛、法王們，可是我今天要為他們打抱不平，我要求所有跟密宗法王、喇嘛學佛的人，不可以去告他們性侵害，因為他們的法義本來就是要修雙身法的：**明知學密一定要修雙身法，跟喇嘛上了床，還要去告喇嘛，那真是沒有天地良心。**所以他們沒有權利去告喇嘛、法王們性侵害，因為藏密的法義，打從一開始的灌頂，以及練氣功、拙火、腿功，都是為後面的雙身法作準備的。「明知山有虎，偏向虎山行」，那是死了活該，怎麼能怪喇嘛呢？怎麼能告人家呢？所以，那些法王、喇嘛們固然是犯戒，但是學密的人們其實沒有權利去告喇嘛性侵害、破壞家庭；因為他們的法義本來就是雙身法，所謂的密法正是「不可告人」的雙身法祕密，要學他的法就得接受他們上床通姦合修的法，不然學什麼密法？又怎能「告人」？

藏密的法王、喇嘛們都是大妄語，他們有時候說：「如來藏在身外、在虛空，所以虛空就是如來藏、就是實相。」有時候又說：「觀想的中脈裡面的明點就是如來藏，就是阿賴耶識。」說這樣觀想完成就是證如來藏，就算是顯教的開悟了，那就成為初地菩薩。這也是大妄語。一念不生的時候，他們認為已經成就顯教的佛果了，這也是大妄語。也有人連如來藏在哪裡都不知道，就自稱是等覺菩薩，這些人叫作地獄種性。現在不會有等覺菩薩，因為等覺菩薩來人間成佛，那是五億七千六百萬年後的事（印度以一千千為億），那時只有彌勒菩薩可以成佛，在這之前若有菩薩自稱成佛，都是大妄語，都是地獄人。可是這種人多不多？很多！漫山遍野！你把西藏密宗的那些密續翻出來讀讀看，個個不是佛地法王就是十地菩薩，都是大妄語；這都是犯戒者，而且是十重戒，是不可悔的十重戒，都是地獄罪，捨報一定要下地獄去；這種地獄種性的人卻說他們可以世世再轉生來到人間，天下沒有這個道理啦！這些人都是嚴重犯戒。

嚴重犯戒的人不可能攝取淨土，他的淨土不可能成就，不說是常寂光土，連凡聖同居土都不能成就，所以戒行一定要好好受持。可是我們也沒有權利宣稱：**我的戒行很好，所以我能一天到晚罵誰守戒不清淨。**指名道姓罵人也不行，沒有這個權利罵，除非你已完成二地的修證了。如果因為戒行好就指名道姓罵人戒行不清淨，那就是成就戒慢，佛也不允許四眾這樣做。

因爲戒行清淨是我們自己的事，是我們應該守的責任，別人清不清淨與我家無關，我只要掃我的門前雪就好。如果他需要懺悔，需要我幫助，我可以幫助，但是我不因爲他戒不清淨就把他拿來廣做文章。所以有的大法師犯戒，我手裡也有證據，但我不公佈，不寫、也不講，更不指名道姓。

所以持戒者是很容易犯戒的，特別是小小戒；你如果絕對不犯戒，那只有兩個情況：第一、你已經成佛了，第二、你是外道。因爲等覺菩薩有時還不免犯個小小戒，在表相上無法避免。譬如以我們這部經的主角維摩詰菩薩，他是大戶長者，他指示他的眷屬：「你去把庫房清掃乾淨。」可是這一掃，地上好多螞蟻要被掃死了，你說他犯不犯戒？還是犯啊！無可奈何！因爲人間的法本來如此。說穿了其實是那些螞蟻的業報，可是世俗人不懂，就會引用而拿來亂說一場，所以能夠不說就儘量不說。但如果有人宣稱他完全不犯戒，那一定是外道，因爲他沒有持戒，所以戒經說：「有犯名菩薩，無犯名外道。」有的外道指責：「你們佛教法師常常在犯戒。」我說：「所以才叫作菩薩嘛！你從來不犯戒，所以你是外道，因爲你沒有持戒。」我們對戒法應該以這樣的心態來看待。但是也不可以因爲「有犯名菩薩」，所以就每天去犯，不能拿它當藉口，還是應該設法儘量把戒行持好。

布施爲基礎可以成就持戒行，可是持戒的修行，也是攝取淨土的主要行門之一。因爲如果不持戒的話，戒行不清淨的話，我見就無法斷，一定會在我所上面用心，我所都斷不了了，我見哪有可能斷呢？經由持戒斷除我所的貪著，才能進而修種種忍。忍並不單是忍辱而已，忍辱只是生忍（眾生忍），可是還有法要忍，因此要經由持戒行，受持得清淨，才能忍法。忍什麼法呢？忍聞所未聞法，忍修所未證法。不毀謗、不破壞所未聞法、所未證法，才能保住人身、菩薩身；一旦謗法就失去人身，未來世要再跟同修們見面，已經是百劫後的事了；所以戒一定要嚴謹的受持，不要輕易毀犯。持戒能夠使心清淨，才能證得三乘菩提，將來才能成佛，所以說持戒是菩薩的淨土。菩薩三大無量數劫以來受持淨戒，所以依戒利樂眾生，所以依戒而不斷的修十善業道。十善業、十善道都成就了，因此也能如是教導眾生同事、利行，所以他將來成佛的時候，行十善道的滿願眾生即生到他的國度來。

「忍辱是菩薩淨土，菩薩成佛時，三十二相莊嚴眾生來生其國」：忍辱，一般都只是在生忍上面修，這是對於眾生的惡行惡狀、貪得無厭能安忍，但這個只是最基礎的忍，這一個忍辱修好了，充其量只是保住人身、遠離橫逆之災，但不能成就解脫果，也不能成就菩提道。如果想要成就解脫果還要能忍於人無我——還要能忍於二乘法中的法無我。二乘的法無我，在大乘法中，我們說它叫作生忍，還是無生忍，但不是指忍於眾生的惡行惡狀、貪得無厭。因爲這個忍只是在忍五陰的無我，在六入、十二處、十八界的無我上面來現觀，雖然未來世可以不再受生而獲得無生忍，我們仍然稱它爲「生忍」；但是這個無生忍不涉及法界實相，所以這一個二乘法中的人無我、法無我，在大乘別教中說它叫作無生忍，屬於人無我而不能稱爲無生法忍。但是這個忍，對一般凡夫而言已經很困難了，所以，想要他們「否定自己」，叫他們承認「自己是虛妄的」，那是非常困難的事。

所以我們不斷的說「意識心是虛妄的」，但是仍然有許多的大師們不肯接受，才會有星雲「大師」、證嚴「上人」公開的在書上說意識是常住的、不生滅的法。可是佛明明說「意識是意根、法塵加上觸心所三法和合才出生的」，所以佛說意識是緣生法、是生滅法。現在證嚴與星雲兩個人在書上公然說意識是不生滅法，故意跟佛陀唱反調，我不知道他們居心何在。我們書上不斷的寫，四十幾本書裡面不斷的說意識是緣生法、是生滅法，也舉出阿含聖教依據，可是身爲大師的他們都還無法接受，那麼你要一般的凡夫眾生、要一般的學佛人或者世俗人接受，想當然爾，一定是很困難的，所以他們不能成爲斷我見的初果聖人。

對諸位來講，你們認爲斷我見是理所當然的；但是對那些大師和一般學佛人、世俗人來講，你打死他，他死也不肯承認說「我是虛妄的」，所以他們才無法取證初果。如果每個人讀了我的書，或者讀了佛的開示說「意法爲緣生意識」，讀了就斷了我見，那豈不是初果聖人滿街跑？所以斷我見還眞的是難，他們在理上知道，聽了、讀了知道，但心中不能接受。連這個二乘菩提的無生忍都無法接受了，那你說再要他們承認說：「如來藏才是眞實的，而一切如來藏所生的萬法包括離念靈知心意識都是虛妄；要能忍於一切法都是如來藏所生，都是緣起性空。」他們眞的無法忍，假使更深妙的再說：「一切法本來無生，因爲一切法攝歸如來藏。」他們更無法接受，所以無生法忍他們不能證、不能忍。於一切法無生不能忍，所以他既是聲聞種性、也是凡夫。所以忍辱在大乘法中範圍很廣，能夠這樣忍，才是眞正的攝取佛土。

能忍於蘊處界虛妄不實，那就是二乘菩提的親證，這也是菩薩所攝取的淨土之一；但最主要的是能忍於諸法從如來藏生，而且能忍於一切法本來無生，因爲一切法攝歸如來藏，這樣具足無生法忍，才能夠具足淨土。菩薩無量劫來如此自修，也如此教導眾生，所以菩薩當然可以漸漸圓滿三十二相莊嚴。隨他受學的一切有情眾生如是修行，無量劫後，在菩薩成佛時，或者多分、或者少分成就三十二莊嚴相，因此一一來生其國。

「精進是菩薩淨土，菩薩成佛時，勤修一切功德衆生來生其國」：「精進」仍然在六度當中，精進是很困難的，由於精進的程度差別不同，所以才會有不一樣的不退的分別。所以有人是信不退，有人是位不退，有人是行不退，有人是念不退，乃至諸佛具足不退，這個不退的原因，都是根源於精進的程度差別不同所導致。有的人很精進，每一次說法的聚會，他一定會到，但是回去以後叫他念佛，他不念，叫他打坐也不坐，叫他複習也不複習，叫他讀經也不讀；乃至善知識寫書，他也不讀；可是說法時，他一定來聽；信具足了，就是這樣。假使你說這道場要維持（像古時候最簡單，至少房屋也要修護，那也得要花錢）：「老兄啊！你多少護持一點錢好不好？」「好啦！我下次護持啦！」下次來，你若不提，他也裝著糊塗又忘了，故意忘掉。然後再三的跟他提起：「好啦！我護持啦！」到功德箱投進去一文錢，這表示什麼？他還沒有入初住，只是信不退；他對三寶有具足信心，但是你要叫他護持，門兒都沒有，這就表示說他只有信不退，那就表示說他的精進度不夠。

如果是往世就一直修菩薩行下來，不必人提示，他一看：電梯用電要錢，冷氣用電要錢，水要錢，什麼都要錢，他會覺得道場中不論用什麼都要錢，他就主動掏出來了，兩百塊、三百塊錢就護持了，你不必去告訴他。見了三寶，他主動就會供養，不必你告訴他；這就是他已經進入初住位了，那表示他有在精進。過一段時間，也許他想想：「我是該受戒了。」就來請求為他傳戒，這表示他已進入二住位了。過一段時間他想一想：「自己身口意行還是不夠好，應該修忍。」所以他開始轉變自己，這表示他已到三住位了。能修忍，他就可以發起一些禪定，所以他也隨分開始修學禪定。腿痛，腿痛不是問題，小事！因為他發覺不這樣努力，始終只是原地踏步，所以他想：「我要精進。」起了這個心而不怕苦，那就進入四住位了。精進的結果，開始學禪，可是剛開始不懂什麼叫作禪，結果學到定去了，那個禪定也很好嘛！終於開始修禪定，也證得初禪或未到地定了，五住位就圓滿了。後來想一想：「禪定再怎麼修，還是外道境界，還是不能出離生死。」他想一想：「我還要更精進。」可是要精進什麼呢？精進學般若智慧啊！所以他開始學般若，就表示他開始進入六住位了。

這個時候，我們說他很精進，可是到此爲止，就稱他爲外門廣修六度萬行，那還是信不退。終於有一天修學般若——原來就是要斷三縛結找實相心——他努力學觀行求斷我見，學怎麼參禪、怎麼做功夫，後來參禪終於破參了。破參以後，他承擔下來，不退轉，那就發起般若根本智而常住七住位中，這也是精進；表示他的精進又到另一個層次了，從此叫作位不退。再更精進一直學，學到通達了，就是初地心了，從此以後是行不退，所做的事情都是爲了修行及利益眾生。這樣一直修，表示他精進又到一個程度了。到了八地，是念不退；因爲七地以下，有時候也會念退，有時候想：「好累！散散心，去走一走。」念退了。有時候被人家污辱，正法送給人家，還要被否定，還要被揑造一些莫須有的罪名加以污衊，想一想：「唉呀！累死了，這種人，算了，不度了。」很氣，也許他會很氣，不一定。可是想一想，也許五秒鐘，也許十秒鐘，也許三分鐘、五分鐘不等，他想一想：「怎麼可以說不度？發了十無盡願，怎麼還不度眾生？不行！現在不度，要多久的時間不度？一世、二世以後你還是得要度他，不然你怎麼完成佛道的道業？」還是要度嘛！想一想，又回來利益眾生了。念退：退個幾秒鐘，退個幾分鐘、十分鐘，他想一想還是又回來了，但他是行不退，有時會有念退；這是七地以下，表示他的精進不如八地菩薩，因為八地菩薩不會有念退的情形。

所以這個精進，跟各人的佛道修證有關係，有的人修十信，一個大劫就完成了；但是有的人修十信，乃至一萬大劫才能完成，這差異很大的，所以精進是不容易修的。在淨土門中不是有一句話很有名嗎？「念佛一年，佛在心田；念佛三年，佛在眼前；念佛十年，佛在西天。」越念離佛越遠了。我有個鄰居就是這樣，以前學佛時佛光山、法鼓山，哪裡都去，可是現在呢，現在在世俗法中混，什麼道場都不去了，也不念佛了，這表示精進的最基礎還沒有完成。所以精進一度是要一直修的，只有到了等覺地十度完成的時候，精進度才算完成；因為初地開始修十度，一地一度；但精進是含攝其餘九度的，所以得要到等覺地才具足圓滿精進波羅蜜；因此精進是有它的層次差別，如果菩薩不精進，當然無法成就佛國淨土。

因爲修到十地滿心時說：「等覺地要捨身、捨命，誰要眼珠呢，調羹拿來就挖給他；誰要一個胳臂，刀拿來就剁給他；誰要命，命就給他。這哪是人幹的啊！那不成，我可不要修了。」如果這樣想，那百劫修相好就不能完成，如何成佛？所以精進是不中止的，要生生世世一直修下去，因此精進的人才能具足成就佛國淨土。菩薩自己這樣的修，當然三大無量數劫當中也是這樣子修，也是這樣教導他的徒眾；所以當他成就佛國淨土的時候，勤修一切功德眾生，會來往生到他的淨土中來。

「禪定是菩薩淨土，菩薩成佛時，攝心不亂眾生來生其國」：禪定雖然通外道，但菩薩一樣要證，因爲三界一切境界，菩薩都必須了知，才能夠成佛。所以外道們所證的一切禪定境界，菩薩都必須具足了知；因此外道們所修學的禪定，最高是到達非想非非想定，菩薩同樣要具足非想非非想定。別教菩薩到了三地無生法忍，三地應修的無生法忍圓滿時，他得要修四禪八定；三地菩薩要具足修，三地之前隨分而修，修不修無所謂，但至少要有初禪的證量，才能入地；入地而到三地了，在三地滿心前一定要具足修。那個時候不但要修四禪八定，還要修四無量心、五神通，這樣才成就三地滿心的猶如谷響的現觀。通教菩薩在慧解脫完成時，一樣要修證四禪八定來取證滅盡定而成爲俱解脫，所以也要修四禪八定；所以菩薩不是不修四禪八定，但是要等待佛道次第的時節因緣，要依照佛道的次第來修，因此菩薩將來仍然要具足四禪八定。所以釋迦菩薩未成佛之前，祂示現爲凡夫之身，去跟外道學，從初禪一直到非非想定，祂一聽完，坐下來實修，立刻就證得了，一直修到非非想定都是如此。

其實祂是往世早就證得了，將近兩大無量數劫之前的三地滿心時就已證得了，但是故意把威德神力覆藏，示現如同凡夫眾生，讓眾生們知道說人身透過修行是可以成佛的；所以示現隨從外道修證四禪八定，但都是隨修隨得。因此，禪定也是成佛時所不可或缺的，乃至諸佛在人間捨報時，都得要用獅子奮迅三昧來入涅槃。換句話說，你們將來成佛以後，捨報了入涅槃時都得要用獅子奮迅三昧；也就是說捨報時，你要進入初禪，轉二禪、三禪、四禪，然後空無邊、識無邊、無所有、非非想處、滅盡定；然後再從滅盡定轉入非非想處，依次第退回到初禪；然後再從初禪再往上進，次第進到第四禪，在第四禪中入涅槃。那你說成佛時需不需要禪定？當然要啊！而且成佛了，也沒什麼法好修了。如果托鉢，飯食訖、洗足已，敷座而坐，剛好又沒有人來請法，那你要坐在那邊幹啥？那你就入定去啊！就是這樣，總不能沒事一天到晚在那邊晃。「世間怎麼會有無所事事的無聊佛呢？」眾生就毀謗了。所以菩薩要成就淨土，一定要具足世間人所有的禪定，經由世間禪定，來輔助般若成就無量百千三昧，因此禪定也是菩薩的淨土。菩薩這樣自修，也教導他的弟子們，無量世教導下來以後，當他成佛時，攝心不亂的眾生來生其國。

再來，「**智慧是菩薩淨土，菩薩成佛時，正定衆生來生其國**」：智慧當然不單是世間人所講的智慧，世間人所講的智慧應該叫作聰明，也就是耳聰目明，所以能觀察錢怎麼賺、人怎麼害，這是小聰明，那不叫作智慧；因爲做了那些事情就只是增加他更多的惡業而已，未來世中苦報極多，那怎麼叫作智慧？所以只能稱爲聰明。菩薩修的是智慧，什麼智慧呢？聲聞菩提、緣覺菩提、佛菩提，這才是智慧。如何能夠免除無量劫以來的生死苦痛，這才是智慧，那就牽涉到聲聞菩提和緣覺菩提了。可是成爲阿羅漢的時候，遇到菩薩時常常無法開口，因爲他們只有聲聞、緣覺菩提，沒有般若智慧，更因爲沒有一切種智的智慧；因爲菩薩修證的佛菩提函蓋了二乘菩提，所以菩薩開口說話的時候，二乘聖人不敢開口。如果開口了，只有一件事：請法。因此說，要成佛必須具足三乘菩提的智慧。

二乘菩提的智慧到達究竟地，也就是阿羅漢、辟支佛地，那叫作一切智。可是這個一切智，只能使他們斷見、思惑，出離分段生死，但無餘涅槃中的實際仍然不知道，法界的實相也不知道。可是菩薩修學佛菩提，他修的是包括二乘菩提一切智的佛菩提智，因此他有一切智、般若實相智，也有一切種智。這個一切種智還沒有具足的分證階段，也就是從通達位的初地開始，直到等覺位，都稱爲道種智；也就是說佛菩提道的種子智慧，一直到佛地圓滿了，才能稱爲一切種智。所以菩薩要成佛，必須具足三乘菩提的智慧，有這個智慧才能稱爲佛；沒有具足三種智慧，就不能成佛。

所以，如果有人寫《成佛之道》，結果卻把一切種智的根挖掉了——一切種智的根就是如來藏——他把如來藏否定了，把一切種智否定了，這樣寫出來的成佛之道能成佛嗎？能嗎？（大眾回答：不能。）不能！但我告訴你：

「能！」成什麼佛呢？成**理即佛**、名字**即佛**，還是成佛，不過仍是凡夫，因爲連**觀行即佛**都無法成就。觀行即佛就是你參禪觀行：我的如來藏在哪裡？還沒有證得如來藏，但是心中相信自己一定有如來藏存在，這是觀行位。可是觀行成佛，印順是不可能成就的，因爲他根本不會想要去找如來藏，所以那個觀行即佛的內容不可能去實修，所以只能成爲理即佛，也就是說：**眾生都有如來藏，所以都有成佛之性，理上就是佛**。也可以成爲名字即佛，因爲他聽到說眾生都有眞如、有佛性，都可以成佛，懂了說：「**我也可以成佛**。」所以他叫作名字即佛，但是觀行即佛，他不成立，因爲他不想求證如來藏。法身，所以要成佛，一定要修一切種智，證得如來藏而通達了，就分證了五分法身，就入初地心中，才能在未來成佛；必須三乘菩提智慧具足了，才能使佛國淨土具足成就。因此說智慧是菩薩淨土，菩薩成佛的時候，正定眾生來生其國。爲什麼叫作正定？也就是說，他的這些弟子們於般若於實相已經心得決定而不移動，這叫作正定，不是在講禪定的定，而是說於佛菩提心得決定，絕不動搖。由於菩薩三大無量數劫都如此自修，也教導他的弟子們如此進修，所以當他成佛的時候，對正法心得決定的正定眾生，會往生到他的國度來。

「四無量心是菩薩淨土，菩薩成佛時，成就慈悲喜捨衆生來生其國」：四無量心就是慈無量心、悲無量心、喜無量心、捨無量心。四無量心的修行意涵與內容，這裡只能簡略的跟大家說一下。慈無量跟悲無量不同，慈能與樂，悲能拔苦。慈心生起的時候，他就想要讓衆生獲得快樂。修慈無量心時以觀想為主，從近親開始、從身邊的人開始，觀想他們受樂的模樣，然後觀及中人，後及怨家。中人就是跟你無仇無怨，但是也不曾給過你好處，沒有幫過你，這就是中人，也就是觀想一般的人受樂。最後觀想怨家，一直在侮辱你、破壞你的人，也觀想他們離苦、受樂。觀完了，再觀一個鄉鎮，滿一鄉鎮的人都在受樂，然後一縣、一國、一世界、三千大千世界、無量世界，這樣觀想成就，慈無量心便成就，這是以觀想來促發自己的慈心。

慈無量心在什麼時候最容易修成功？是在證得初禪的時候；因為初禪發起後色身受樂，身受樂的時候歡喜心最強，所以這個時候修慈無量心最容易成就。再來是悲無量心要在二禪中修，因為二禪中住於寂靜的境界當中，自己覺得很安隱，可是看衆生猶如無頭蒼蠅一樣，終日奔走經營，心不能安住，所以覺得眾生很可憐，無明所罩，不知輪迴生死的可怖，所以生起悲心，因此在二禪中來修悲心最容易成就；所以二禪完成的時候，來觀想眾生都可以獲得禪定境界的安樂，能遠離苦痛，這時悲無量心最容易成就。三禪的時候來修喜無量心最容易成就，因爲在二禪時心喜湧動，終於能夠離五塵而向自心內境安住，不受干擾，所以心中狂喜；可是轉入三禪時具足初禪、二禪的功德，身受樂而心歡喜，因此三禪中來觀想眾生受樂歡喜最容易成就，所以喜無量心在三禪中修。四禪當中捨一切念，這個捨念不是講捨掉語言妄想粗念，而是極微細的意念，這裡暫不說明，以後教禪定時再來說。能夠捨這種極微細念，才能夠使息脈俱斷；息脈俱斷的時候表示他一切能捨，已伏住世間法的貪愛，他的捨心是無所求於世間法的，是清淨的，所以這個時候來修捨無量心最容易成就。證悟的菩薩修四無量心，該在什麼時候修呢？在三地即將滿心前，四禪八定已經成就了，然後修證四無量心。如果能夠成就慈悲喜捨四無量心的話，加以四無量心以後進修的五神通，菩薩在未來無量數劫當中就能度化許多的眾生，和他一樣的修習四無量心，所以菩薩將來成佛的時候，成就慈悲喜捨的眾生來生其國。

「四攝法是菩薩淨土，菩薩成佛時，解脫所攝衆生來生其國」：四攝就是布施、利行、愛語、同事。菩薩攝取眾生時一定要同時布施，令眾生起歡喜心，然後方便引入佛法之中，這就是利行，譬如布施正法書籍或財物來利益眾生；引入佛法中修造善業時，常常和眾生同事，在同事當中以柔軟語和眾生共事，說話不粗魯、不惡劣、不惡口，這樣叫作布施、愛語和利行以及同事。同事就是共事，菩薩所做的事情都在利樂眾生，所以當然成就利行善業，這四種方法是菩薩攝取眾生的要領。如果有菩薩想要利樂眾生，但是他不肯布施，反而是要眾生送錢給他，可是他不肯跟眾生一樣出錢來建設道場，說：**「我把法給你們，建設道場的錢統統要你們付出。」**我告訴你，這個人如果是在家身，他一定不是眞的菩薩；因爲在家菩薩把法送給眾生，同時也會支援錢財來設道場、利樂眾生，不但眾生要出錢，在家菩薩也一樣要出錢，不可以光說不練。因爲菩薩就是要用四攝法來攝取眾生，所以說沒有不做布施的菩薩；菩薩六度一開始也是布施，四攝法初始時還是布施。

能夠修四攝法——布施、愛語、利行、同事——才能得解脫；不能修四攝法的人，不可能得解脫的。爲什麼呢？因爲連財物都捨不得了，何況能捨生命？你教他要把自己幹掉，那是不可能的事。很多人說：「學佛法就是要求證解脫。」等到證得解脫的時候才知道說：原來沒有證解脫，只是把自己殺掉；我見斷除、我執斷除。就是自殺，這叫作思想自殺。是啊！等到「自殺」完成的時候，再仔細想一想，還是得要自殺，因爲不自殺就不能得解脫。所以四攝法做不好的人，那就表示他的「我所」無法斷除。我所都不能斷，怎麼可能斷我見，甚至斷我執呢？不可能啊！這樣的人無法證得解脫。菩薩總是自己身體力行這四攝法，無量劫中也這樣教導眾生修學四攝法，所以當他成佛的時候，解脫所攝的眾生就會生到他的國土中來。

「方便是菩薩淨土，菩薩成佛時，於一切法方便無礙衆生來生其國」：

菩薩修六度，初地修布施，二地持戒，一直到六地，還要再修般若波羅蜜，不過他那個般若波羅蜜是非常深細的，因爲都是做細相觀，不像三賢位的般若波羅蜜是粗相觀。可是六地滿心，他不得不取證滅盡定；諸地菩薩對滅盡定是不屑一顧的，三地滿心時四禪八定具足了，一定可以取證滅盡定，可是三地滿心菩薩根本都不想進去定中，他只要一上座就能立刻進去滅盡定中，但他不要，一直拖上好幾劫，到了六地時，六地的無生法忍完成了，爲了滿足六地心，才不得不取證滅盡定；因爲六地菩薩不證滅盡定，就不能轉入第七地，可以說六地滿心菩薩是不情願的去證滅盡定。

這就是說菩薩悲心很重，他不顧自己的利益，一心只想如何利樂有情。因爲像阿羅漢一樣證滅盡定，菩薩認爲沒有意義；所以阿羅漢托缽回來，吃過飯，缽洗完了，一上座又入滅盡定去了，這就是俱解脫阿羅漢；一直到明天早上九點多、十點多，他才又出定，搭衣持缽又要去托缽了。菩薩不然，菩薩要把他的時間都用在無生法忍修證上面，用無生法忍來教導他的弟子們，所以菩薩到六地滿心時不得不取證滅盡定，才轉入第七地。可是轉入七地以後，七地滿心菩薩要證的是念念入滅盡定，他一念之中就可以入滅盡定，而且念念都在滅盡定當中，同時也在利樂眾生、同時在爲眾生說法，他也在滅盡定當中。阿羅漢說：「怎麼會有這種滅盡定？」他想不通。

諸位也許想說：「唉呀！你蕭平實亂講！」若不然，我們講一個現成的，你們明心的人就可以證實的好了：阿羅漢說斷盡思惑取證涅槃，菩薩說不斷思惑照樣取證涅槃，對不對？是啊！你們明心的人現觀看看，現前觀照一下，是不是這樣？對啊！不證滅盡定而取證涅槃。阿羅漢說滅十八界入無餘涅槃，菩薩說不滅十八界照樣在無餘涅槃中。因爲無餘涅槃就是如來藏，你轉依這個如來藏，你的如來藏現在就住於涅槃。所以七地菩薩的念念入滅盡定，雖然我們只能想像，無法證得，但是不代表它不存在。就好像菩薩說不斷思惑證涅槃，阿羅漢不能證，但是阿羅漢能說沒有這個境界嗎？不可以。所以七地菩薩要證這個境界，他的無生法忍要非常好，才有辦法念念入滅盡定，這個就得要有方便波羅蜜；若沒有方便波羅蜜多，無法取證七地滿心這個境界。所以七地滿心菩薩他要修方便波羅蜜多，這就是十度波羅蜜的第七度。既然成佛得要具足七地菩薩這種境界，當然，善巧方便一定是菩薩淨土；你若沒有這個方便，沒有方便波羅蜜，就無法成就未來的佛國淨土；所以菩薩成佛的時候，他無量數劫以來所教導的弟子們也是這樣修的，這些弟子們同樣可以於一切法中方便無礙，這一些眾生在他成佛的時候就來生到他的國土中。

「三十七道品是菩薩淨土，菩薩成佛時，念處、正勤、神足、根、力、覺、道衆生來生其國」：三十七道品是二乘法中要修的，但是大乘法裡面也有三十七道品，而大乘法的三十七道品和二乘法的三十七道品迥然不同。這個大乘三十七道品有沒有機會把它寫出來？把它跟二乘的三十七道品做個比對，讓眾生可以瞭解二乘的四念處怎麼觀、大乘法的四念處怎麼觀，兩個有什麼差異，得要未來有因緣時來寫。同樣的四正勤，二乘法跟大乘法的四正勤有什麼差異？乃至最後的八正道，二乘與大乘有何不同？如果有因緣把它寫出來，那也是佛教史上首開先例。我列的那些書單裡面好像是有這麼一部，但是不曉得有沒有時間去寫它。

我列出很多書單，外道見、四種涅槃等等，但是有沒有時間寫呢？不知道！暫時列作目標。如果能夠活到九十幾歲、一百歲，像印順這種年紀的話大概就能寫完。因爲我們不搞大道場，我們禪三道場完成就沒了（編案：禪三道場計劃中的正覺寺至今還在進行中），剩下就是各地共修處買講堂，沒什麼好做的，所以時間應該夠。我們不像他們，這邊建完了，到別處再去建一個更大的，一直建，還要到世界各國去搞道場；但我們不做這個事，那不是我們要做的事，我們要做的是在法上，在各處建立道場時，都只是隨順因緣而買現成的房子當共修處，不特地去建寺院。三十七道品從四念處、四正勤、四神足、五根、五力、七覺支、八正道，一步一步修。但是二乘菩提的三十七道品，菩薩要爲他的弟子們教導，大乘菩提的三十七道品更要教導，這樣無量世自修以及傳授以後，將來他成佛的時候，修過這三十七道品的眾生就生到他的國土中來。

「迴向心是菩薩淨土，菩薩成佛時，得一切具足功德國土」：迴向心是說菩薩凡有所做，都迴向具足無上正等正覺，菩薩凡有所證都迴向利樂眾生，菩薩凡有所施都迴向圓滿佛國淨土，所以說迴向心是菩薩淨土。學佛的人，凡是修學佛法，不會說：「我以修學佛法功德，迴向我兒子聰明伶俐。」不會說：「我以修學佛法功德，迴向事業順利、大賺錢。」絕對不會！因爲這不是正迴向。所以菩薩所說、所做、所施，都是迴向淨土，他怎麼迴向呢？他迴向一切有情得證菩提，迴向正法久住、法輪常轉、眾生安樂，不是迴向自己；以這樣的迴向心，他就能夠成就未來佛國的淨土，所以他成佛的時候，可以具足一切功德的國土。

「說除八難是菩薩淨土，菩薩成佛時，國土無有三惡八難」：先講三惡八難是什麼。三惡，在人間是很常見的：第一、不納善言，人家好意爲他說明正理，作了建議，他都不聽，都不採納：不納善言。譬如，有時候我們看見有人虐待動物，就告訴他：「你不要虐待動物，這樣牠很痛苦，對你也不好啦！這是惡業。」可是他不聽，他說：「這是我養的，我要怎麼打牠是我的事，你管不著。」這叫作不納善言。有的人，我們告訴他：「你不要謗法。」他不聽，這也是不納善言。甚至於你勸告他：「不要追隨惡知識，否則將會成就破法共業。」他不聽，就是不納善言，這是第一種惡。

第二種惡：常懷嫉妒。看見別人修行比我好，心裡面就嫉妒。如果看見朋友、同修跟大法師很親近，大法師很看重他，心想：「怎麼都不看重我，他算老幾？」如果人家讚歎說：「某某人，師父很看重他，他做事情做得很好。」就說：「他有什麼能力，只不過因緣湊巧給他幹成的吧！」這叫作常懷嫉妒，是第二種惡。第三種惡：不問勝己者。看見人家修行比我們好，我們應該請問：「為什麼你修行能修這麼好？你有什麼方法、有什麼要領？」他都不肯問。如果人家問起來，他說：「他修行有什麼好？也不過如此。」這是不問勝己者。這就是三惡，這三惡是修學佛菩提道的過程中最大的遮障。所以眞正要修學佛法的人，一定要遠離這三惡，要察納善言，心常隨喜，於善知識請法問法，這樣佛菩提道便很容易迅速增長。

八難又叫作八無暇。諸位能夠坐在這裡，就是具足八暇了。如果不具足八暇，你就無法坐在正覺講堂裡，也就是說你沒有八難。八難的第一難就是**在地獄難**：無暇修學佛法。譬如說，佛出現在人間的時候，有善知識在人間的時候，結果他正巧在地獄，根本沒有辦法聽聞正法，接觸不到，這是學佛的第一難。第二難：**在餓鬼難**。他剛好生在餓鬼道中，餓鬼道的眾生無法聽聞佛法，他們也沒有心思想要聽聞佛法。鬼道眾生要進入正覺講堂很不容易，餓鬼進不來的；得要是有福鬼、大力鬼才進得來。有福鬼，譬如說像土地公就是有福鬼。土地公是鬼道眾生，不過祂有福德，所以忉利天主封祂個名號，叫作福德正神，本名應該叫福德鬼神，因為祂們是餓鬼道眾生；不過祂有大福德，所以受人供養。大力鬼，譬如說鄉城隍、鎮城隍、縣城隍、府城隍，乃至京畿城隍，這些是大力鬼，祂們對眾生的生命有生殺予奪的權力。極大惡業的人，假使祂看不過去，可以依忉利天律把人殺掉，但是這種大力鬼，都不造惡事。只有這種有福鬼、大力鬼才能獲准進入我們講堂的，餓鬼是進不來的。所以你想：在餓鬼道想要聽聞佛法有那麼容易嗎？不可能的，這是第二難。

第三難：**在畜生難**，也就是說他生爲畜生沒辦法修學佛法。譬如說，我們這裡說法，如果一條狗要進來聽，我看很難，因爲樓下警衛就會喝止，警衛就不讓牠進來了。來我們這邊也不容易，因爲狗又沒有證件，怎麼換證件進來，牠既沒有共修證，也沒有身分證，怎麼進來聽法呢，很難欸！縱使進來了，能聽得懂嗎？聽不懂。假使有菩薩慈悲說：「**牠就是要聽法**，好啦！**讓牠進來**。」好！終於進來了，牠能聽懂嗎？仍然不懂。牠只能聽懂世俗的法：來，走開，吃飯啦。形而上的法就完全聽不懂了，這是在畜生難，是第三種難。

第四種難是：**在長壽天難**。長壽天，是說生到無想天去，根本沒辦法接觸佛法；在四禪天也很長壽，但是聞法也不容易，除非是生到五不還天去。五不還天中的色究竟天是地上菩薩所生，你們去不了，一般人也去不了；只有兜率天彌勒內院能去。如果生到忉利天，有時候還會聽玉皇上帝講一點佛法，因爲祂是佛弟子，祂有個善法堂專門講佛法；可是祂有時候去享樂，祂有個歡喜園，當祂去那邊享樂時，就聽不到祂說法了。如果生在那邊只顧著享樂，享樂過一天，人間是幾年？一百年。祂想：「**我明天再來聽釋迦牟尼**

佛說法。」結果到了明天，釋迦牟尼佛已經入滅了，所以要把握機會，有佛出現時就要把握機會。如果他生到二禪、三禪天去，那是算劫的，那一生過完了，人間千佛也都過去了，他還是不聞佛法。最糟糕的是無想天，生到無想天去，三個剎那之後意識心就不見了：率爾初心在無想天中出現，第二個剎那尋求心，尋求涅槃境界；第三個剎那決定心，誤以為無想定是無餘涅槃，然後就入無想定中去了；一入定，意識心不再現前（無想天的無想定中，整整五百大劫中都是沒有意識心的，只剩意根和如來藏），意識心斷了；這一入，如果他的天壽不中夭，這一住就是五百大劫，都沒有意識覺知心存在；等到五百大劫過了，接著有三剎那，也是率爾心、尋求心、決定心，這三剎那心過完了：「我在無想天出定了，原來這仍然不是無餘涅槃。」他又下來人間了！所以生到無想天去，其實等於就是六個剎那的生命。五百大劫過去時，已有多少尊佛過去了，他還是聽不到佛法，這就是第四難：在長壽天難。這兩天諸位看到電視新聞報導，南洋一個大地震，隨即引起海嘯，死掉幾萬人，所以佛說：「國土危脆，人命無常。」如果賺到了全世界，可是突然一個海嘯來時就化為烏有了，那人生又何必太計較？因為世間財帶不走，所以不必貪。貪世間財，就算是全世界都讓你擁有，可是這五陰一壞，就全部都是別人所有的了，所以其實也不必太計較：瞋也可以丟開，貪也不必。只有一樣可以貪——無上法，菩薩的法貪是不許斷的，法貪所得都可以帶到未來無量世當中來受用。所以《維摩詰經》講的，大家要儘量攝取；這個法攝取之後成爲心中的種子，可以生生世世跟著我們，這才是堅固法財；世間財都是危脆而不堅固的，所以我們大家還是在法上多用功。

世間法少攀緣就不會起瞋、不會生貪，不堅固的世間財以及惡業就可以遠離。所以這個無常觀在以前佛陀常教導，叫某些人放下世間法的貪，然後就可以斷除瞋，因爲瞋往往是由世法的貪不能成就而起的，所以佛陀常教導某些人這樣來現觀。有的人不能成爲阿羅漢，是因爲他的「我所」放不下，「我」已放下了，可就是「我所」斷不了，所以佛陀教導他說：「你只要斷貪就可以了。」他的貪一斷，當下成爲阿羅漢。所以這一次的地震與海嘯，諸位可以拿來做道業上的增益。

第五是**生邊地難**。這意思就是說佛陀出現在人間宣揚正法了，可是剛好他不生在中國而生在邊地。這裡講的中國不是講台灣、大陸，是講有佛法之地，因為古印度所說的中國，他們認為天竺才是世界的中央，因為那裡有佛法，所以佛法中稱天竺為中國，不是今天政治上所定義的中國國名。剛好佛在「中國」出世，無福的人卻生在邊地。古時要從無佛法之地去見 佛陀，那是幾乎不可能的，除了路途遙遠，統統要走路或騎馬以外，而且沿路盜匪眾多，很難平安到達；不像現在飛機一坐，六個鐘頭就到印度了；那個時候很困難，所以生在邊地就沒辦法隨 佛修學，因此說第五難就是生邊地之難。

第六：**五根不具難**。換句話說，已經生在中國，也可以親見佛陀，但是五根不具足；譬如耳根壞了，嘴巴不能講話，是個啞巴；若是更難學佛的，譬如眼根也壞了，看不見佛陀、也無法讀經，這就是五根不具之難。但是五根不具的事情，如果這個人心裡面有正知見，也知道證悟就是親證如來藏，並且遇到了禪宗眞正證悟的祖師，祖師還是有辦法幫他開悟的，大乘佛法的厲害就在這裡。所以玄沙師備質問諸方誤以離念靈知心為眞如的大師們：「如果有一個人來求佛法，可是他眼亦不見，耳又不聞，口復不能言，那你如何度他開悟？你如果度不了，那你即是假禪師。」諸位想想看，如果是離念靈知，你一定要用語言文字才能幫他瞭解，那顯然他這個悟是錯誤的，不是眞悟。如果有這麼一個人，或者說你就模仿一個瞎子，耳朵又聽不見，偏偏口裡又是啞巴，但是你要求證悟般若、想要證如來藏而來找我，我還是有辦法幫你悟的，這才是眞正的禪。

如果所悟的智慧沒有辦法在這上面運用，那你悟個什麼？那就是錯悟了。所以五根不具者，如果他有特殊的因緣，具有正知見，也跟善知識有緣，那善知識還是可以幫他悟；但是一般而言都很困難，除非他上一世聞熏了足夠的證悟應有的知見，善知識才有下手處；不然使盡了一切手段，還是幫他悟不了的。所以一般說來，五根不具是沒有辦法悟的；除非有特殊的狀況，譬如說像不思議光菩薩在那樣惡劣的境界中也能開悟，因此說五根不具是修證佛法的一個遮難。

第七，**世智辯聰難**。也就是說世間智慧很好，加上耳聰目明，而且善於辯論，這個人學法修道，也會成爲他的遮難，因爲他老是覺得自己很厲害、很行：「你這個善知識又不是三頭六臂，我憑什麼要信你？」他的世間智慧非常好，又很會辯論、很聰明，可是他就因此而永遠悟不了；因爲他以爲自己對了，善知識講的，他不信受，這是第七難。

第八種難，**佛世難生**。譬如有人行十善業道，他想：我先去四王天快活過日子，等到未來佛陀在人間出現時，我從四王天下來禮佛學法；結果沒想到他去四王天，今天一看沒有佛陀在人間出現，一天就過去了，他的一天是人間的五十年；他明天又在看，還是沒有佛降生人間，又不必來人間，他又繼續在四王天享樂；這樣看過十天、九天，他一看，這麼久了都沒有佛降生人間，他就想：「我過三、四天再來觀察好了。」沒想到這三、四天之中（等於人間一百五十年），佛已經在人間出現又過去了，所以他想要來人間值佛，卻遇不到。有的人是怎麼樣？他生到忉利天，那邊一天等於人間一百年。他也許一晃，三、四個月才想到說，再看看有沒有佛在人間，想不到佛不但出現而且入涅槃了，而且連像法、末法時都過去了，根本就沒有佛法可學，所以他也沒有辦法遇到佛的正法、像法、末法期，因為那邊的一天就是人間一百年。也許他一過三年、四年才想起來，因爲在那邊日子好過，過得很快，他就忘了；然後想起來，也許五年後、十年後，結果連末法期都遇不到，已經過去了，所以這叫作**佛世難生**。

所以說在這種人壽短命的時間，諸佛都不願意來，只有悲心特重的釋迦牟尼佛才願意來。你看像　彌勒尊佛來人間受生入胎成佛，那是人壽八萬四千歲的時候，那日子多好過，大家都是很有福報，沒有所謂的貧窮惡人，那時候才來成佛。在人壽一百年的時候要去度人，　世尊那時也沒有車子可以坐，連腳踏車都沒有，都要走路；從菩提伽耶正覺大塔，若搭乘遊覽車到鹿野苑度五比丘，要坐六、七個鐘頭遊覽車（因爲路很不好，如果時速五十公里，要六、七個鐘頭才能到達），那是三百多公里欸！都是坐十一號公車——憑兩條腿這樣走。你說誰願意這種時候來成佛？只有　釋迦牟尼佛願意；所以對釋迦牟尼佛應不應該感恩戴德？（眾答：應該）當然應該！那怎麼還可以用常見外道法、斷見外道法來取代祂的正法呢？那眞是忘恩負義到極點了。所以這種時節沒有等覺菩薩願意來示現成佛的，可是　世尊願意，因爲這個緣故我們要特別的感恩戴德。

這個是講菩薩，他在因地把自己八難的因全部除掉了，所以他成佛的時候國土沒有三惡八難。那也許你想：「現在釋迦牟尼佛的正法、像法、末法時代明明有三惡八難，爲什麼你這麼說？」這有兩個道理：第一、理上絕對沒有三惡與八難，就在三惡八難存在的當下，就沒有三惡與八難了。可是從事相上來說，那又是另一回事，這部分後面經文就會說到，現在且先不說它。

「自守戒行，不譏彼闕，是菩薩淨土；菩薩成佛時，國土無有犯禁之名」：

換句話說，一切佛在因地修菩薩行的時候，都是自身守持清淨的戒行，但是也不會因爲自己戒行清淨，就去譏諷別人戒行不清淨，不會譏諷別人。所以對外面有些法師、居士戒行不清淨，我們不做指責，除非他是破法者。他們破法，我們就要提出質疑，針對戒行一併質疑。但是絕對不會特地單在他們個人的戒行上面做譏諷；其實那些法師、居士都是有把柄的，但是我們不想公佈它，這就是不譏彼闕：他的戒行有所缺犯，我們不譏諷他們。凡是自守戒行，不因爲自己戒行清淨就不願容忍那些戒行不淨的人，這是不譏彼闕，這個也是菩薩的淨土；因爲菩薩未來成佛的時候，對那些戒行不淨的人也是要攝受，不能不攝受，不然怎麼可以說菩薩與諸佛不捨一切眾生？乃至提婆達多下墮無間地獄，佛還特地授記他未來成佛，可見佛也不捨棄他的，所以不譏彼闕是在自守戒行的前提下來說的，這也是菩薩攝受眾生的一部分。攝受這些眾生，將來也跟這些眾生共同來成就他的淨土，所以菩薩成佛的時候，國土中沒有犯禁之名。

「十善是菩薩淨土，菩薩成佛時，命不中夭、大富梵行、所言誠諦常以軟語、眷屬不離、善和諍訟言必饒益、不嫉不恚正見衆生來生其國」：菩薩無量劫以來不但修解脫道和佛菩提道的智慧，並且也具足修學十善業道，這十善業道的成就，讓菩薩可以攝取種種衆生，所以當他成佛的時候，有一類衆生來生其國，就是命不中夭的一類衆生；並且具足種種的法，包括大富、梵行等，有這些法相的衆生來生其國。因此最後身菩薩成佛的時候，他的弟子們除非是爲了示現，否則都是命不中夭，並且大富而行善行。命不中夭比較容易，只要能夠善離惡緣就不會中夭，換句話說都是盡其壽命，然後才捨壽的。但是大富而行梵行就比較難了，因爲一般人若是大富了就會產生邪行，所以家裡面元配還不夠，還要去討幾個小老婆。世俗人不是說「妻不如妾」嗎？又說「妾不如偷」啊！最後乃至演變成「偷不如搶」，那就表示他們因爲大富：「老子家，錢多的是。」就開始幹惡業，所以大富而行梵行，那是很困難的；不愁吃、不愁穿、有錢使喚，卻能夠行梵行，不行邪淫，這個不容易。所以大富的人而心裡面不打歪念頭，還眞的不容易，這就是菩薩；久劫以來修習梵行及布施行，所以命不中夭又能大富而行梵行。

並且菩薩所說的話都是誠懇的話，而且都不扭曲世間的正理，對眾生常常用軟語、愛語來說話，不會破口大罵粗言惡語。而且愛護眷屬，所以眷屬不會一一捨他而去。並且對於眷屬或者眾生，能善於把眾生互相間的諍訟加以調和，所說的話一定可以利益雙方。並且他們自己心中沒有嫉妒、也沒有瞋恚，而且永遠住於正見之中，這一類的眾生來生其國。

佛向寶積菩薩說：「菩薩隨著他能夠轉依眞如心的直心，所以能夠發起以及修行種種善法；隨著直心的發起和運行就可以獲得深心；隨著對三寶的深心，所以意根和意識就能夠調伏；隨著意根、意識的調伏就能夠如佛所說而行；隨著如佛所說而行，就能迴向無上正等正覺；隨著他的迴向無上正等正覺，則有種種的方便出現了；有種種的方便善巧出現了，就能夠成就一切眾生的道業；隨著他能成就一切眾生的道業，他所攝取的佛土就可以轉變清淨；隨著他所攝取的佛土清淨的緣故，他所說的一切法就可以是清淨法，不會產生不淨說法的現象；隨著說法的清淨，就顯示他的智慧的清淨相；隨著智慧顯現出來的清淨相，菩薩自然而然心地清淨，遠離了一切不淨種子；隨著他的心地清淨、種子清淨，菩薩所作所爲一切功德清淨。」所以說：「實積啊！如果菩薩想要獲得佛國淨土的話，應當要先清淨自己的心地。如果能把自己的心地清淨了，他所攝取的國土，自然而然也就清淨了。」

所以《觀無量壽佛經》說上品上生的人得要有深心、要有誠諦之心、要有迴向發願之心，所以三心還眞不容易成就，因爲深心是很困難的。深心是說對於三寶具足了完全不退的深厚信心，那才叫作深心。如果對於第一義諦，心中有疑的時候一定不可能是深心，所以一般人，你教他要相信三寶的無上以及功德無邊，他們無法深信。如果叫他們再相信 阿彌陀佛眞實有那些功德，他們也很難相信，心裡面總是不免有所懷疑；因爲他們對三寶的信心都已經不足了，如何能相信 阿彌陀佛有廣大功德呢？所以要叫他們對極樂世界發起深心還眞的很困難。所以，能夠發起對極樂世界的深心而發願往生，那是很困難的，一般人總是半信半疑而往生極樂，生在邊地，長住於蓮苞中，名爲邊地胎生；所以深心很不容易發起，所以我們在一般情況下，都要認定「深心的發起是由於親證佛菩提」，如此才能發起深心的，這樣的人才能上品上生，所以深心很不容易發起。

同樣的，一個人要能夠完全依止於眞如法性而調伏意識與意根，他得要親證如來藏才有辦法轉依直心，因為意識與意根永遠都不可能是直心的，永遠都有彎曲的時候，只有如來藏是無始劫以來乃至到將來成佛的時候，祂永遠都是直心的。眾生要發起這一種直心，一定先要證得如來藏，現觀祂無始劫以來一直到無始劫以後永遠是直心，才有辦法眞實的轉依直心，才有辦法眞實的發行於直心，這樣才能對三寶眞實發起深心，不然要如何相信三寶確實有無量無邊的深遠功德呢？所以深心的發起很不容易，它的前提是要證悟如來藏。

從《維摩詰經》這一段開示，佛這麼開示說：由於直心的發行，才有深心；由於深心發起了，才能調伏意識意根；意識、意根調伏了，才能如說而修行；如說而修行，才能迴向；能迴向，才能有方便善巧；有方便善巧，才能成就眾生；能成就眾生，才能攝取清淨的佛土；攝取了清淨佛土，說法才能清淨，才能產生智慧清淨的結果；智慧清淨，心才能轉易清淨。從這裡來看，顯然佛菩提的見道是先決的條件，所以這裡倒想要讚歎印順法師的一句話，他說：「學佛的首要之務在於見道。」這句話講得太好了，應該讚歎他。他的問題所在，就是由於沒有見道，所以他自己講：「學佛的首要在於見道。」結果他自己就不求見道，不求見道而做佛學研究，所以才會出了大紕漏。

最近據說有法師傳話出來，說印順對極樂世界的看法，現在有改變了，以前否定極樂世界是不對的，據說現在改變看法了。這話傳出來了，究竟是眞的、假的？我們目前沒有辦法去確認，因爲如果眞的這樣，他應該會打電話給證嚴法師：「**不要再否定極樂世界了。**」可是證嚴法師還是在繼續否定極樂世界，現在還規定慈濟的會員們見面相問候時不可以講「阿彌陀佛」，都要說「感恩」；大家互相道別也說「感恩」，不說「阿彌陀佛」；所以印順對極樂世界的看法是不是轉變了，還値得觀察，不能只憑人家一句話，我們就信以爲眞。

所以從佛對寶積菩薩這一段開示，顯然是在印證《楞嚴經》所說的話「理則頓悟，事則漸修」，一定是頓悟之後，因次第成；是頓悟之後，在事相上漸修，次第成就佛國。事修未圓滿的時候，顯然不可能證得佛地眞如。所以頓悟是可以一念相應的，頓悟的標的就是眞實心如來藏；所以禪宗根據《楞伽經》的宗旨而講：**佛語心爲宗，無門爲法門**。這是頓悟，因爲你要找到眞實心，就只是一念相應而已，突然間找到了：一念相應就找到了，這是頓悟。可是頓悟以後，一定是漸修的。沒有漸悟的，悟只有頓悟，因爲你找到如來藏不可能是像十牛圖那樣：說現在找到如來藏的尾巴，然後再找到如來藏的屁股，再找到祂的腳，再找到祂的身體，再找到祂的頭，再找到祂的牛角，沒有這回事！找到如來藏時，你當下就找到祂整個心全體了，如來藏哪有一分一分顯現出來的？沒有啦！所以那個十牛圖就是沒有悟的祖師講的東西啦！因爲一找到如來藏就全體現前了，哪有說先找到如來藏的一部分、一部分的，沒有這回事。一定是找到祂的全體，但祂的功能差別，你要慢慢去探究祂，一直到成佛才滿足。可是如來藏這個心體當下就找到了，哪有說先找到一點點，然後再出現一點點。所以從這裡，諸位！你們明心的人就可以判斷，那十牛圖的作者有沒有悟？就很清楚了。

所以佛說「理則頓悟，事則漸修」，沒有漸悟頓修的，只有頓悟而漸修的。因此理上頓悟，你找到如來藏了，但是成就究竟佛國，還是得要靠悟後的漸修，所以說事相上面的修行一定要次第去修除煩惱，也是要因爲次第修學而盡知，不可能一悟就頓盡的。所以想要佛土清淨，要專攻淨土法門，很簡單：先清淨自己的心再說，不要去管別人心有沒有清淨，只管自己。不是又告訴你說「善和諍訟」嗎？也告訴你說「自守戒行，不譏彼闕」，所以我們管自己就好，不要管別人。當有人指著別人的時候，彎曲的三個手指頭是向著自己，所以指責別人一件事，先要指責自己三件事，要學曾子一日三省其身，三沐其髮；要先三省己身，然後再來指責別人，所以儘量反觀自己，這就是悟後修行之道；你若想要斷習氣種子隨眠，就得要這樣做；如果老是在看別人有過失，修行就不好修了。所以心淨，佛土就清淨了；如果自己心不清淨，一天到晚在找某甲徒弟有什麼過失，某乙徒弟有什麼過失，那你這些徒弟們也會跟著你一天到晚找師父你有什麼過失，那你就麻煩了！所以要依照佛語來修行：隨其心淨則佛土淨。

【爾時舍利弗承佛威神，作是念：「若菩薩心淨則佛土淨者，我世尊本為菩薩時意豈不淨？而是佛土不淨若此！」佛知其念，即告之言：「於意云何？日月豈不淨耶？而盲者不見。」對曰：「不也！世尊！是盲者過，非日月咎。」「舍利弗！衆生罪故不見如來佛土嚴淨，非如來咎。舍利弗！我此

土淨，而汝不見。」爾時螺髻梵王語舍利弗：「勿作是念，謂此佛土以爲不淨。所以者何？我見釋迦牟尼佛土清淨，譬如自在天宮。」舍利弗言：「我見此土丘陵坑坎、荊蕀沙礫、土石諸山穢惡充滿。」螺髻梵王言：「仁者心有高下，不依佛慧，故見此土爲不淨耳。舍利弗！菩薩於一切衆生悉皆平等，深心清淨；依佛智慧，則能見此佛土清淨。」】

講記：現在準備要開始神頭鬼臉了，這個時候舍利弗聽 佛這麼開示，說娑婆國土沒有三惡八難等等，舍利弗就提出一個問題來；因爲聽完佛這些開示以後，衆生一定會有疑問。疑問產生了，可是舍利弗自己就敢問嗎？不敢！一定是佛授意，他才敢提出質問的，這就像我週末去台中演講，有人當場提問：「你說以前世尊有召見你，請問世尊長得什麼模樣？」一定會有此疑問，以前還沒有人問過，我想大家一定很納悶；我那時候被召見，祂是吩咐我在藏密覺囊派時候的師父——三百多年前在密宗時我的師父——我當上所謂的「法王」之前的那個師父，他來找我去（他現在在釋迦牟尼佛身邊），去的時候，因爲他一進了那個建築物裡面，其實那個建築物是一個橋，我哪一天如果有機會去青海、西康，得要找找看有沒有那個橋，那橋裡面有三層，是從河床下面進去的。他站在橋頭，我是站在河底那些鵝卵石裡面，那細節就不談。我一看，他站在橋頭將近二丈高，橋頭有佛像約三丈高；可是他看見了我，走下來了，就變成跟常人一樣。他的口氣很嚴厲，責罵我，因爲我上輩子愚癡，誤以爲正在行善，其實是被惡人利用了，犯了過失。他責罵我：「尊者！你怎麼現在才來？我等你快三天了。」然後又責罵：「你爲什麼又犯過失？」師父對徒弟總是很兇。然後他轉身就走，我只好像慢跑一樣跟著他。

他往上爬，從樓下爬上去，到了第三層（是從河底的鵝卵石那邊進入橋中），很奇怪，那個橋很大，進去以後，它是三層，他到了第二層時就快跑的跑上去，我只好跟著跑；我上了第三樓時，看見他在跟一個人頂禮，我看了說：「我師父證量這麼高，還跟他頂禮。」知道那人絕非等閑人物。因爲我師父初見了我，他開口大聲就說：「尊者！你怎麼這麼慢才來？我等你快三天了。」我也嚇一跳，我師父怎麼叫我「尊者」，那時候種智還沒生起來，還不知道自己的來歷；因爲我看他竟然跟祂頂禮，可是我又看見旁邊有佛像，所以我就想：我先禮佛再來跟祂頂禮。所以祂剛開口跟我講話的時候，我說：「我先去禮佛，再來聽您開示。」結果祂突然給我一個念頭，我嚇了一跳：原來這就是佛，我還去禮佛像幹什麼？結果我就向祂禮拜，祂就指著旁邊一個小凳子給我坐；那個有靠背的椅子還不能坐，只能坐小凳子，沒資格坐椅子，其他的開示就不談。祂示現時長得像什麼人呢？你們一定很好奇（大眾都笑起來……），祂像奧瑪雪瑞夫二十幾歲時的模樣，不是現在，現在已不英俊了！像他年輕時二十幾歲那個模樣，但是奧瑪雪瑞夫的顴骨地方有些凹進去，佛沒有。我只是說那個模樣有點像，因爲沒有辦法再找到一個更像的，眞的沒辦法找到。但頭髮也是捲的，是白皮膚；奧瑪雪瑞夫有一點黑黑的，佛示現是白皮膚，頭髮是捲曲的，但五官是圓滿的，不像奧瑪雪瑞夫有一點長長的。我是說有一點像他二十幾歲那個模樣。

但是你只要親近過佛一次，那個感覺是很奇怪的，你很歡喜接近祂，可是又有一點畏懼，就是說祂的威德非常的重；祂如果沒有叫你開口，你不敢開口提問，這裡經文就是這個意思。爲什麼說舍利弗是承佛威神而問的？因爲如果不是佛的威神加持，舍利弗是不敢問的，不敢開口，任何人想要對佛提出一個相反的質問時，都沒有那個膽量，因爲祂的威德非常之重。

但是這個時候舍利弗爲什麼敢提出來問？因爲　佛故意給他一個念頭：你可以問這個問題。　佛不必用語言文字告訴你的，就像祂突然給我一個念，我就知道：啊！原來祂就是佛。因爲沒想到會見到　佛，眞沒想到啊！但祂給你一個念說：你怎麼這麼愚癡，你去拜那個木頭做什麼？我就是佛。所以就趕快跟祂禮拜。同樣的道理，舍利弗如果不是　佛的威神力來加持他、授意他，他絕對不敢問這個問題，因爲這個等於在質疑佛，所以舍利弗就起一個念頭這樣想，這是故意要用語言文字在心中想過，因爲用語言文字在心中想過的時候，鬼神以及有神通的菩薩、阿羅漢們就知道他在想什麼了；不能用看話頭那個方式，要用語言文字。

這個時候，他就心裡面這樣想：「如果菩薩心淨了才能成佛，而成佛的時候國土就清淨的話，那麼世尊釋迦牟尼佛以前當菩薩的時候，祂的心意難道是不清淨的嗎？而今天娑婆世界佛土看起來竟然不清淨到這個地步。」他故意這樣以語言起念頭這樣想，這時　佛知道他想完了，就跟他說：「你的意思怎麼呢？太陽跟月亮難道是不清淨的嗎？竟然會使得那一些瞎子而看不見太陽與月亮。」舍利弗就回答說：「不是這樣的，世尊啊！那是瞎子他們本身的過失，不是太陽和月亮的過咎。」所以佛就說：「舍利弗啊！因爲眾生自己罪業所遮障的緣故，所以他們看不見我這個娑婆世界如來佛土的莊嚴清淨，這不是我如來的過失。舍利弗啊！我這個國土清淨，而你卻看不見。」

這個時候螺髻梵王就告訴舍利弗尊者說：「尊者啊！你不要起這樣的念頭啊！說釋迦牟尼佛的國土是不清淨的，爲什麼這樣說呢？因爲我明明看見釋迦牟尼佛的國土是完全清淨的，就好像自在天宮那樣的清淨啊！」舍利弗就說：「可是我看見的這個國土又有丘陵，又有坑洞，甚至於懸崖，又生長了一些荊棘，遍地又是沙礫，這些由土石所聚集而成的一切山岳，污穢的東西、令人厭惡的東西充滿了，哪裡是清淨國土呢？」螺髻梵王就告訴他說：「仁者啊！你心裡自己有高下差別的分別，你不依循於佛地的智慧，不依循於佛菩提的智慧，所以才會看見這個國土世界時認爲是不清淨的。舍利弗啊！」他稱呼他的名字，他是個阿羅漢、大阿羅漢，梵王竟然直接稱呼他的名字說：「舍利弗啊！菩薩於一切眾生都是平等的看待，從深心中所發起來的那一個看法觀念，是清淨的，所以假使是依照佛的智慧，而不是依照你們阿羅漢的智慧，就可以看見這個佛土是清淨的。」諸位想不想看見我們這個佛土清淨呢？想不想啊？（大眾回答：想。）好！我們再來看，佛怎麼示現佛土清淨，我待會兒一樣示現給你們看。（大眾都笑……）

【於是佛以足指按地，即時三千大千世界若干百千珍寶嚴飾，譬如寶莊嚴佛無量功德寶莊嚴土；一切大眾歎未曾有，而皆自見坐寶蓮華。佛告舍利弗：「汝且觀是佛土嚴淨。」舍利弗言：「唯然！世尊！本所不見，本所不聞，今佛國土嚴淨悉現。」佛語舍利弗：「我佛國土常淨若此，為欲度斯下劣人故，示是眾惡不淨土耳。譬如諸天共寶器食，隨其福德，飯色有異。如是！舍利弗！若人心淨，便見此土功德莊嚴。」當佛現此國土嚴淨之時，寶積所將五百長者子皆得無生法忍，八萬四千人皆發阿耨多羅三藐三菩提心。佛攝神足，於是世界還復如故；求聲聞乘三萬二千天及人，知有為法皆悉無常，遠塵離垢，得法眼淨；八千比丘不受諸法，漏盡意解。】

講記：好！現在要揭曉了！佛說法時都是在祂的法座上盤坐，這時候卻放腿了，把腳伸出來，以足趾按著地面。我不以足趾按著地面，我就撫掌（平實導師說著就撫掌示現佛土）。佛以足趾按地，三千大千世界若干百千珍寶嚴飾，就好像寶莊嚴佛的無量功德寶莊嚴土出現了。「看見了沒有？我平實菩薩佛土如此嚴淨！」這有兩個不同，在佛的加持上和我的加持上，並不一樣。在你們所見的莊嚴淨土也有兩種不同，明心與見性所見的莊嚴土也互不一樣。我們來說說看吧！佛以足趾按地，它具足兩法：明心與見性之法具足。

我們再來說說看，先從事相上來說，看來佛只是用足趾按地而已，只是以腳趾頭按地而已，你們明心的人從這裡看見了佛土的嚴淨。釋迦牟尼佛的佛土嚴淨，講的是什麼佛土？是唯心的佛土啊！從這個地方你可以看見佛的無垢識，你若明心了，你就清楚了，確實看見了。我撫掌的時候，你若明心了也能看見了我的唯心淨土啊！如是清淨啊！但是這個唯心淨土，哪來的若干百千珍寶嚴飾？可就值得探究了！

諸位還記得嗎？《楞伽經詳解》第一輯，我們一開頭就寫了！楞伽山是指什麼？是指如來藏啊！楞伽山上有七種寶華，還記得嗎？你證悟以後，轉依眞如法性，心清淨了，變清淨意識、清淨末那，這個清淨意識、清淨末那，就是前七識清淨了，這七個識就是楞伽山上的清淨寶華。同樣的，如果這個時候，你看見了我蕭平實的佛土嚴淨，因爲你明心了，我的唯心淨土是這麼清淨，你也反觀你自己的唯心淨土如是清淨，也一樣是這個楞伽寶山，照樣有七種寶華；有了楞伽寶山加上七種寶華，就有百千珍寶出現了，一切法就出生了，一切佛法都在這裡頭。所以人家問祖師：「如何是佛？」他就畫個圓相，捧來送給你；你能不能接得到，就是你的事情了，他已經送給你了！這是從明心上面來說的。

可是見性的人又不一樣，因爲你明心時只能在我這裡看見我的唯心淨土清淨，可是見性的又不一樣。現在請已經見性的人看一看不同的所在，你可以從我這裡可以看見佛性的神用；而且也可以從我身上看見你自己的佛性，也可以從我身上看見我的佛性。你如果從山河大地上來看佛性的時候，有什麼污穢可說？連狗屎都是清淨的，因爲你不是看狗屎，你是從狗屎上看自己的佛性，從山河大地一切樹木、一切草木、沙礫土山看見自己的佛性。佛以足趾按地時具足這兩法，我蕭平實撫掌時也是具足這兩法。

祖師撫掌確實是不簡單的，《普門自在》書中引述的 拾得菩薩爲什麼要撫掌？凡夫法師罵他說：「你破我說戒。」結果他反而責備那些凡夫法師說：

「心直即是戒，如果過去世心不直，你出家了還造惡業，只好去當牛。」就叫喚一個往生的僧人名字，然後大聲叫喚：「走啦！」那隻牛就「哞——」答應一聲，跟著他走了。所以，拾得菩薩爲什麼要撫掌然後講那個偈，然後喚著僧名把牛帶走，這裡面有很深的涵義在的，不只是在教訓人的。所以佛以足趾按地，眞的顯現了釋迦牟尼佛土的嚴淨，你去到極樂世界也還是這樣，這個佛土不是由於金沙鋪地而嚴淨的，是由於眞如與佛性的嚴淨而顯現的。你們要是不信，去問會中那些眼見佛性的人，我們釋迦牟尼佛這個佛土（因爲現在還是釋迦牟尼佛的佛法住世，雖然是末法，還是有了義正法住世），這釋迦牟尼佛的佛土，你們去請問那些眼見佛性的師兄姐們，是不是清淨的？他們一定告訴你「絕對清淨」，因爲山河大地上都看得見自己的佛性，如是清淨莊嚴，有什麼不清淨的？所以有的人就說：「佛以足趾按地，那是用神通去把世界變成清淨莊嚴。」那叫作胡扯，根本就不懂　佛在顯現什麼。

所以楞伽山有七種寶華，七種寶華旁邊有無量雜華，這就是說，悟後轉依而由這個楞伽淨土——由這個如來藏——生出了清淨的七轉識；七轉識出現之後又有無量無邊的法跟著出現了，那就叫作無量雜華，所以　佛這裡以足趾按地而顯現出來的也就是這個道理。不過剛剛我說，我示現淨土跟　佛示現淨土是有差別的，因為　佛這一示現，祂可以同時加持有緣的人當場明心、見性。我沒有辦法，我得要透過一些神頭鬼臉才有辦法幫助你：或者我這個五陰來幫你，或者有時候你們在夢中被我的如來藏加持了，那其實是我的意根作意產生的。

所以你如果給我觀感不好的話，你夢到我時，不會加持你；這與意根有關，因為意根遍緣一切法，而且祂也默容一切諸法。如果我夢中加持你明心了（有許多人是夢中被我加持明心的），但是我這樣做並不違反同修會的規矩。如果你好好恭敬親教師，有時候你夢到親教師，他在你夢中跟你指導，他也不算違犯同修會規矩。我們不能開會辦他，因為這是在人間規則限制之外的事情，知道了嗎？你如果讓親教師對你有惡觀感，你夢見的時候，他不會加持你的，知道了嗎？這跟親教師的意根有關，他對你的觀感好與不好是有關聯的，所以為什麼《華嚴經》說要供養、親近、承事善知識，原因就在這裡啦！但這是你的親教師意根在睡著無夢時，帶著阿賴耶識而化現到你夢中去為你做的事，這個沒有辦法用同修會的親教師規則來處罰他，不能說他違犯了親教師規則；因為這是死無對證的，其實不是死無對證，而是生無對證（大眾都笑…），你也查不出證據來，所以有很多東西不是大家所能知道的，特別是剛悟的人根本不知道，這個都要透過種智才能了知。

但是佛為什麼有能力以足趾按地時就加持舍利弗等人既明心又見性？這是因為祂一切種智的智慧我們無法想像，但是見性的部分我只能用這個五陰來做。而且夢裡所做的，也不能超脫於我現在五陰所證的這個證量，無法超脫的，一定只能做到證量之內的開示，所以跟佛的足趾按地的加持大不相同。這個時候佛以足趾按地加持舍利弗等人，這時他們真的看見了，開悟了！所以這時候一切大眾讚歎說：「這真是未曾有法，聞所未聞，見所未見。」真的是這樣，聽也沒聽過；那種見性的境界，生來就一直都沒有看見過。見性的境界，我跟你保證，你無量劫以來一定沒有看見過，真的是見所未見。這個時候「而皆自見坐寶蓮華」；什麼是寶蓮華？就是如來藏。自己其實都坐在如來藏裡面，你們每一個人都坐在你自己的如來藏上面，你卻不知道；等你悟了，就知道了，這叫作自見坐寶蓮華。

這個時候，佛知道他們悟了，就跟舍利弗說：「你這個時候，可以來觀看我釋迦牟尼佛這個佛土是如何莊嚴、如何清淨。」這就是說：就好像明心了，叫你體驗看看你的心眞如；見性了，叫你去領受你的眼見佛性的境界，領受你自己的佛性；不是整理，而只是領受，這叫作「觀是佛土嚴淨」。所以這時舍利弗尊者說：「對啊！世尊啊！這是我本來所不曾看見的，我以前從來不曾聽聞過的，如今您釋迦牟尼佛的國土莊嚴清淨全部都顯現出來了。」這表示他是既明心又見性了，這都是 佛的威德力、智慧力的加持所導致的。

這時候 佛就告訴舍利弗說：「我釋迦牟尼佛的國土一直都是這樣清淨到這個地步，可是爲了想要度化娑婆世界那一些下劣人的緣故，才示現出這種種令人厭惡的不清淨土。」什麼是眾惡不淨土呢？就是七識心不斷的在做不如理分別。對六塵了了常知，那就是分別；了了而知時已是分別，卻誤以爲當時並無分別，亦是不如理分別。對六塵不斷在知，不斷在覺，對六塵不斷在領受，對不喜歡的境界厭惡，對喜歡的境界就貪著，這叫作眾惡不淨土，凡夫總是這樣；而 佛的七識心不像眾生如此，但眾生總是以爲 佛的七識心和他們是一樣的。所以凡夫的七識心都是眾惡不淨土，因爲不斷的在分別性、以及思量性上面運作。

爲什麼佛要示現娑婆世界眾惡不淨土？那就是說有的眾生在抱怨佛世尊偏心：「有人來聽法就可以證初果，我就證不到；有人來聽法就可以證阿羅漢，我就證不到。」甚至於有的慧解脫阿羅漢抱怨佛偏心：「某甲菩薩聽佛說法就可以悟得法界的實相，我就沒辦法悟。」對這位慧解脫的阿羅漢而言，他認爲自己看見了佛的七識心也不清淨，是偏心的啦！但其實不是這個緣故啊！對他來說，他只是看見了佛的不淨土，沒看見佛的淨土佛國啊！因爲佛的七識心偏心了：「不教我證法界的實相，也不幫我眼見佛性，我只能作阿羅漢。」他就是這麼想的。但其實佛不是偏心，而是那些阿羅漢們明心與見性的緣不具足，因爲他們一向都修聲聞法，不肯在菩薩道的菩提資糧上面努力去修，他們的佛菩提資糧不夠，佛就算加持他明心了，也沒有用，他們捨壽後還是會入涅槃的，不能成爲菩薩。明心、見性前應修的佛菩提的正知見熏習，他們也沒做，加持他們悟了，還是會半信半疑的。所以佛其實沒有不淨，但是因爲眾生的心不淨，所以顯示出來佛的七識心有偏心。

但其實這個偏心才是眞的沒有偏心，因爲佛的平等是立足點的平等；人家很努力運動，很努力攝取營養，所以他長得快，你不能夠說：「你長得比人家快是不對的。」就想把他的頭砍掉，讓他與別人一樣高；佛法中是講立足點平等的，不可以用齊頭式的平等來看待。所以爲了度這些心不平等的眾生，佛示現祂的七識心有不平等：同樣的聞法，有的人只能得初果，有的人可以得四果；有人可以成辟支佛，有的人可以成阿羅漢，不是每一個人都一樣的，甚至有很多人連初果都得不到。這就是說，爲了度化這一些不清淨的眾生，所以示現出佛的七識心好像是不清淨的、好像是偏心的，其實不是！從菩薩來看佛的這種分別對待，是絕對清淨、絕對平等的，不然因果就不能成立了。因爲如是因、得如是果，過去世所修學熏習的都是二乘解脫道的因，他怎麼可以得菩薩的法？過去世所修學的都是菩薩的法，累積了無量的福德，熏習了無量的佛菩提正見，當然他要證得菩薩的法，不應該讓他只得二乘解脫道的法，這樣才能合乎因果的原理。所以都是爲了度化這一些下劣人的緣故，才示現有這種佛地七識心的分別現象。

這就好像說諸天：生到欲界天去的，同一天的天主與天人們，祂們同樣的寶器所產生的食物（諸天天人都有一個寶貝，這個寶貝祂只要想要吃什麼，裡邊就會出現什麼食物，每一個人都有一樣的這種寶器），但是同樣的寶器隨著這一些天人各自所應得的福德不一樣，就導致祂們所能吃到的飯，色澤以及香味都不相同；所以釋提桓因所吃的飯，與四大天王就不同，又跟其下的天人不一樣。「同樣的道理，舍利弗啊！如果每一個人心都清淨了，就可以明心，乃至可以見性，就可以見到釋迦牟尼佛淨土的功德莊嚴。」所以，心淨了才可以明心，如果我見煩惱一直丟不掉呢？我保證你：那個是不清淨的心，因爲見惑一直在，參禪時就會一直落在我見中，脫離不了。見惑斷了，你就可以找到實相心，不然你永遠找不到，找來找去都落在我見意識心上面，總是落在意識跟意根上面。

那你這個我見一直存在的時候，表示你的意識、意根不淨；既有見惑的煩惱存在，你就看不到如來藏這個佛土清淨。如果心再進一步清淨了，把更多的煩惱丟掉了，累積更多的福德，然後把看話頭的功夫也做好了，不久你就見性了。見性的時候，所看見的佛土清淨又與明心時的所見不一樣，不是只有在眾生身上看見他們的唯心淨土，並且在山河大地上面也能看見自己的佛性，在山河大地上面顯現出如是清淨，這又不一樣啊！但是心得要更清淨才行，如果瞋心重、慢心重、貪心重，我保證你看不見佛性，功夫修得再好也沒用。所以 佛才會說，人如果心地清淨了，就可以看見這個 釋迦牟尼佛世界的功德以及它的莊嚴；這都是在心上講的，是從眞如與佛性上講的。如果你要講國土，現象界這個國土，到處有大小便，到處是腐掉的樹木，爛掉的菜葉，有什麼功德、有什麼莊嚴？看不出來。但是你如果用佛性來看，遍地都是功德莊嚴，確實如此。

當 釋迦牟尼佛顯現這個清淨莊嚴的時候，寶積菩薩所帶來的這五百長者子都證得無生法忍了。你看：遇到 佛、親値於 佛，福報就是這麼大；祂爲你加持，你就入地了。不是埋到地裡面去（大眾笑…），而是進入初地境界了，無生法忍的實證，最少是初地。換句話說，他悟的當下不但明心與見性同時通達，也不必再經過相見道位那麼辛苦的修到通達位，不像一般人悟後還得要修一大阿僧祇劫的三分之二，才能入地，不需要了！所以能親自遇見佛世尊，那是要有大福報的；你看這五百零一個人，加上舍利弗尊者，全都明心也見性了，可是沒有說舍利弗也得到無生法忍，還不如寶積菩薩和五百長者子。

這時我們要去探究一件事：這寶積菩薩跟五百長者子，五百零一個人爲什麼這樣一悟就得無生法忍？照道理講，明心以及見性兩關具足是不可能得無生法忍的，一定要經過一段時間的進修；可是他們明心和見性時就得無生法忍進入初地，這是什麼原因？這是因爲他們其實往世就悟過了，但是還沒有離開胎昧，還有隔陰之迷。如果是三地滿心就沒有這個現象了，三地滿心以後就離開胎昧了，但是三地未滿心之前都還有胎昧。所以如果有一個人他出生的時候沒有具足這種智慧，而說他是八地、九地，我告訴你：這個人是大妄語人、是個凡夫。你們要有智慧，不要被人家幾句話籠罩了去，因爲三地滿心以上要修到第八地，那一樣是一大無量數劫的三分之二。

你想，既然今生已經八地了，顯然上一世至少有七地的證量；可是三地滿心以上都是已離開胎昧的人，爲什麼他這個八地菩薩出胎的時候，不能學會講話時就開始說法？爲什麼他做不到？他至少要像寶授菩薩、不思議光菩薩一樣，可是他爲什麼做不到？所以這樣的一個人說他是八地心，那上一輩子至少有七地證量，應該早已沒有胎昧了，應該一出生就能說法，結果他竟然還有胎昧，還不知道上一輩子幹啥？若說這個人是八地菩薩，我告訴你：你拿刀把他殺了也沒罪。佛法上說你沒有罪，世間法會把你抓去關，因爲你殺了人；佛法上卻說你沒有罪，因爲他是一闡提人，他是大妄語者。所以如果再有人說他是等覺菩薩，說他是活佛，你就罵他是凡夫，因爲他連上一輩子幹啥都不知道，出生了還不知道明心與見性的境界，那算什麼等覺？又算什麼八地、七地？都是騙人的話。

沒有這種等覺、七地、八地的菩薩，因爲三地滿心就離開胎昧了，不要隨意就被人籠罩了去。我以前明心、見性了以後，會被人籠罩，是因爲那時沒有道種智，最親近的弟子推薦說某某老菩薩是八地菩薩，不斷的推薦，好幾個人推薦了二年，我想他們應該不會騙我，所以拜以爲師而請法；結果後來是連明心都沒有，更別說見性了，都是騙人的。所以現在要騙我很難了！我雖然心直，但現在想要騙我已經很難，因爲我要一步一步去勘驗對方。我會從明心開始勘驗，但是明心的勘驗我不會親自來做，會交給別的親教師們去勘驗。明心勘驗過了，我再來勘驗他有沒有眼見佛性，一步一步再來考，一直到認定他眞的是八地菩薩，我當下就退位，請他來率領我們，我跟你們一樣下座跟他學習，大家都得到更大的法益。但是因緣難得啦！到目前為止都是籠罩人的。

我們常常遇見有人推薦，說他師父是八地菩薩，但是等到他的書或者開示拿出來時，連我見都沒有斷除，世間竟然有我見不斷的八地菩薩，也太荒唐了吧！是不是？是！所以這寶積菩薩跟五百長者子其實往世就已經明心、已經見性了，只是未離胎昧，又因爲多世以來沒有遇到佛的加持，所以佛這一加持，他們很迅速就進入初地了，因此就發起無生法忍，也就是說他們已經有初地道種智的初分了，但還不具足初地滿心的道種智，但初地入地心的道種智——初地道種智的初分已經起來了，佛的加持力可以這樣子。當時同時有八萬四千人都發起無上正等正覺之心，也就是發起了四宏誓願，發願一定要在未來無量世以後成就究竟佛道。

這個時候佛收攝了神足，把腳收回來了，不再顯示了，於是世界還復如故；這就是告訴他們：別再看如來藏，不要再看佛性了，回復到現象界來；回歸到物質世界的山河大地、污穢大地來，不要再去看佛性了！所以世界就還復如故，因爲祂不教弟子們去觀視佛性，要回歸般若正理來說了。這個時候還有三萬二千的天以及人，他們從這裡也已經知道，所有的有為法都是無常的；既然都是無常的，就把我見斷了；我見斷了，在聲聞菩提中就是得法眼淨。我們剛出來弘法的時候，有一位親教師（當然現在已離開了），他對我有一些懷疑，我就跟他說：「**我很清楚知道我這是法眼淨，你不必再多說了。**」我有講過這麼一句不是很客氣的話，但這位是誰，就不必講了。如果他輾轉聽到，就知道我在說他。我清楚告訴他：「**我自己知道我是法眼淨，你不必再懷疑了。**」所以他提出的問題，我一一解答以後說了這句話。也就是說，我見斷了就是法眼淨，這是在解脫道上講的，不是講大乘菩薩的法眼清淨。這個法眼淨是從解脫道的如實知來講的，所以他們就遠塵離垢了。遠塵是遠什麼塵？遠離六塵，不再誤認六塵實有，使得覺知心除掉污垢了。

另外還有八千比丘不接受一切法，換句話說，對一切法都無所貪著了，所以是漏盡。漏盡就是思惑斷了、我執斷盡了。我執斷盡了，他就知道解脫之道的眞實義理，這叫作意解，換句話說他的解脫知見產生了，所以這八千比丘當下就成爲阿羅漢。

諸位！這明心與見性的功德如是廣大。明心的功德，在還沒有破參之前，你無法想像，你絕對弄不通的，就會罵禪宗祖師的那些開悟公案：「都是無頭公案。」罵起來了！每當看到那些公案的時候，都是恨得牙癢癢的：「爲什麼我老是讀不懂？」就是這樣啊！所以有人問趙州：「如何是佛？」「六六三十六。」又有人問：「如何是祖師西來意？」他說：「水上踢皮球啦！有人聽我開示以後就問：「要不然請老師您告訴我：『如何是佛？』」我說：「果皮三、兩片。」都是同一個。你沒有明心，你就搞不懂了，好像很玄的樣子！眞是玄！等你悟了，一點兒都不玄，非常親切的。可是你明心了、開悟了，你仍然無法想像眼見佛性的境界。但是眼見佛性之後也無法想像諸地菩薩隨順佛性的境界，你無法想像的。至於等覺菩薩更無法想像諸佛如何隨順於佛地的佛性。因此大乘佛菩提，眞的不是小事啊！它不但深奧，而且無邊的廣大；不像解脫道，如果利根的人讀過《邪見與佛法》，解脫道他就懂了；如果中根的人把《識蘊眞義》給讀完了，好好去思惟上幾個月，也會懂啦！但是佛菩提沒那麼簡單，光是一個明心就很困難了！縱使知道答案也沒有用，般若智慧起不來，聽來的有什麼用？聽來的，我告訴你：智慧起不來的。一定要自己辛苦的去參，般若智慧才能生起。

見性這一關更不能打聽，因為你打聽來的，完全沒有用，一點兒受用都不會有，完全看不見，保證百分之百如此，萬分之萬如此，一點兒都不通商量的。所以佛菩提不能像那些南傳佛法中人亂誹謗，他們是完全不懂的，連入門都沒有。即使我今天，也不敢看輕如來藏的種子及諸佛的隨順佛性，還是覺得說懂得太少了。一直到將來你修到等覺位的時候，你看諸佛的菩提智，你會發覺說：「自己真的差太遠了。」越接近，就覺得越遠；所以一定要心存恭敬，對法一定要絕對尊重，不能隨意想像就加以誹謗。

這一部經，它雖然是從我們娑婆的淨土開始的，其實還是從娑婆的穢土開始，它要講的就是這個唯心淨土的意涵，但卻從我們娑婆穢土的示現開始，所以這裡只算是經的開頭而已，只算是開場白。從這裡開始，最後以哪裡結束呢？以香積淨土來做結束。可是從娑婆世界這個淨、穢土開始到香積淨土的結束，這過程當中卻是以菩薩行來做總結的。從娑婆淨穢土來比對香積國土，那裡是純淨土，不像這邊有穢土。就像極樂世界是純一清淨的淨土，沒有娑婆世界的糞便、土石等，也沒有三毒的大量現行。可是這兩個淨土的對照完成之後，歸結卻是要行菩薩行；只有行菩薩行，才能夠成就淨土或者娑婆世界的淨穢土。如果不是菩薩行，而是修二乘菩提行，淨土是無法成就的；所以這部經到最後，是歸結到菩薩行上來的。對於這部經，諸位要先建立這個概念，這個概念建立起來之後，你對這部經的眞義就能一步一步的攝受、領受，然後你的菩提智就會增長非常的迅速，所以接下來就進入〈方便品〉。

〈方便品〉第二

【爾時毘耶離大城中有長者名維摩詰，已曾供養無量諸佛，深植善本，得無生忍，辯才無礙，遊戲神通逮諸總持，獲無所畏降魔勞怨，入深法門善於智度，通達方便大願成就；明了衆生心之所趣，又能分別諸根利鈍；久於佛道，心已純淑，決定大乘；諸有所作能善思量，住佛威儀心大如海，諸佛咨嗟：弟子、釋、梵、世主所敬。欲度人故，以善方便居毘耶離，資財無量攝諸貧民，奉戒清淨攝諸毀禁，以忍調行攝諸恚怒，以大精進攝諸懈怠，一心禪寂攝諸亂意，以決定慧攝諸無智；雖爲白衣，奉持沙門清淨律行；雖處居家不著三界，示有妻、子常修梵行；現有眷屬常樂遠離，雖服寶飾而以相好嚴身，雖復飲食而以禪悅爲味，若至博弈戲處輒以度人；受諸異道不毀正信，雖明世典常樂佛法，一切見敬，爲供養中最；執持正法，攝諸長幼；一切治生諧偶，雖獲俗利不以喜悅，遊諸四衢饒益衆生；入治政法救護一切，入講論處導以大乘，入諸學堂誘開童蒙，入諸婬舍示欲之過，入諸酒肆能立其志；若在長者，長者中尊，爲說勝法；若在居士，居士中尊，斷其貪著；

若在剎利，剎利中尊，教以忍辱；若在婆羅門，婆羅門中尊，除其我慢；若在大臣，大臣中尊，教以正法；若在王子，王子中尊，示以忠孝；若在內官，內官中尊，化正宮女；若在庶民，庶民中尊，令興福力；若在梵天，梵天中尊，誨以勝慧；若在帝釋，帝釋中尊，示現無常；若在護世，護世中尊，護諸眾生；長者維摩詰，以如是等無量方便饒益眾生。】

講記：這一段是〈方便品〉第二的部分經文。〈方便品〉是說維摩詰等覺大士，他示現種種的方便來度化眾生，甚至於在下一品中他生病了，也能用疾病做方便來幫助菩薩們修得更高層次的般若，幫助人、天乃至聲聞法中的人們，可以在佛菩提道上面得到法益；他有無量無邊的方便，所以這個示現內容的記載就叫作〈方便品〉。這部經進行到這個地步，現在維摩詰菩薩要施展他的種種方便手段了，所以接著說明：說這個時候，也就是佛在示現祂的國土嚴淨時，正在幫助舍利弗菩薩們的時候，毘耶離大城中有一位大長者名稱叫作維摩詰；維摩詰，前面已經講過，意思叫作清淨的名稱，所以有人就簡稱維摩詰大士的名號為淨名大士。

維摩詰大士已經在過去無量劫中供養過無量諸佛了；你不要把它當作是

一句門面話，因爲你們其實也一樣供養過無量諸佛，你才有可能踏進正覺講堂而不退轉。你說：「**我現在都還沒有悟，我自己一點兒把握都沒有，老師！你把我說得這麼高。**」我告訴你眞的是這樣。且不說別的，單說諸位耳熟能詳的《金剛經》就好了，光是聽聞《金剛經》，還不需要開悟，只是聽了而不驚慌、不恐怖，能夠信受《金剛經》是說眞實法而不是以之爲虛，能繼續受持，就已經告訴你說：「**當知不於一佛、二佛、三、四、五佛而種善根，已於無量千萬佛所種諸善根。**」都還不需要悟，只是能信解受持而已；何況你來到這裡是要親證如來藏的，那當然更要比《金剛經》所說的供養無量諸佛還要多，只是比不上等覺大士 維摩詰。所以你只是明心都已經如此，何況等覺菩薩的維摩詰，當然更是供養過無量諸佛。

除此以外，大士還深植善本，把一切善法的根本都已經種植完畢了，在心田上都種好了。並且已經得無生忍（不是無生法忍），在大乘法中說的無生忍是已經把思惑斷盡了。無生忍和無生法忍不同，無生忍是講解脫道的斷思惑。並且他辯才無礙，不管誰去找他辯論，辯論的不管是世間法或是出世間法，沒有一個人能勝得過他；所以他的辯才很好，沒有任何障礙。並且還能夠遊戲神通，他不在人間的娛樂上面遊戲，而是以神通來遊戲。換句話說他以五通到處去度眾生，十方世界到處去。三地滿心以上的大菩薩們，都不依佛座而住，都是自己可以獨當一面去度化眾生的，都能不依靠諸佛的威德，因爲他們都能夠遊戲神通。

大菩薩們不依佛座而住，都能獨當一面而度眾生，不靠佛的威德來做。還得要逮諸總持，你如果想出來住持佛的正法而不被別人破壞，讓人無法扳倒你，你還得要逮諸總持。光有五通是沒有用的，因爲外道尚且可以藉他的五通以聲論的法，上去忉利天把釋提桓因給辯倒，拆壞祂的千輻輪寶車；外道既有這個能力，那你要在人間住持正法，難道外道不能這樣把你扳倒嗎？也可以啊！可是你如果有總持在身，一切外道就奈何你不得。所以你們將來如果想要住持正法，要用什麼呢？你就用正覺總持咒。這正覺總持咒，你只要能夠背誦下來，然後自己去把它思惟整理過了，上座說法時就不必打草稿，可以上台說法，從早上講到晚上。眞的啊！正覺總持咒就是這麼好用。你要是不信的話，把它整理好（三天三夜把它整理好），以後誰邀請你上台，你就：五陰十八界，涅槃如來藏……。先對大眾背誦出來，然後就先細講五陰兩個字，五陰兩個字就夠你講上一個早上講不完了，眞的啊！然後下午就細講十八界，結果一天下來你只細講五個字，確實是這樣啊！外道哪裡有說話開口的餘地！他們沒有開口的餘地，只能拉著耳朵聽你講，這叫作逮諸總持。我們的總持咒就是這麼好用。想要能夠辯才無礙，得要有總持。

因爲這一些原由，所以 維摩詰菩薩獲得無所畏懼的心境；不管一切人、一切天來，他都無所畏懼，因爲他們來到他面前時都沒有說話的餘地，即使三明六通的大阿羅漢都一樣沒有說話的餘地；那麼天魔就更別提了，因爲他連我見都沒有斷，所以魔的一切辛勞怨恨來到他這裡都沒有用，再怎麼辛勞去造作惡業想要來對他產生怨恨心；出生了種種的惡語也沒有用，因爲他已經進入到很深的法門裡面去了，所以善於以智慧度脫自己到達解脫的實相的彼岸。可是他又通達一切方便善巧，也就是早已具足了七地菩薩的方便波羅蜜，又把八地菩薩的大願方便也成就了，所以願波羅蜜也具足了。「入深法門，善於智度」，就表示他已經有九地波羅蜜的力波羅蜜了，所以能夠明瞭一切眾生心中喜歡什麼，各各適合修學什麼法；他又能夠分別一切眾生的根器是利根、或是遲鈍的根性。

諸位從第一次聽講此經，到上週已是第七次聽聞了，不知你的感覺是如何？我想：這部經應該是聽了都會很歡喜才是，因為這種經典大概不容易找到一個能講、也敢講的人。這是因為這部經，若想要以離念靈知、六識論來講，一定是講不通的，必須以如來藏正理來講；以如來藏為法界實相，不以離念靈知意識心作為實相的，目前就只有我們正覺同修會，所以目前極可能是只有我們可以講。當然外面也有人正在講，一定會像印順註解《攝大乘論、勝鬘經》一樣加以曲解，並沒有意義。因此諸位，特別是明心又見性以後，這部經聽起來應當是有特別不同才是。繼續從第四行開始講。說維摩詰大士在很久遠以前，在佛菩提道上面就已經能夠純真的、並且很清淨的安住了。淑，不但是清淨，而且有一種仰慕的意思；清淨的仰慕，這叫作「心已純淑」。並且於大乘法早就已經心得決定，沒有絲毫的懷疑了。

凡是心裡想到什麼，然後去做的時候，他一定能夠善於思量。善於思量，這其實是很不容易的，大部分人都自認為能善思量，但實際上能真實善於思量的人不多，大部分人總是自以為善於思量而其實思量錯了；所以，能善思量並不是一般人做得到的；從凡夫來講如是，從菩薩來講亦復如是。凡夫不善思量的例子，譬如廣欽老和尚有一位徒弟也很有名，前幾年往生了！他前後兩次或三次，總共捐了一億台幣給誰呢？給弘揚印順的無因論邪見的昭慧法師。這是把他藉著師父的威德所收到的供養，拿來請別人否定他師父的法，你說有沒有善於思量呢？當然是沒有啊！可是他自己一定認爲是善於思量的，一定認爲他這一億元布施很值得，從不後悔；但是他知道印順法師的法是在否定廣欽老和尚的法嗎？他不知道，所以不是善於思量。

菩薩想要善於思量也不容易，當眾人皆醉，只有你獨醒的時候，你發覺眾生都被那個大醉漢猛灌黃湯，都要跟著醉下去了，你想要救他們，該怎麼救？你不可以單刀直入憑著血氣之勇就去破斥邪見，你得要有次第性來做。這就好像現在面對大陸那些大法師跟喇嘛們，他們抵制 佛的如來藏妙法，手段是無所不用其極的；因爲他們本來個個都是「開悟」的聖人，現在忽然來了個蕭平實，寫書說他們「悟」的離念靈知就是意識心，是生滅法；他們本來說意識心是永遠常住不滅的，現在蕭平實證明說意識心是虛妄法，所以他們個個心裡面很痛苦，當然要極力抵制。前幾年台灣的法師們對我們抵制的狀況雖然沒有大陸那麼激烈，但也是很嚴重；當年《護法集》剛印出來時，南部還有個大法師發動群眾去蒐集交給他們燒掉，是哪位大法師？我們就不講出來了；他們蒐集了去燒掉，好在後來也停止惡行了。

大陸法師與居士對我們，爲什麼跟台灣的作法不一樣？如果我們今天這四十幾本書不照順序印出來，一開始就把《狂密與眞密》推出，一開始就把《邪見與佛法》推出，我告訴你：人家早就拿刀子來暗殺我了。知道嗎？所以你想要出什麼書，一定要有次第。大陸因爲現在開始得到我們的書時，是什麼書都有了，不像我們在台灣是按順序出版的；這都是經過思量，什麼時節因緣適合做什麼；你要先思量，如果沒有《眞實如來藏》、《悟前與悟後》、《公案拈提》那前兩輯、三輯讓他們讀過，一下子就把《佛教的危機》、《邪見與佛法》、《狂密與眞密》出版了，絕對被人暗殺掉了，今天就沒有我坐在這裡講經了。所以菩薩想要做什麼事情，想要破邪顯正，都得要有次第性，要照著先後順序來；你先要有一些法義給他們去研究，當他們找不出破綻來，核對經典也證明是正確的，他們心中半疑也半信了，你才可以進一步再破，至少要讓他有半信。還沒有生起一半的信心，你就繼續破，將會無法完成救護眾生的大業。

你若想要建立正法於三百年中不敗，必須要有次第性來做；所以能善思量是不容易的，做什麼事情都要穩紮穩打，我們絕不要好大喜功，所以我們弘法時很保守。外面道場有一塊錢，他要做十塊錢的事；我們是已有兩塊錢時先做一塊錢的事，預防有萬一時可以應對而不會有問題。因爲我們並不好大喜功，所以我們到現在還是在這邊屹立不搖。在強敵環伺之下，從來沒有一個道場支援過我們，只有我們自己支持自己：就是諸位你們來支持我。只有這樣，所以我必須穩紮穩打，不能大意。這意思就是說，善於思量很不容易的。並且還要思量什麼呢？思量未來佛教三百年、五百年、一千年後需要什麼？我們現在要想辦法把它完成，把根基做出來。我們會裡有一位法師幫我開了一張書單，我看是要我做到二百歲時才能做得完；因爲他認爲佛教正法如果要維持長久於不敗之地，這些法義的宣揚都是需要的。可是我卻少了兩個頭、少了四隻手，最好是側面再來一對、後面再來一對，可以用三台電腦同時來寫書，比較快！但這沒辦法啊！

這些都是我們爲佛教的長遠未來、爲佛弟子的長遠未來而做的；換句話說，就是爲了諸位未來世學法的時候有所依據，不必像這一世一樣再被假名大師誤導。我們要做的事：目的不在搞道場，目的是在法上。當然這一次有人問：「那個南亞大地震的賑災，我們要不要做？」我說：那個離我們比較遠，而且我有一點偏心，因爲那些人大部分是回教徒（編案：當時新聞只報導印尼的災情，後來擴大到錫蘭等地的海嘯災情尚未傳來）。老實說，依照《優婆塞戒經》所說，在布施給他們時應當方便接引他們入佛法中，才算如法布施。可是你去救濟他們時，有沒有辦法將他們方便引入佛法？我看是很困難，花了十倍的財力與時間，可能只得到一分的效果；而且已經有慈濟等國內外大財團在做了，我們財力很微弱，努力做了也不會有什麼好成績。

我們若現在努力來做法義全面整理的事，可以事半而功倍，我們有這個能力、有這個環境可以做，所以我們應該專注於法上來做；如果我們會中有人對那些地震災民有慈悲心，願意幫助他們，以個人的名義自己去做就很好，我還是要把我的精神、時間以及我們會裡的財力人力，放在佛教正法未來的五百年、一千年上面來設想。因爲那些慈善救濟的事業，有慈濟他們去做就很好了，他們人多，財大氣粗，我們去了其實也做不了什麼。基督教，譬如像救世軍、世界展望會等等，他們也會去做，這就好了。如果我們也盲目投入，那就不是善思量了，因爲以我們這麼小的財力，應該用來把佛教正法建立於不敗之地至少一千年，這才是最重要的。那些接引初機的慈善事業，應該由慈濟……他們去做，我們不應該做這個事情，除非將來財力很雄厚了。就好像你不應該教總統來掃馬路，他只適合作總統應作的工作。你如果請他來掃馬路，這是不對的；請他自己開車也不對，一定是要有人幫他做那些事，他要做的應該是國家大政上的事情。同理，我們要做的是使佛教未來千百年的正法久遠流傳，建立佛教正法於永遠不敗之地，這才是我們要做的；只有我們有能力做這些事，別人做不成，所以我們的思量跟外面道場的思量不一樣。這一些事情對 維摩詰大士來講都是小事一樁，他的思量更廣。我現在的思量只是在地球上：**這個地球上佛教正法的久住，大家未來世繼續在這裡學法的依憑以及指引**。但是 維摩詰大士所考慮的，是遍十方世界，所以他才是眞正的能善思量。

　　維摩詰大士並且已能住於諸佛的威儀，因爲他已經鄰於佛地了！說句老實話，其實他也是倒駕慈航；他本來是 金粟如來，故意示現爲等覺菩薩來護持 釋迦牟尼佛。就像 觀世音菩薩本來是 正法明如來，發大願心，因爲悲心特重，所以倒駕慈航示現為菩薩；要使升斗小民、卑賤小民來求祂時，都能有所依怙，這是只有大悲心才能做得到的。所以說維摩詰大士住於諸佛的威儀，諸佛的威儀他都具備了，心如大海，不會在小事上斤斤計較。世間人往往睚眦必報：把眼睛瞄一下對方，就會有問題了！或者嘴巴上露出一個鄙視的感覺來，也會有問題。你只要對他做這麼一個動作，他就一定對你報復；這是層次很低的人，學佛人一般來說都不會。可是學佛人有個忌諱，你如果說到他的師父有問題，那可就不得了，火氣就上來了！這都是在小節上面斤斤計較，這個很不好。

自己的師父所說的佛法，對就對，不對就不對。若是不對，要建議他改正；對，就護持他，為他辨正，應該如此。眞正學法，要在法上來論曲直，不和稀泥，以全體佛教的長遠未來利益來做考量，不是考量眼前自己師父短暫的二、三十年世間利益，那不是心如大海，那個心就跟麻雀一樣小：心量不大，並且眼光短淺。眞要為佛教的未來設想的話，眼光要廣大、還要長遠，不要在小事上斤斤計較；維摩詰大士正就是這樣，他就是心大如海，所以十方諸佛無不咨嗟，無不讚歎他。並且他的弟子們（因為在家菩薩也可以蓄弟子，但只能蓄在家弟子），以及一切出家人、修梵行的人以及梵天的天人天主、世間所有的國王，都同樣的恭敬他。

雖然他有這樣不可思議的境界，可是為了想要度化人間的眾生，他就以善方便而示現住在毘耶離大城。他示現出來時，資財無量，是非常富有的。大菩薩都不會窮到還要去向人家租房子來安身；如果還得要向人家租房子住，買不起住屋，那一定是小菩薩。如果是幾地的菩薩，我告訴你：凡是入地的菩薩都不會是窮光蛋，一定都可以自己過生活，不必接受人家供養；地上菩薩都是這樣，如果出家了，他不必出去托缽，不必開口勸募錢財，自然就會有人送到他眼前來，地上菩薩都是這樣。如果在家，他一定先賺很多錢才出世弘法，不必靠人家供養；哪有說修到第幾地了還要托缽、還要跟人家勸募才有錢存活，佛門中沒這回事。如果是等覺菩薩，他只要拿一小分福德來示現就夠了；維摩詰大士示現一小分福德，在人間是資財無量，他有無量的資財來攝受諸貧民；這意思是說他常常在布施，不是一毛不拔的人。如果說有個等覺、八地、初地菩薩是一毛不拔的，還要等著人家供養才能過得下去，我告訴你：你可以把他埋到地坑裡面去，眞的讓他入地。因為佛法中永遠不會有那樣的地上菩薩，地上菩薩一定都有很廣大的福德。我告訴你：你叫他賺錢，他還懶得賺；雖然懶得賺，卻還是很有錢。他就是這樣示現資財無量，但是卻用他自己的錢財布施來攝受貧民，方便引導進入佛門。

可是他自己「**奉戒清淨、攝諸毀禁**」。這八個字，有兩個層面：奉戒清淨是指他對自己的要求，攝諸毀禁，是說他不因爲自己持戒清淨，就一天到晚指責別人犯戒，對犯戒者總是抱持著較寬鬆的標準，攝受那些毀犯禁戒的人，不加以排斥。因爲進了佛門而犯戒，都遠勝過凡夫而不受戒者，所以對犯戒的人要有肚量，要願意攝受他們，不因爲自己戒行清淨就嚴責別人，說大家都犯戒，不如他最清淨，反而要攝受毀犯禁戒者，這叫作攝諸毀禁。如果想要成爲大菩薩，你要有這個心量：我們自己持戒很清淨，不犯貪瞋癡等戒，但是無妨攝受新學菩薩中的犯戒者。在人間，要找一個人不犯戒的，還眞的是難。

有時心犯了戒，比身犯了戒還要嚴重；因爲菩薩重的是心地戒，而心地戒如果能持好，身、口就沒有問題。菩薩戒跟聲聞戒有很大不同：聲聞戒是不管你心中怎麼想，想到亂七八糟都沒關係，只要身、口不犯就算是戒行清淨；可是菩薩戒，身、口固然不犯了，但心裡面想得亂七八糟，就已算犯戒了，這就是菩薩戒特異於二乘戒的所在。所以菩薩自己戒行清淨、心地清淨，還要能夠涵容一切犯戒者，不因為別人犯戒就排斥他。但是一定會跟他明講：「**你這樣犯了戒，該去補救：發露、懺悔。**」幫他把戒罪消滅，不是一味排斥他，而是幫他把戒罪消滅，這才叫攝諸毀禁，菩薩要有這個心量。

「**以忍調行，攝諸恚怒**」：自己能夠安住於眾生惡劣的心性境界中，能夠接受就是忍；可是對於某些瞋心重、慢心重、疑心重的人，或是脾氣很大的人，不因為自己能忍就瞧不起對方，還是要設法來攝受對方；所以對脾氣大的人也一樣的涵容他，對善於記恨的人也一樣的涵容他，知道他其實並無惡意，只是習性導致瞋心重而已。有的人脾氣很大，但發過脾氣以後絕不記恨，事過境遷了，他又跟你和好如初。若是遇到一個善於記恨的人，你就倒楣了！善於記恨，絕對不是菩薩該有的心行。所以我們常常說：「**浪子如果肯回頭，那眞的是金不換。**」因為浪子一百個人中，大概有九十九個回不了頭；如果有一個能眞的回頭了，那就是我們要重用的人；所以浪子回頭是很難得的，你好不容易遇到一個肯回頭的，怎麼不重用他。有人對你發過脾氣，事過境遷，肯回來跟你道歉，這不是浪子回頭嗎？當然要攝受他，維摩詰大士就是有這個心量，自己以忍調行，對別人卻能夠攝諸恚怒。

「**以大精進攝諸懈怠**」：他自己是很精進的，因爲等覺菩薩是百劫修相好，無比精進的修集大福德，但不會因爲這樣就責備某甲徒弟這麼懈怠，某乙徒弟又如何懈怠，一天到晚責備人。他會跟弟子們婉言勸說：「要好好精進，要好好努力。」這叫攝諸懈怠。對別人應當這樣攝受，因爲不可能每一個人都像他一樣精進。所以等覺菩薩不會因爲某一弟子懈怠，他就以嚴厲的口吻來責備，但是會加以勉勵，這就是攝諸懈怠。

「**一心禪寂攝諸亂意**」：維摩詰大士常常住於一心不亂的境界當中，因爲等覺大士仍然還是有八識心王，不可以說：「你等覺大士怎麼住在一心不亂中？那不還是意識境界嗎？」當然要有意識境界，若沒了意識，還能在人間利樂眾生嗎？這個意識，平常就是要住在一心禪寂的境界中。但這個一心禪寂和我們無相念佛是不一樣的，因爲七地滿心念念入滅盡定，等覺當然更不是七地菩薩所能想像的，所以不要把自己一心不亂淨念相繼的境界套上去說：「我現在也是一心禪寂，與維摩詰大士一樣。」那就不行了！這是不可同日而語的。但是他一心禪寂，示現給眾生看，眾生看了就知道說：「我們一天到晚胡思亂想，確實是不可以。」就懂得要住心於一境，不再向外攀緣，這做法是示現給眾生看，眾生因此就可以把散亂心制心一處而得禪定。

「**以決定慧攝諸無智**」：維摩詰大士的智慧是決定不移的，因為他是 金粟如來倒駕慈航來的，當然是決定而不會有所改變的。一般等覺菩薩所說的法，在成佛以後還會有極小部分的修正改變，因為沒有到佛地以前是不可能完全得決定的，一定有一些很微細的部分仍然無法窮源徹底。但是 維摩詰大士不同，他是成佛以後倒駕慈航的，所以說他是決定慧；顯現出來的就是為人說法以後，能令所有聽過他說法的人都不敢再自大的以為自己智慧很了不得。在維摩詰大士沒有出來說法以前，那些阿羅漢們、菩薩們個個都是很了不得的；可是等他出來說法以後，大家就知道說原來自己的智慧還是很渺小。至於那些還沒有悟的人，就乾脆說：「我們根本就是個沒智慧的人，安分守己一點好。」他就以他的決定慧，這樣攝受那些沒有智慧的人。

他示現是白衣，也就是說他並沒有示現出家相，以居士身來示現，可是本身卻奉持沙門的清淨律行。以居士之身而在身口意行上示現出來的是比出家人更清淨；這是你們將來進入初地以後，都應該這樣的。雖然因為入地以後大部分都要現居士身，現出家身的人很少、很少。一般人本來以為說，進入初地以後就好像是金光萬丈、走路有風，人家都要恭敬崇拜你，實際上卻不是，反而是要用在家身去讓眾生看不起你、糟蹋你。為什麼要這樣自苦呢？初地時本來更可以穿起僧服讓人崇拜、供養、禮敬，結果卻是修證越高，越要讓人家辱罵，這是什麼道理？諸位有沒有想過？

這是因為佛菩提道不同於解脫道，二乘解脫道所證的菩提是聲聞、緣覺菩提，他們的究竟證量是把煩惱障的現行斷滅就夠了，換句話說，只要斷見惑與思惑就夠了。可是諸地菩薩不是這樣的，諸地菩薩對於煩惱障的見惑與思惑固然要斷，但是思惑都不急著斷，反而是先在斷習氣種子上面去努力。可是習氣種子無量無邊，要怎麼斷？最好就是讓眾生輕視而現行出來：讓多數眾生瞧不起你，明明你的證量很高，眾生卻一個個罵你「邪魔外道」；你最後漸漸的習慣了，根本不會動心，不管誰當面罵你「邪魔外道」都沒關係，這樣習氣種子才能除。修證越高，表現得越低、身分越不尊貴，讓眾生看不起你，然後你布施了財物、布施了正法；布施了最了義最微妙的正法以後，還得要讓眾生來羞辱你，這樣習氣種子就很容易現行而消除得很快；習氣種子如果沒有消盡，你就不能成佛。所以能常常讓眾生磨，就表示你的成就已經越來越快了。

入地以後，你如果還穿起僧服，你成佛的時節將會很慢，因爲沒有人敢磨你，懂這個道理嗎？所以雖然要求自己要符合沙門的清淨律行，但不可以因爲自己具有沙門的清淨律行，就生起傲慢之心，這樣習氣種子就不易現行，就消不掉。維摩詰大士就是自己這樣示現給我們看，我們要懂得學，所以身穿白衣卻奉持沙門的清淨律行。如果你入地以後，做不到這一點，就不能稱爲諸地的摩訶薩。諸地菩薩都是難忍能忍、難行能行的，假使一入了地，下巴就抬得老高的，看人都是用斜眼看人，我告訴你：那一定不是入地，沒有這樣的地上菩薩。地上菩薩都是溫良恭儉讓，所以如果有一天來了一個地上菩薩架子很大，你只要一腳把他踢出去就行了，那一定是大妄語人，哪有那樣的地上菩薩？維摩詰大士就這樣示現給我們看，我們要懂得學。俗話不是說「見賢思齊」嗎？我們見等覺菩薩的行止，也得要思齊啊！想想我們什麼時候能像他一樣成爲等覺？可是修證越高，態度就越謙卑，除非是破邪顯正而救護眾生時。可是我告訴你，修證越低的，他們口氣越大：「我們早就成佛了，你們還在那邊談論明心的第七住位，太差了吧！」那你就知道他一定是大妄語，這個智慧諸位都要學。

「雖處居家不著三界，示有妻、子，常修梵行」：維摩詰大士不住在寺廟裡面，他住在自己的家中，示現是居家。居什麼家呢？居三界家。可是他不但如此，還示現有太太、有子女，但是常修梵行。等覺菩薩為什麼來人間還要娶妻生子呢？他們這樣示現，有兩個用意：第一、佛菩提不離世間法，第二、避免外道亂誹謗。他如果不娶個太太生個兒子、女兒，外道會毀謗說：「他為什麼出家修行呢？其實是因為性無能。」外道往往會這樣毀謗。但是菩薩不這樣，菩薩示現：我絕對不比你們差，你們外道比不上我；我有更勝妙的智慧，還有更廣大的資財，你們外道都比不上。菩薩是這樣示現的，只是口中不說罷了！可是菩薩卻常修梵行，所以不可思議。所以菩薩不是只有法上不可思議，事相上也是這樣示現：常在梵行之中但是無妨示現有妻、有子，不是只有法上示現。

我們平常一向都在法上說，說菩薩不入涅槃而證涅槃、不斷煩惱而證菩提，但因爲聲聞人是要斷見惑、思惑煩惱才能證菩提的。菩薩卻根本不斷思惑就證涅槃：對無餘涅槃裡面的境界相已經清楚了然分明。阿羅漢們卻不知道涅槃裡面是什麼，他們是斷煩惱來證有餘、無餘涅槃，等到菩薩問他：「**涅槃裡面是什麼境界？**」他們都不知道，佛說裡面是本際。但本際是什麼呢？他們也不知道，所以菩薩叫作不可思議。同樣的，現在 維摩詰大士在世間相上面示現他的不可思議了。

「**現有眷屬常樂遠離，雖服寶飾而以相好嚴身**」：說他示現有眷屬，可是他對眷屬並沒有貪著，所以常常樂於遠離，不會每天若沒看見子女時，心中就牽掛。雖然他身上穿著寶貴的衣服，也佩戴寶物來裝飾，但其實他根本不必用這些來莊嚴自己，反而是以他所修種種利樂眾生的福業而產生的三十二相來莊嚴自身。

「**雖復飲食而以禪悅爲味，若至博弈戲處輒以度人**」： 維摩詰大士雖然示現在人間，跟人類眾生一樣有飲食，卻又同時以禪悅作爲他所品嚐的味道。以前金山曾有居士（也有別處的法師）開示說：「**證得初禪的人就不必吃飯了，因爲初禪是以禪悅爲食的。**」那眞是誤會大了。諸位一樣要瞭解這個法義，禪悅爲食是保持他的初禪天身、保持他的初禪境界不壞，但是他在人間的色身仍然還是要以團食爲食，所以他照樣要吃飯，照樣要喝水的。所以佛在人間示現時照樣得要吃飯，照樣要喝水，一樣要吃喝拉撒；只不過吃過飯、經行後就入定中；出定的時候，他身上有禪悅法味，作爲他的意生身和禪定所生色界天身的食物，這才是以禪悅爲味。

如果他去到人家賭博的地方；博弈，博弈是說以下棋來輸贏，這叫博弈；戲處，譬如說酒樓、茶館、戲院、歌臺舞榭，這叫作戲處；他是等覺菩薩，雖然奉持沙門律行，但因爲他以居士身就可以方便去這些場所。如果受了出家戒，那邊酒樓不能進去，這邊是綠燈戶（應該叫作紅燈戶），對不起！你也不能進去；遇到戲院唱歌跳舞的地方，對不起！你也不能進去。但他是居士身，可以進去裡面專幹老闆不喜歡的事：「這個唱歌跳舞，叫作世間娛樂，是無常生滅，以後不要再來了，應該要修學佛法啦！」去到下棋的地方，他就說：「用下棋來賭博，這個不好啦！令人迷戀生死啦！以後不要再來啦！」「叫我不來，不然你叫我去哪裡？」「你來跟我學法啊！」就用這樣的方法來度人，他以很多方便來示現。以前禪宗二祖慧可禪師，悟後還故意去妓女戶中睡覺，訓練自己不受干擾、不會動心。那時外在的環境不允許大乘佛法密意廣傳，他只好這樣修自己的道業，後來一代一代傳到六祖時才改走平民路線，開始廣傳。這倒有一點像維摩詰大士。不過二祖慧可在那個環境下，沒辦法把法傳出去；維摩詰大士則不一樣，他反而到處廣傳去度人。

並且**「受諸異道不毀正信，雖明世典常樂佛法」**：外道或者種種異學所說的法，他也能接受，別人一說他馬上就懂、馬上就會，他不會說：**「那一些沒有用啦！你們學琴棋書畫都沒有用，千萬不要學了，那種東西應該在世間消失掉。」**他不會這麼講，無妨照樣有琴棋書畫，但是卻要教導他們把外道的種種錯誤觀念糾正過來，讓他們懂得尊重正法。維摩詰大士雖然本身了然於世間法的種種法要（不管是哪一類的法要），可是卻教導眾生要常樂佛法，因爲世間法可以拿來作爲佛法增上之用，可以拿來作爲攝受眾生的方便法，所以明了世間法的種種書論典籍，並不妨礙佛法的修證。

不論是在何處，一切人見了他都很恭敬；這個恭敬，是一切供養之中的無上供養，他更不貪著任何人的財物供養。眾生如果要供養他的話，只要恭敬他就行了，心裡面尊重他就行了。爲什麼他不拒絕眾生尊重他？因爲這樣一來，凡是他說的話，眾生都會聽進去了。如果是你所恭敬的人，他說話你聽不聽呢？（眾答：聽。）當然聽啊！所以他什麼都不要，只要眾生能夠信受他的話就行；他認爲眾生能夠聽他說法、信受他說法，如實去修，那就是最好的供養，這叫作法供養。世尊也一樣不貪圖任何供養，祂常常開示說：**「最好的供養就是法供養。」**一切等覺菩薩也都是如此，一切現在家相的地上菩薩也都是如此，都不會對你有所貪圖的說：**「你明天送一千萬元來供養我吧！」**絕對不會。就算你只是給他一千塊錢的小供養（不是一千萬元），他一樣廉潔的不受供養。

「執持正法，攝諸長幼」：他示現在人間的目的，就是要執持正法，讓正法在人間久住流傳、人間獲安，這就是他的目的。人間如果有正法一直不停的流傳，不但人類可以有安定的身心依止，並且諸天歡喜，特別是欲界諸天，欲界諸天之中又以忉利天爲最。爲什麼他們歡喜？他們若歡喜的話，心裡面就很安心了。爲什麼會這樣呢？因爲他們發覺：人間只要正法常住，魔眾魔孫就越來越少，忉利天的敵人就越來越少，他們的敵人就是天魔波旬與徒眾。所以只要人間有正法廣大弘傳，不但人類可以有正法的依止而得安心，諸天也都歡喜，因爲他們的眷屬將會越來越多。不但了義正法的廣大弘傳是如此，即使是層次低的人天善法弘傳就已經是如此了，因爲弘揚人天善法而願意歸心三寶，將來都生到欲界天去，不當魔子魔孫。除非修很大的善事，但是卻同時在破壞佛法，才會成爲魔子魔孫；因爲天魔波旬往世一樣是修很多善事的，但他就是想要破壞正法，想要阻擾所有人離開欲界五塵境界，所以才成爲天魔。

將來會成爲魔或者成爲佛弟子，最大的分界點就在這裡，這個分際諸位要弄清楚。廣修善事但是卻也在否定正法或弘揚六識論邪法，將來捨報後都會成爲魔子魔孫，特別是西藏密宗那些人將來都是天魔的徒子徒孫。所以諸位對這個分際要弄清楚，並且也要告訴所有學佛人。天魔爲什麼有那麼大的勢力？正是因爲他往世做了很多的善事，可是他卻想要破壞正法。他做的善事很多，幫助很多眾生，所以他的福德很大，才能當欲界天的天魔。但是成爲天魔的原因是他所做的善事太廣大了，福業極大而先報，所以先生天界受報，報盡隨即下墮無間地獄。佛弟子與天魔都同樣是廣修善業的，可是有多少人知道魔與佛弟子的差異呢？很少人知道。今天特別告訴諸位，請諸位把分際弄清楚，並且要轉告你所認識的學佛人。否則的話，一天到晚去利樂有情，卻同時在破壞正法；心中想要成爲佛弟子，但是做的都是未來世會成爲魔子魔孫的破法業因，那就很冤枉了。

已經進入佛門成爲三寶弟子了，卻專門在造作成爲魔子魔民的因，可是他們並不知道其中的原由。廣做善事而以外道法來取代正法，硬要與佛陀唱反調，說意識是常住的、不生滅的；如此廣做善事的領頭者，福業極大，死後將生爲天魔，報盡即墮無間地獄；跟隨的徒眾們現世則已是魔子、魔孫，死後只有下墮三塗的一條路了。正在做這些魔事的人，十個有九個都是不知道自己正在做魔事，所以諸位都有義務要告訴他們。維摩詰菩薩執持正法，以正法來攝受一切長輩及年紀比較輕的人們。如果身爲佛弟子而不能以正法來攝持一切長幼，那就表示他的修行還沒有入門。維摩詰是等覺菩薩，當然能以正法來攝諸長幼，令正法在人間永遠弘傳不斷。

「一切治生諧偶，雖獲俗利不以喜悅」：他在人間當然也有自己的事業，所以才叫作治生。大菩薩們不受人家供養，因爲他自己已經資財無量。爲何資財無量？當然是已經有了自己的治生產業。可是他的治生產業，在經營過程當中卻能不損害眾生的利益，所以是很和諧的，並且與別人並存，不會打壓別人而成爲自己獨家壟斷，而是共存共榮的，所以叫作諧偶。雖然獲得世俗法上的利益，但是不會因爲獲得世間法上的利益，就有喜悅之情，因爲他主要還是在眾生的學法利益上面來著眼。

「遊諸四衢饒益衆生，入治政法救護一切」：維摩詰大士常常於四方馬路上來饒益眾生。換句話說，只要看見路上眾生有苦難需要救濟，他就會加以救濟。但因爲他是居士身，所以也可以「入治政法」參與政治活動；如果是出家菩薩就不可以了，出家菩薩去參與政治活動，那是違犯律法的。所以如果出家了，去競選公職，那就違背正法；去出任政府單位的職務，去當縣長、鄉長、省長也都是違背佛法的，律法所不許可。在家居士無妨，你去幹宰相也沒罪，這就是開緣；居士身有這個方便可以進入政府單位任公職，無妨照樣是菩薩。所以《華嚴經》五十三參中的菩薩，有在家菩薩專門剁罪犯腳後跟的；因爲有些窮凶極惡之徒，無可救藥，判了刑就把他腳後跟剁了，讓他一生走路不便利，他就不容易再害人了，不然他將會一直想要傷害人；這種無藥可救之徒，把他剁了腳後跟，也是菩薩所作的正事。剁腳後跟，古字怎麼寫？月（肉）字旁加上一個刀字旁：削。你們讀《華嚴經》，就會讀到。這是在家菩薩才能方便爲之，出家菩薩就不行了。

出家菩薩在一切時中都要讓人家覺得是慈眉善目的，所以出家菩薩如果把人家判刑、剁腳後跟，那就完了，僧寶的形象就毀壞了。僧寶的形象一定要維護好。維摩詰菩薩雖然入治政法，可是卻方便的救護眾生，不讓眾生有一絲一毫的冤枉，並且能夠輕判就儘量輕判，也爲他們開示佛法，讓他們懂得懺悔；懂得懺悔以後再減輕其刑至二分之一（現代的法律也有這樣的規定，因爲法律不外乎人情）。但是法律有時候會加重其刑至二分之一，爲什麼呢？因爲他明知故犯：他是懂得法律的人，並且是執法者，卻明知故犯，所以就加重其刑。維摩詰菩薩可以教導他們懺悔，懺悔以後減輕其刑，這也是救護眾生的一種方法。在政府單位，如果懂得修行，人家說「公門之中好修行」，確實是這樣，以他所掌握的公權力可以方便利樂眾生。但是公門之中也好墮落，因爲不法的紅包很多；若懂得修行，他知道要清廉自守，又儘量在爲眾生做事上面去努力，這也是入治政法、救護一切。

他又常常進入講論之處：印度的民情，有許多地方會定期聚會，從白天談到晚上，接著繼續談，談到天亮了還在談。將來去朝聖的時候，也許有機會在路上會看到。有時候爲了趕路，清晨五點就上遊覽車出門，天色還沒有全亮，但你會發覺有些地方燈光很亮，那些人在談論事情；他們其實不是比你早起，而是從昨天晚上就一直談到天亮了還在談，只是爲了眞相、文學、宗教而談；他們有那個風氣，不像我們這裡到了晚上十點、十一點大家回家睡覺了。他們爲了討論一個道理，往往可以討論到天亮，天亮討論不完，再討論到晚上，再討論到明天，他們是這樣做的。這叫作講論處，他們有這種場所。維摩詰大士有時候到了講論處，不管他們是說什麼法，若是說外道法的地方，他也爲他們講大乘法；若是說二乘法的地方，他也跟他們講大乘法，一切都要導歸於大乘。

並且進入種種的學堂，開誘童蒙。換句話說，在這些學堂中，他們沒有聽過佛法，他就方便加以引導，誘導他們可以稍微懂一點佛法，所以叫作啓蒙。**童**與**蒙**就是說從來沒有學過的，叫作**童蒙**。所以智者大師的小止觀，又叫作童蒙止觀，因爲他是爲從來沒有學過禪定的人講的，所以叫作童蒙止觀。所以童蒙就是比喻小孩子都沒有學過一樣，還是迷濛一片，這叫童蒙。

如果還沒有學過佛法的人，就是對佛法有如童蒙一般的不懂。學堂是教一般世間法的地方，他去到那裡有機會就跟他們講說佛法，讓他們可以入門。

並且「**入諸婬舍示欲之過，入諸酒肆能立其志**」：他有時候還跑到妓女戶去，所以有時候你若看見某一個菩薩跑到妓女戶去，先不要謗他，也許他是進去跟那一些妓女們、跟那一些嫖客們說：「你這樣子貪婬，就會永遠淪落在欲界裡面，不能解脫欲界的繫縛啊！」也許他是去開示佛法，不一定是花錢去那邊玩。也許他花錢進去找了個妓女來：「你不要再搞這個行業了，你要好好學佛啦！」這也有可能啊！所以世間法是很難講的。我也聽說有的人為了面子，所以人家一個一個的找了妓女，他不得不也找了一位妓女，卻只是跟妓女在房裡聊天，因為他其實性無能；可是他故意拖時間，拖了個把鐘頭才出來，讓人家覺得他很棒、很行，有的人是這樣的；所以眼見仍不足為憑，我們要有智慧去判斷。維摩詰大士進入婬舍，示欲之過，當然不可以被婬舍老闆知道。

他有種種方便來利樂眾生，有時進入酒肆，酒肆就是酒廊、酒店。諸位想想看，進入酒店喝到爛醉如泥，那種人是不是胸懷大志的人？當然不是嘛！他就是要借酒澆愁嘛！那表示酒肆裡面酗酒的人通常都是意志消沉的人，他去到那邊則要建立他們的志願，把他們的志氣給鼓舞出來；志氣鼓舞起來以後，就開示大乘佛法，引導他們成爲積極奮發的學佛人。等覺菩薩往往是要這麼做的，諸位！教你這樣做，你願意嗎？你可能說：「我才不要，那多難。」可是你看他就是這麼做，等覺之尊做的是什麼？是做一般人不願做的事。所以，諸地菩薩好當嗎？不好當啦！就是專門幹別人不願意幹的事。別人做不了的，你要能做；別人不願意做的，你要願意做，你才有機會進入諸地，不然你就沒有機會啦！若是專門挑好做的事情做，別人不願意做的，你都不願意做，那你就無法成就諸地應有的大福德；所以想要成佛的人，眞的要難忍能忍、難行能行啊！

接著，這些難的部分都說完了，現在來說 維摩詰大士也有讓人家欣羨的部分：**「若在長者，長者中尊，爲說勝法。」**如果他處於一群長者之中，他一定是長者中尊，所有的長者都要尊敬他，他就爲這些長者們說勝妙的法。勝妙的法當然是佛菩提，不可能是二乘法，二乘法不叫勝法，所以二乘法不是無上法，叫作有上之法。如果在居士當中，他就是居士中尊，斷其貪著；因爲一般說來，出了家通常是比較能捨得下，所以一般而言是如此，但不是絕對。一般而言，居士的貪著比較重，一般情形下都是這樣。就好像說，一般而言，大學生的文筆一定比中學生好；但不能因爲不是絕對的，所以就說：「中學生的文筆比大學生好。」不能這樣講！雖然有特例，但你不能拿特例來做通例。所以一般而言，居士的貪著是比出家人重一點，所以維摩詰大士在居士當中時，成爲居士中尊，就爲居士們說不要貪著。孔老夫子不也這麼開示嗎？他說年少之人「血氣方剛、戒之在鬥」，講到年老之人時，說血氣已經衰敗了，要戒之在得；得太多了，一下子高興起來，可能腦溢血就死掉了！或是爲了得更多，年老了都不能休息，加速死亡。孔老夫子都這麼講，我們佛法中當然更應該如此，所以要叫他們斷貪著。貪如果不斷，落在我所上，我所的貪都斷不了，如何能夠斷我見與我執呢？連我所都無法斷，當然我執更無法斷，所以要教導他們斷貪著。

如果是在一群當官的人之中，在那些統治階級之中，維摩詰大士也是統治階級中的最尊者，因爲他的身分地位超過這些刹利階級，所以他是他們當中最尊貴的人，就針對他們的身分來教導他們要學忍辱；統治階級是最不能忍的人，最沒有忍；動不動就下令抓人：「**拉出去砍了。**」在古印度，如果國王把某一個村封給某一個人，他當村主，這村裡面誰犯了罪，他可以下令殺掉的；他也可以對那些村民課稅，有這個權力，這種人就叫作刹利族。這種人通常是作威作福的，所以 維摩詰大士爲了利樂眾生，就教導他們：「**你們要學著怎麼樣安忍，要學忍辱，忍辱對你們有許多好處。**」

「**若在婆羅門，婆羅門中尊，除其我慢**」：如果他處於那一些外道的在家修行人，由於婆羅門很傲慢，他們常常口出狂言說：「**我們婆羅門種性最尊貴，是梵口所生，不是由父母產道而生。**」他們不說父母所生，說是從大梵天之口所生的，所以種性最尊貴，比一切統治階級還要尊貴，但是 佛就破他們。我們《瑜伽師地論》課程也正要講到這個部分。 佛也一樣要破斥婆羅門：「**爲什麼你們說是梵口所生？不對！**」可是婆羅門他們一向的教育就是這樣一直流傳下來的，所以婆羅門很傲慢； 維摩詰大士就爲他們斷除我慢，把他們的慢心給斷除掉；怎麼斷呢？就是我們《瑜伽師地論》正要講的部分，在阿含部的經典裡面也有破斥婆羅門的眞實典故。現在我們沒有時間來講它，那個講下去也要講上半個鐘頭，要花很多時間，現在不講它。

如果在大臣當中，維摩詰大士是大臣中最尊貴的人，因為沒有人的身分能比得上他，他就對國王的所有大臣們教授正法，教他們學習正法。如果在王子當中，他也是王子中尊。王子們常常會犯的毛病就是不忠不孝，如果皇帝老子活久了，他們就會不耐煩，有的甚至把皇帝老子幹掉，自己起來當國王；這種事情，中外古今皆然。所以，如果當皇帝，要安分守己一點，幹滿二十年就交給兒子去了，免得招來殺身之禍。維摩詰大士當然知道這個道理，所以教導他們要對父皇忠心和孝順，這樣才是為人子、為人臣之道。

「若在內官，內官中尊，化正宮女」：內官，內官不是只在外國才有，中國也有，叫作太監。中國人特別聰明，有人想要當太監，先閹了再講。皇帝都怕他的君權落到外人手裡，所以皇帝今天晚上要睡哪個妃子，內官還要記錄皇帝今天晚上是睡三宮六院、七十二妃中的哪一位嬪妃，免得將來接掌他權位的是別人的孩子，所以內官都要記錄：不論皇帝今晚睡哪裡，都得要記錄下來；後來是幾點鐘時離開的，也要記。後來哪個妃子生了孩子，要抓那個受孕的時間；如果是紅杏出牆被抓到了，就是砍頭。皇帝是要掌控權力的，所以得要有太監、婢女照管這些大小事，這些太監、婢女都叫作內官。

維摩詰大士若處於內官之中，大家也一樣要恭敬他，他就教導他們當內官時應該遵守的分際，應該如何做事，這叫作化正宮女。外國人的內官多是由女人來當，中國皇帝不但要女人，也要男人來幹一些粗重活兒，又怕將來生個兒子是太監的兒子，就先把他們閹了；所以中國特有的太監，也屬於內官。

「若在庶民，庶民中尊，令興福力」：他如果是在老百姓當中，也是老百姓當中所最恭敬的人，他就教導民眾怎麼樣來興福，教導民眾興起廣造福業的力量，想要使民眾興起造福的事業，當然要教導他們廣做善事，還要告知民眾行善的果報。諸天天主，特別是欲界六天，欲界六天的天主爲什麼威德力能夠凌駕於天人？就是由於他們福德大。欲界六天中的威德，主要以福德來衡量比較，福德最大的人就當天主。所以如果有人在人間廣修福德，但都不要人家回報，欲界六天的天主都會注意你，特別是福德修到很大的時候仍然都不要任何回報，他們就會害怕：這個人將來死了會把我的天主寶座給搶了。他們怕！所以菩薩在人間行菩薩道、修布施波羅蜜的時候，萬一有鬼神、天人找你，你記得要表明：「**我不貪天福，我在修集佛菩提的資糧。**」否則的話，你修福時將會事事不順，因爲他怕你搶了他的寶座。

天魔會當上他化自在天的天主，凌駕於其他五天天主之上，原因在哪裡呢？都是因為福德極廣大，他就是以前在人間時廣修福德，所以死後成為他化自在天的天主；由此可見他的力量是從興福而來的，如果不是廣修善業，就不可能有那麼大的福德；沒有那麼大的福德，就不能有那麼大的力量來當第六天的天主；欲界天都以福德的大小來比高下，所以才說福力。他在庶民之中就教導眾生怎麼樣來興起福力。

如果維摩詰菩薩是在梵天，他也是梵天中最尊貴的人；當梵天下來拜訪他，他就教導梵天們勝妙的智慧。想要生到色界天的人，除了要廣修福德以外，最主要的就是定力。以一個凡夫而言，要去當初禪第三天的大梵天天主，靠的是什麼呢？除了大福德以外，你還要有一樣勝過別人，就是你初禪是遍身發的，而且是極具足不退的，是歷經八種初禪的變異境界，完了之後，再轉入微細的八種變異境界，你統統經歷而具足初禪了，加上世間行善所得的大福德，死了生到初禪天，就當上大梵天了！手下就會有許多梵輔天，那就是初禪的第二天，再下面就是梵眾天。從眾生來講，說梵眾天是第一天，再上去梵輔天，再上去是大梵天，就是初禪天的天王。

其實大梵天並不稀罕，那些境界我們都已經歷過了，不稀罕，統統要把它丟掉。雖然我說不稀罕，可是回頭來看看現在有誰能教人初禪？沒有！更不要說遍身發的初禪及粗糙的八種變異境界、細膩的八種變異境界。但是證得初禪就值得驕傲嗎？不值得！比起般若智慧來，初禪根本就不值一提，因爲那畢竟只是世間境界而已。可是一般人自以爲得初禪了，他就很高傲的樣子，這種人我見得太多了！可是等到勘驗下來，他們有實證初禪了嗎？沒有。是把欲界定當作初禪，誤以爲覺知心中一念不生時就是初禪了。但是維摩詰大士不只是這樣，爲什麼他在梵天當中會成爲梵天中尊？並且還能夠誨以勝慧？是因爲等覺菩薩在很多劫以前的三地滿心時，早就具足四禪八定了；特別是在九地時就已經滿足四無礙辯了，他有勝善的智慧，所以叫作善慧地，他以這四無礙辯爲梵天教誨最勝妙的智慧。

「若在帝釋，帝釋中尊，示現無常；若在護世，護世中尊，護諸衆生」：這就是說，如果娑婆世界百億忉利天的天主來相聚會，維摩詰菩薩也來參與時；維摩詰大士最喜歡參與，因爲等覺菩薩就只是修福而已，沒有什麼可以自修的，而最好的修福方式就是法布施，所以只要哪裡有聚會，他就會來，他就是要做法布施，儘量布施正法；所以諸方帝釋們聚集的時候，他當然知道：好機會來了！他又來說法了。來爲帝釋們示現什麼呢？無常。因爲有的忉利天主是不曾學佛的，還沒有接觸到佛法。我們娑婆世界有百億忉利天、百億四王天、百億夜摩天、乃至百億四禪天。當娑婆世界的帝釋天王—各處的忉利天主都來在一處聚會時，維摩詰大士就來爲他們開示「五欲無常，欲界天無常」。因爲忉利天的天主是非常享福的，在那邊享受一天絕對超過人間享受一百年，因爲他的一天就是人間一百年，而且他的五欲很勝妙。你在人間活一百年，能有幾年是全都在享受五欲？沒幾年。所以忉利天的天主們大部分都貪著於欲界天的五欲境界，維摩詰大士就去對他們潑冷水：「五欲是無常，你們這個天主寶座也是無常的。」教導他們無常的道理。「那都是無常，怎麼辦？」「你們要修福啊！」「如何修福才能保住忉利天主的寶座？」「護持正法。」所以很多的忉利天主被度而成爲護法菩薩，原因就在這裡。忉利天天主被度了，四王天當然不能不度，所以他又到四王天去了。四王天的天主，主要就是秉承忉利天主的命令「來救護世間的眾生，所以四王天的天主都稱爲護世，就是救護世間的意思。四王天的天主們聚會時，他也來，既然來了，當然大家還得恭敬他，使他成爲護世中尊，就教他們：「你們應當要如何救護人間的眾生。」教導他們。

長者維摩詰大士，以這樣的無量方便來饒益眾生。所以等覺菩薩，你們從這一段來看：他的境界，高、可以高到讓我們無法想像；但他在利樂眾生的時候，姿態可以低到令人無法想像，這就是等覺菩薩。換句話說，最尊貴的位子他也當得起，但若示現爲最低下的，他也可以做得到，他沒有任何的遮障；想要當眞正的等覺菩薩，就得這樣子幹。那你想一想：菩薩好不好幹？不容易啊！你要能說深妙法，但是層次很低的法，你也要能爲人講。所以遇到初機學人向你請法，你可別不耐煩說：「唉呀！你這麼笨，這個也聽不懂。」不可以這樣！你也得要有耐心爲他說法，這樣你才能算是已經具足菩薩性了。如果連這個都做不到，沒有耐心，就不夠格當菩薩，何況是要當諸地菩薩、要當等覺菩薩？等覺菩薩遇見愚癡眾生的時候，他還是和顏悅色爲眾生說法，不會表現出一副高高在上的姿態。你們接著再看，後面就會看得出來等覺菩薩這種共通性。

【其以方便現身有疾，以其疾故，國王、大臣、長者、居士、婆羅門等，及諸王子并餘官屬，無數千人皆往問疾；其往者，維摩詰因以身疾，廣爲說法：「諸仁者！是身無常、無強、無力、無堅，速朽之法不可信也，爲苦爲惱，衆病所集。諸仁者！如此身，明智者所不怙。是身如聚沫，不可撮摩；是身如泡，不得久立；是身如炎，從渴愛生；是身如芭蕉，中無有堅；是身如幻，從顚倒起；是身如夢，爲虛妄見；是身如影，從業緣現；是身如響，屬諸因緣；是身如浮雲須臾變滅；是身如電念念不住；是身無主爲如地，是身無我爲如火，是身無壽爲如風，是身無人爲如水，是身不實四大爲家，是身爲空離我我所，是身無知如草木瓦礫，是身無作風力所轉，是身不淨穢惡充滿；是身爲虛僞，雖假以澡浴衣食，必歸磨滅；是身爲災，百一病惱；是身如丘井，爲老所逼；是身無定，爲要當死；是身如毒蛇、如怨賊、如空聚，陰界諸入所共合成。諸仁者！此可患厭，當樂佛身。所以者何？佛身者即法身也，從無量功德智慧生，從戒、定、慧、解脫、解脫知見生，從慈悲喜捨生，從布施、持戒、忍辱、柔和、勤行、精進、禪定、解脫、三昧、多聞、智慧諸波羅蜜生；從方便生，從六通生，從三明生，從三十七道品生，從止觀生，從十力、四無所畏、十八不共法生；從斷一切不善法、集一切善法生；從眞實生，從不放逸生；從如是無量清淨法，生如來身。諸仁者！欲得佛身、斷一切衆生病者，當發阿耨多羅三藐三菩提心。」如是長者維摩詰，爲諸問疾者如應說法，令無數千人皆發阿耨多羅三藐三菩提心。】

講記：接下來維摩詰大士以方便力，示現色身有疾病。因爲疾病的緣故，所以國王、大臣、長者、居士乃至外道的婆羅門等，以及諸王子和國王下面的官員、眷屬，無數的人、千人以上的人，一個個都前往探問他的疾病。爲什麼維摩詰大士有疾病？這後面會說，我們這裡就不預先講。凡是有人前往探看他疾病的人，維摩詰大士都以他色身的疾病作爲開示的因緣，廣爲大眾說法。他說：「諸仁者啊！」這仁者是一種上對下比較客氣的稱呼，他說：「諸仁者啊！這個色身是無常的，因爲他一直在變異，色身其實並不怎麼堅強。」有些大力士們覺得說自己很堅強、很厲害，覺得自己是可以久住人間的；其實是承受不了一顆子彈，不出子彈之外。那麻醉醫師來了，冷不妨給他一針麻醉藥，他也得躺下去了。再不然的話，一場車禍，也是得死掉了。

其實人的色身並沒有力士們想像的那樣強，不論多強，都只是一個感覺而已；特別是年近四十、五十、六十好幾，就更體會到：年輕的時候活蹦亂跳，多有力氣；現在老態龍鍾、力不從心，眞是色身無強，力氣一天比一天衰微。色身完全是不堅固的東西，所以說它眞的是速朽之法，很快就朽壞了。想想小時候活蹦亂跳的，年輕時，雨再怎麼大、怎麼淋，就是不會感冒；可是現在風稍微一吹就打噴嚏了，眞的是速朽之法。眼看著再二十年、三十年，如果目前是四十歲而且可以活八十歲的話，大概四十年後也是壞掉了，所以速朽之法，眞的不可信任。正因爲有這個色身，所以才會痛苦、才會煩惱。怎麼痛苦？爲了這個色身要住啊！所以得要拚命賺錢去買個房子。怎麼煩惱？爲了這個色身要吃飯啊！所以要賺錢，賺錢可眞的是煩惱。如果是家庭主婦，爲了色身要吃飯，所以要買菜、切菜、洗菜、炒菜，炒出來還不曉得人家喜不喜歡吃，也許兒子一撮夾了、送進口裡說：「媽！你今天煮的好難吃。」煩惱多多，都爲了這個色身；無一不是爲了這個色身，所以色身爲苦、爲惱。並且說，色身是眾病所集，特別是現代，好像是疾疫劫來了，什麼病都有！奇奇怪怪的種種病，前人想不到的病況都有。一不小心路上被哪個人拿個針頭扎了一下，晚上就沒辦法睡覺，一直想著：搞不好是愛滋病毒的針頭。都只是因爲色身才會有病，所以色身眞的是煩惱的所在。萬一這些意外都沒有，一不小心感冒又生病了，流行感冒的病毒又偏偏是每年變種，很難預防的樣子；好像每年不感冒一次，還眞的不行，所以色身眞的是眾病所集。那你看，這個色身還値得貪著嗎？

維摩詰大士又說：「諸仁者啊！就好像這個色身是離開無明的有智慧者所不依靠的。」明，就是離開了無明。什麼是無明？最原始的四阿含經中的說法，佛開示說：無明謂不知。也就是說，不知就叫作無明；明就是知，知就是明。爲什麼叫作無明？從字面的意思來說，他沒有明，也就是他不知道。至於他不知道的是不知什麼？是不知解脫之道，以及不知佛菩提道。什麼叫作已知解脫道？也就是已知我見與我執的內容，所以能夠離開我見與我執，解脫道的明就具足了。如果落在五陰的某一陰裡面，或者落在十八界的某一界裡面，不能把我見如實斷除，那就叫作無明。在佛菩提道上面說：不能如實的親證法界的實相，就是沒有如實發起般若的人，這種人就叫作無明；親證法界萬法的人，了知萬法的眞實相，般若就生起了，智慧生起時就叫作明。

所以，明，就表示他有智慧；但是有智慧的人，不會依靠色身：不把色身作爲自己的最後依靠。依靠色身作爲最終法、常住法的人，是沒有智慧的人；愚癡人才會憑仗色身的健康來欺負別人，憑藉色身的俊美來欺負別人，憑藉色身的種種作用來欺負別人，那就表示他以色身爲怙。怙就是依靠、依賴的意思。但是這個依靠，是有一個涵義的，就是仗勢欺人的涵義——依靠這個色身而仗勢欺人。所以中國字太好了，一個字函蓋許多意思，但還比不上梵文。因此智者不依靠色身而輕視他人。

因爲色身如聚沫，不可撮摩。聚沫，譬如我們看見河流，河流如果轉彎的地方有個漩渦，那個漩渦裡會有好多水泡聚集在一起。色身就像那些水泡的聚集一樣；色身其實是很多東西聚合起來的，就像那個漩渦中心點的一團聚沫，永遠都在那裡，它永遠不會消失掉；這個聚沫看起來好像眞實，但是你如果用手指頭去把它撮起來或觸摩它（撮就是三個手指頭去把它捏起來，叫作撮，不是抓，抓是五個手指頭去取，是用整個手掌，撮是指用三個手指頭捏起來。那個水沫是撮不起來的，所以叫作不可撮；改用碰觸，卻是還沒有拿它就破掉了，所以不可摩；如同乾的手指頭一碰水沫，它們就破掉了。色身也如同這種水沫一樣，很多年輕人認爲說：「我身體好強壯。」覺得自己力大無窮。可是再怎麼力大無窮，不小心讓一輛車子撞上了，當場死掉了，再怎麼大力也沒有用。再不然，人家匪徒槍戰，一顆流彈從他太陽穴打進去，小小一顆就完了，所以色身眞的如聚沫一般，不可撮、摩。

這個色身就好像水泡，沒辦法永遠立在那邊不滅。水泡，下雨時，大雨滴下來，掉下來在地上反彈以後，就會有一顆一顆的水泡，可是那個水泡若能夠支撐過一秒鐘就算很好了，大部分都不到一秒鐘就破掉了。也許有人想：「哪有？我還打算活一百二十歲。」可是就算你活二百歲，以四王天的天人來看，也不過是一天、二天就沒了，撐不過三天，因爲四王天的一天是人間五十年，你活一百二十歲，出不過三天，二百歲也只有四天而已；連四王天的一句都過不了，那當然是不得久立，很快就壞了。以天來看人生，眞的像水泡一樣，所以說「是身如泡，不得久立」。

又說「**是身如炎、從渴愛生**」：爲什麼會有這個身體？都是因爲過去世意識與意根一直在想，特別是到老了以後：「唉呀！這個色身快壞了、快壞了。下一世，下一世不能沒有色身，還要再弄一個色身來。」心裡面一直這樣想。特別是死後在中陰的時候，如果他沒有聽過佛法，他還以為說這個中陰身比人身好，等到七天一到，中陰身也壞了，他可就知道了：這個中陰身不可靠，趕快投胎去。都是因為有這種虛妄想，才會導致不斷的去投胎，再去取得一個色身；所以這個色身都是從意識、意根妄想「炎火」而生的，如同陽光所照的熱沙地上的熱炎一般。如果沒有這種陽炎就不會有渴愛：渴愛世世都有一個色身，如渴思水一樣的貪著色身。由於這種陽炎妄想，所以對色身有渴愛，有這個渴愛，於是就投胎了，就有來世的色身了。

維摩詰大士又為他們說：「**是身如芭蕉，中無有堅。**」芭蕉或者香蕉都一樣，你剝掉一層皮；它們沒有骨，只有皮；你把它剝掉了一層皮，裡面還是皮；再把它剝掉一層皮，裡面還是皮；剝到最後，皮剝光了，可就沒有東西了。色身也是一樣，無非就是地水火風聚集起來，地水火風一一把它除掉以後，就沒有色身可說了，所以說中無有堅，色身中間沒有什麼是真的堅固的。所以，如果色身想要堅固一點的話，那就好好修行，死了燒一點舍利子還留下來，算是稍微堅固一點；但是也撐不了多久，因為世界壞了以後，它們還是壞掉。所以我如果死了，這骨灰燒了，庭院裡，哪裡撒一撒就算了。臭骨頭不需要留戀它，如果留戀它，未來世倒是麻煩，所以最好就是燒掉。

色身並沒有一個堅固的東西，可是色身如果留著不壞，在世間法中來講，問題很大，對自己不好，對子孫也不好。所以你們如果希望學佛順順利利，不會被祖先搗蛋的話，最好是勸老人家火葬最好；因為如果他不是火葬，萬一哪一天，他那一副臭骨頭被水泡了，或樹根生進去把它纏住了，就會找你的麻煩，讓你諸事不順。祖先也許已經往生去當另一個人了，但是他還會找你麻煩，這不是他的意識在找你的麻煩，是他的如來藏與意根會找你的麻煩。不說他們，就說你們好了，你們現在在這裡聽經聞法修行，可是如果上一輩子的你是土葬，不是火葬，那你的意根和如來藏仍然會跟上一世那個土葬的臭骨頭有聯繫，但是你自己不知道；所以你若是睡著了、無夢的時候，你的意根與如來藏就會去找你上一輩子的子女、孫子，會跟他們找麻煩：「你們為什麼不照顧我這把臭骨頭？」那你上一輩子的兒子或者女兒搞不好就坐在這裡，卻是學佛及事業同樣都諸事不順。知道嗎？對啊！父母子女本來就是互為父母子女，師徒之間也是一樣的。

想要斬斷對上一世臭骨頭的貪愛執著，只有用火；火燒了以後，它的聯結就斷了，這個道理諸位要知道。所以如果不想爲難上一世的子女，你就把那個臭骨頭燒了，你的意根與如來藏就不會爲難你上一世的子女了。當你爲了上一輩子的臭骨頭正在爲難上一輩子的子女，那個子女年歲大了，很可能正是這一世你的同修——跟你在正覺裡面是同修。爲了避免這個情形以後再發生，就要交代子孫：「我死了，把我火化吧。」這樣子，你來世修行上面，或你這一世的子女，大家都好過。同樣的道理，要勸你家裡面堂上兩尊活佛，勸他們最好是火化；但你不要告訴他說這樣對你比較好，你就告訴他說：「這樣子，你往生以後，下一輩子不會被這一世的臭骨頭拖累，就不會渾身是病，對你比較好。」只說對他好的部分，千萬別說對你自己也有好處，你就這樣告訴他，開導他。這就是如來藏的不可知執受，諸地菩薩卻能知道這些作用。這段經文是說色身不堅牢，其實土葬後，就算意根與如來藏再怎麼去攀緣它，也是撐不了幾百年，還是會爛掉；除非有特別加工保存，否則的話，最硬的骨頭也是會壞掉。如果成爲化石，那可就倒楣了，會風化而全部爛掉才是好的，因爲它跟你的聯繫就斷了，不會再影響到你後世的種種不如意。但在還沒有完全壞掉以前，往世的臭骨頭和你的意根、如來藏還會有聯繫，但你自己不知道，這個道理諸位也要懂。所以色身再久也是會壞掉，所以說它如芭蕉，中無有堅。

這個色身爲什麼又說是如幻呢？因爲這個色身本無今有，以前沒有這個色身；上一輩子死了去入母胎的時候，你並沒有帶一個小色身去入胎，你只是意根和如來藏去投胎而已，沒有帶任何物質去入胎；但是後來具足五根，結果就出生了，所以色身五根眞的是幻化而有的，本無今有，當然是幻化的。以前，我記得是印順法師說的，他有一本書（單行本的《佛法瑣談》）裡面說意根就是大腦；但是這個問題很大，因爲他說的若是正確，應該是在這一世投胎時，曾經帶著上一輩子的大腦來投胎的，就不是由意根與如來藏共同入胎來這一世的；但爲什麼他不問問他母親：「我來投胎時有沒有弄個大腦塞進您的肚子裡面去？」他從來都不問，這是很荒唐的。所以他把正確的第八識法義否定掉，問題就會有很多。可是意根和如來藏入胎，爲什麼能入胎，爲什麼不會說「我意根與如來藏，在虛空中住就好了，我不要去入胎」？爲什麼不能這樣？因爲意根只有兩邊可以住：祂如果不是住在滅掉自己的空無境界（滅掉自己就是空無，那其實就是自己沒了），如果不是滅掉自己，祂就一定會去投胎，這就是意根的特性，不能住在無餘涅槃中。因爲意根經由意識對祂做種種錯誤的熏習，所以祂心生顚倒；最主要是什麼顚倒呢？就是把意識的功德據爲己有，祂不願讓意識的各種功能性消失掉，所以祂想要不斷的保持見聞覺知。

同樣的，世間每一個人都不願當白癡；當白癡，至少還能夠見聞覺知，只是那個思路亂七八糟打結而已；可是意根如果不能像我們這樣清楚的話，祂至少也要像白癡那樣有見聞覺知；所以即使是白癡，他也不願意死，這就是顚倒想；所以眾生不能得解脫，就是從這個顚倒想而來。但是佛門中有很多人在修行，也不能獲得解脫；是爲什麼而不能得解脫？也是因爲顚倒想，他們的意根照樣把意識的功德據爲己有，不願讓意識的功德消失掉，意識的什麼功德呢：知覺諸法。所以才會不斷的去執取離念靈知，佛門中很多人都是這樣：認爲離了妄想雜念，這覺知心就變成眞心了。但那個所謂的眞心，是變來的，正是本無今有的生滅法。

學佛後的大師與學人們，爲什麼總是會落到這裡？一直不肯捨掉離念靈知？歸根究柢，還是他們意根不斷的被意識做錯誤的熏習以後，執著「我的離念靈知自己不可以消滅，祂是眞實心」，怕靈知心消失掉；因爲怕這個見聞覺知心消失掉，所以就成爲顚倒見。他想要得解脫，卻不斷的去投胎，因爲他在中陰階段不肯把自己滅了，因爲他要保持見聞覺知繼續存在，不肯把自己滅了；不肯滅自己就必須要去投胎，才能繼續保持見聞覺知。去投胎了，就有色身了，所以這個色身從無到有，根本原因還是因爲顚倒想：我見斷不了，所以就去投胎。我見的我，主要就是見聞覺知的心。去投胎就從無而有，藉著父母親的幫忙，如來藏就製造這個色身出來了，所以這個色身是如來藏幻化出來的，沒有誰那麼厲害能製造色身，媽媽也沒有那麼厲害。你們當媽媽的人以前懷孕的時候，有沒有每天捏一個手指頭把它裝上去？捏個眼睛把它裝上去？都沒有啊！就只是提供環境與成分而已，眞正在製造色身的，眞正能出生色身的，還是嬰兒自己的如來藏。所以會有色身，都是因爲顚倒見；如果沒有顚倒見，就不會去投胎；顚倒見的原因，就是我見斷不了，所以說

「是身如幻，從顚倒起」。

這個色身如夢，爲虛妄見。**「色身如夢」**從思惟上來講是可以理解的，

但現觀「色身如夢」是不容易的；也就是你眼見的當下，就覺得它是如夢境一般，這個就不容易，這個是十迴向位的現觀。爲什麼說色身如夢？如果你有十迴向位的現觀，把所見的過去世一世一世的色身跟這一世的色身來做比對，一樣沒有差別，但過去世就跟昨天做的夢一樣；今生這個色身何嘗不是跟過去世無量的色身一樣是夢境中所有的？所以說「是身如夢」。眼前看見有這個色身在，好像蠻眞實的，其實這個眞實感也是虛妄見。

這個色身又如影：它就像一個影子一樣，它是從業緣而現起的。爲何如影？影的意思就是遮蓋，影就是陰，所以五陰如果要換個名稱，也可以說五影，因爲陰就是遮蓋的意思，陰的意思就是影子，遮蓋了大家的明而使五陰的執著成爲無明的原因。如果想要把色身這個陰影修除掉，就得要把業種消除，不要造惡業以及善業；如果要造善業的話，就要迴向菩薩道、迴向成佛，不要以獲得來世的可愛異熟果報作爲造善業的目的。這個色身遮蓋了解脫道的明、佛菩提道的明，但色身還是從所造的業爲因緣而出生的。所以諸地菩薩如果不想再出現於三界中，他們可以做得到；因爲很久以來，他們就已經不造惡業了！如果他們有造種種的善業，也都不以善業的果報作爲目的，而是以累積菩提道的福德資糧作爲他們行善的目的。但是眾生造惡業，是爲了色身的享受，造善業則是求來世的色身享受。那就是說，由於對後有的貪著或者今有的貪著，因此而有業的行爲出現，有業行就會有種子積集，有業種積集爲因緣，就會導致不得不重新再投胎，或者不得不墮於三惡道中去獲得生身，所以說「**是身如影，從業緣現**」。影子不是眞實法，法身才是眞實法；這個色身其實只是你法身的影子而已，影子可以消滅，但是法身無法滅。色身都是眞如法身影現而有，眞如法身憑著過去世收藏下來的所有業種以及正知見或者邪知見，所以影現了這一世的色身，因此說「是身如影，從業緣現」。

又說這個「**色身如響**」，好像聲音一樣。聲音要有許多的因緣才能出現，譬如說手的聲音：「啪！」一定兩個手掌對不對？一個手掌沒有辦法發出拍擊聲。一個手掌如果要有聲音呢？那你要身體健康、力氣充足、動作迅速，「唰！」一下，聽到了。但是單獨一手這樣慢慢一刷就能有聲音嗎？不行。你去太空快速的刷刷看，看有沒有聲音？還得要有空氣，還得要有你這個心起心動念去做了，所以響是種種因緣配合而有的。色身也是一樣，要有很多因緣，首先必須有山河大地才會有色身所需的地水火風；然後還要有父母作因緣，還要有如來藏收持了大種性自性的功德，還要有如來藏流注出意根，還要有如來藏收藏了往世的種種善惡業種子以及無明種子，有這麼多的緣和因，才能夠使這一世的色身出生，所以色身「屬諸因緣」；可是因、緣終究會散壞，因緣散壞了色身也就壞了，所以色身沒有常住的。

不知道諸位最喜歡幾歲時的色身？也許說：「當兒童最好啦！無憂無慮。」眞的好嗎？不然！如果兒童眞的好，他就不會唱說：「只要我長大。」「那二十歲最好吧？」二十歲的人他又覺得不好，他覺得說：「我應該至少像三十歲的人，看起來比較穩健成熟，也比較有錢。」可是三十歲的人又不滿足，他想想：「還是四十歲好，像我們經理，四十歲當經理多威風，我這個課長每天要被他K。」可是四十歲的人他又不滿足，因爲四十歲時身體開始差了，他希望的是像六十歲的董事長什麼都有，但又希望同時擁有二十歲小夥子的身體。可是不行啊！

所以其實沒有一個時節是眞正的好，但也沒有一個時節是眞正的不好。嬰兒有嬰兒的好處，年輕有年輕的好處，年長有年長的好處。只有一種是最不好的，就是年輕花天酒地、背叛家人，年老了變成一個窮光蛋，大老婆、二老婆、小老婆都不理他，獨自流落街頭；只有這種人老了不好，要不然的話，老都是好的，沒有絕對的不好，要不然怎麼會說「家有一老，如有一寶」？因爲活到老了，教訓學多了，知識也多了，也有好的一面，不是全然不好；所以不論哪個時節，不論幾歲都可以安住，這樣才是自在，菩薩應當如此。所以色身眞的是「**屬諸因緣**」；既然屬諸因緣，又何必在意現在幾歲。既然是這樣，不應該執著色身；把它照顧好就可以，但不必執著。照顧它的目的，讓它可以爲我所用，拿它來作爲修道的工具。

佛菩提二主要道次第概要表——二道並修，以外無別佛法

佛菩提道——大菩提道

十信位修集信心 —— 一劫乃至一萬劫

遠波羅蜜多

資糧位

初住位修集布施功德（以財施爲主）。
二住位修集持戒功德。
三住位修集忍辱功德。
四住位修集精進功德。
五住位修集禪定功德。
六住位修集般若功德（熏習般若中觀及斷我見，加行位也）。

外門廣修六度萬行

見道位

七住位明心般若正觀現前，親證本來自性清淨涅槃。
八住位於一切法現觀般若中道。漸除性障。
十住位眼見佛性，世界如幻觀成就。

一至十行位，於廣行六度萬行中，依般若中道慧，現觀陰處界猶如陽焰，至第十行滿心位，陽焰觀成就。

一至十迴向位熏習一切種智；修除性障，唯留最後一分思惑不斷。第十迴向滿心位成就菩薩道如夢觀。

內門廣修六度萬行

初地：第十迴向位滿心時，成就道種智一分（八識心王一一親證後，領受五法、三自性、七種第一義、七種性自性、二種無我法）復由勇發十無盡願，成通達位菩薩。復又永伏性障而不具斷，能證慧解脫而不取證，由大願故留惑潤生。此地主修法施波羅蜜多及百法明門。證「猶如鏡像」現觀，故滿初地心。

二地：初地功德滿足以後，再成就道種智一分而入二地；主修戒波羅蜜多及一切種智。滿心位成就「猶如光影」現觀，戒行自然清淨。

解脫道：二乘菩提

→ 斷三縛結，成初果解脫

→ 薄貪瞋癡，成二果解脫

→ 斷五下分結，成三果解脫

入地前的四加行令煩惱障現行悉斷，成四果解脫，留惑潤生。分段生死已斷，煩惱障習氣種子開始斷除，兼斷無始無明上煩惱。

近波羅蜜多　大波羅蜜多　圓滿波羅蜜多

修道位　究竟位

心、五神通。能成就俱解脫果而不取證，留惑潤生。滿心位成就「猶如谷響」現觀及無漏妙定意生身。

四地：由三地再證道種智一分故入四地。主修精進波羅蜜多，於此土及他方世界廣度有緣，無有疲倦。進修一切種智，滿心位成就「如水中月」現觀。

五地：由四地再證道種智一分故入五地。主修禪定波羅蜜多及一切種智，斷除下乘涅槃貪。滿心位成就「變化所成」現觀。

六地：由五地再證道種智一分故入六地。此地主修般若波羅蜜多——依道種智現觀十二因緣一一有支及意生身化身，皆自心眞如變化所現，「非有似有」，成就細相觀，不由加行而自然證得滅盡定，成俱解脫大乘無學。

七地：由六地「非有似有」現觀，再證道種智一分故入七地。此地主修一切種智及方便波羅蜜多，由重觀十二有支一一支中之流轉門及還滅門一切細相，成就方便善巧，念念隨入滅盡定。滿心位證得「如犍闥婆城」現觀。

八地：由七地極細相觀成就故再證道種智一分而入八地。此地主修一切種智及願波羅蜜多。至滿心位純無相觀任運恆起，故於相土自在，滿心位復證「如實覺知諸法相意生身」故。

九地：由八地再證道種智一分故入九地。主修力波羅蜜多及一切種智，成就四無礙，滿心位證得「種類俱生無行作意生身」。

十地：由九地再證道種智一分故入此地。此地主修一切種智——智波羅蜜多。滿心位起大法智雲，及現起大法智雲所含藏種種功德，成受職菩薩。

等覺：由十地道種智成就故入此地。此地應修一切種智，圓滿等覺地無生法忍；於百劫中修集極廣大福德，以之圓滿三十二大人相及無量隨形好。

妙覺：示現受生人間已斷盡煩惱障一切習氣種子，並斷盡所知障一切隨眠，永斷變易生死無明，成就大般涅槃，四智圓明。人間捨壽後，報身常住色究竟天利樂十方地上菩薩；以諸化身利樂有情，永無盡期，成就究竟佛道。

圓滿成就究竟佛果

七地滿心斷除故意保留之最後一分思惑時，煩惱障所攝色、受、想三陰有漏習氣種子全部斷盡。

→ 煩惱障所攝行、識二陰無漏習氣種子任運漸斷，所知障所攝上煩惱任運漸斷。

→ 斷盡變易生死成就大般涅槃

佛子**蕭平實** 謹製
（二〇〇九、〇二 修訂）
（二〇一二、〇二 增補）

佛教正覺同修會〈修學佛道次第表〉

第一階段
＊以憶佛及拜佛方式修習動中定力。
＊學第一義佛法及禪法知見。
＊無相拜佛功夫成就。
＊具備一念相續功夫—動靜中皆能看話頭。
＊努力培植福德資糧，勤修三福淨業。

第二階段
＊參話頭，參公案。
＊開悟明心，一片悟境。
＊鍛鍊功夫求見佛性。
＊眼見佛性〈餘五根亦如是〉親見世界如幻，成就如幻觀。
＊學習禪門差別智。
＊深入第一義經典。
＊修除性障及隨分修學禪定。
＊修證十行位陽焰觀。

第三階段
＊學一切種智真實正理—楞伽經、解深密經、成唯識論…。
＊參究末後句。
＊解悟末後句。
＊透牢關—親自體驗所悟末後句境界，親見實相，無得無失。
＊救護一切衆生迴向正道。護持了義正法，修證十迴向位如夢觀。
＊發十無盡願，修習百法明門，親證猶如鏡像現觀。
＊修除五蓋，發起禪定。持一切善法戒。親證猶如光影現觀。
＊進修四禪八定、四無量心、五神通。進修大乘種智，求證猶如谷響現觀。

佛教正覺同修會 共修現況 及 招生公告 2016/1/16

一、共修現況：（請在共修時間來電，以免無人接聽。）

台北正覺講堂 103 台北市承德路三段 277 號九樓 捷運淡水線圓山站旁

Tel..總機 02-25957295（晚上）（分機：九樓辦公室 10、11；知客櫃檯 12、13。 十樓知客櫃檯 15、16；書局櫃檯 14。 五樓辦公室 18；知客櫃檯 19。二樓辦公室 20；知客櫃檯 21。）

Fax..25954493

第一講堂 台北市承德路三段 277 號九樓

禪淨班：週一晚上班、週三晚上班、週四晚上班、週五晚上班、週六下午班、週六上午班（皆須報名建立學籍後始可參加共修，欲報名者詳見本公告末頁）

增上班：**瑜伽師地論詳解**：每月第一、三、五週之週末 17.50～20.50 平實導師講解（僅限已明心之會員參加）

禪門差別智：每月第一週日全天 平實導師主講（事冗暫停）。

佛藏經詳解 平實導師主講。已於 2013/12/17 開講，歡迎已發成佛大願的菩薩種性學人，攜眷共同參與此殊勝法會聽講。詳解 釋迦世尊於《佛藏經》中所開示的眞實義理，更爲今時後世佛子四眾，闡述佛陀演說此經的本懷。眞實尋求佛菩提道的有緣佛子，親承聽聞如是勝妙開示，當能如實理解經中義理，亦能了知於大乘法中：如何是諸法實相？善知識、惡知識要如何簡擇？如何才是清淨持戒？如何才能清淨說法？於此末法之世，眾生五濁益重，不知佛、不解法、不識僧，唯見表相，不信眞實，貪著五欲，諸方大師不淨說法，各各將導大量徒眾趣入三塗，如是師徒俱堪憐憫。是故，平實導師以大慈悲心，用淺白易懂之語句，佐以實例、譬喻而爲演說，普令聞者易解佛意，皆得契入佛法正道，如實了知佛法大藏。

此經中，對於實相念佛多所著墨，亦指出念佛要點：以實相爲依，念佛者應依止淨戒、依止清淨僧寶，捨離違犯重戒之師僧，應受學清淨之法，遠離邪見。本經是現代佛門大法師所厭惡之經典：一者由於大法師們已全都落入意識境界而無法親證實相，故於此經中所說實相全無所知，都不樂有人聞此經名，以免讀後提出問疑時無法回答；二者現代大乘佛法地區，已經普被藏密喇嘛教滲透，許多有名之大法師們大多已曾或繼續在修練雙身法，都已失去聲聞戒體及菩薩戒體，成爲地獄種姓人，已非眞正出家之人，本質只是身著僧衣而住在寺院中的世俗人。這些人對於此經都是讀不懂的，也是極爲厭惡的；他們尙不樂見此經之印行，何況流通與講解？今爲救護廣大學佛人，兼欲護持佛教血脈永續常傳，特選此經宣講之。每逢週二 18.50~20.50 開示，不限制聽講資格。會外人士需憑身分證件換證入內聽講（此是大樓管理處之安全規定，敬請見諒)。桃園、台中、台南、高雄等地講堂，亦於每週二晚上播放平實導師所講本經之 DVD，不必出示身分證件即可入內聽講，歡迎各地善信同霑法益。

第二講堂　台北市承德路三段 267 號十樓。

禪淨班：週一晚上班、週六下午班。

進階班：週三晚上班、週四晚上班、週五晚上班（禪淨班結業後轉入共修)。

佛藏經詳解：平實導師講解。每週二 18.50~20.50（影像音聲即時傳輸)。本會學員憑上課證進入聽講，會外學人請以身分證件換證進入聽講（此爲大樓管理處安全管理規定之要求，敬請諒解)。

第三講堂　台北市承德路三段 277 號五樓。

進階班：週一晚上班、週三晚上班、週四晚上班、週五晚上班。

佛藏經詳解：平實導師講解。每週二 18.50~20.50（影像音聲即時傳輸)。本會學員憑上課證進入聽講，會外學人請以身分證件換證進入聽講（此爲大樓管理處安全管理規定之要求，敬請諒解)。

第四講堂　台北市承德路三段 267 號二樓。

進階班：週一晚上班、週三晚上班、週四晚上班、週五晚上班（禪淨班結業後轉入共修)。

佛藏經詳解：平實導師講解。每週二 18.50~20.50（影像音聲即時傳輸)。本會學員憑上課證進入聽講，會外學人請以身分證件換證進入聽講（此爲大樓管理處安全管理規定之要求，敬請諒解)。

第五、第六講堂　爲開放式講堂，不需以身分證件換證即可進入聽講，台北市承德路三段 267 號地下一樓、地下二樓。已規劃整修完成，每逢週二晚上講經時段開放給會外人士自由聽經，請由大樓側面梯階逕行進入聽講。**聽講者請尊重講者的著作權及肖像權，請勿錄音錄影，以免違法；若有錄音錄影被查獲者，將依法處理。**

正覺祖師堂　大溪鎮美華里信義路 650 巷坑底 5 之 6 號（台 3 號省道 34 公里處　妙法寺對面斜坡道進入）電話 03-3886110　傳眞 03-3881692 本堂供奉　克勤圓悟大師，專供會員每年四月、十月各二次精進禪三共修，兼作本會出家菩薩掛單常住之用。除禪三時間以外，每逢單月第一週之週日 9:00~17:00 開放會內、外人士參訪，當天並提供午齋結緣。教內共修團體或道場，得另申請其餘時間作團體參訪，務請事先與常住確定日期，以便安排常住菩薩接引導覽，亦免妨礙常住菩薩之日常作息及修行。

桃園正覺講堂（第一、第二講堂)：桃園市介壽路 286、288 號 10 樓（陽明運動公園對面）電話：03-3749363(請於共修時聯繫，或與台北聯繫)

禪淨班：週一晚上班、週三晚上班、週四晚上班、週五晚上班。

進階班：週六上午班、週五晚上班。

佛藏經詳解：平實導師講解。每週二晚上，以台北正覺講堂所錄 DVD 放映；歡迎會外學人共同聽講，不需出示身分證件。

新竹正覺講堂 新竹市東光路 55 號二樓之一　電話 03-5724297（晚上）

第一講堂：

禪淨班：週一晚上班、週五晚上班、週六上午班。

進階班：週三晚上班、週四晚上班（由禪淨班結業後轉入共修）。

佛藏經詳解：平實導師講解。每週二晚上，以台北正覺講堂所錄 DVD 放映。歡迎會外學人共同聽講，不需出示身分證件。

第二講堂：

禪淨班：週三晚上班、週四晚上班。

佛藏經詳解：每週二晚上與第一講堂同時播放佛藏經詳解 DVD。

台中正覺講堂 04-23816090（晚上）

第一講堂 台中市南屯區五權西路二段 666 號 13 樓之四（國泰世華銀行樓上。鄰近縣市經第一高速公路前來者，由五權西路交流道可以快速到達，大樓旁有停車場，對面有素食館）。

禪淨班：週三晚上班、週四晚上班。

進階班：週一晚上班、週六上午班（由禪淨班結業後轉入共修）。

增上班：單週週末以台北增上班課程錄成 DVD 放映之，限已明心之會員參加。

佛藏經詳解：平實導師講解。每週二晚上，以台北正覺講堂所錄 DVD 放映。歡迎會外學人共同聽講，不需出示身分證件。

第二講堂 台中市南屯區五權西路二段 666 號 4 樓

禪淨班：週一晚上班、週三晚上班、週六上午班。

進階班：週五晚上班（由禪淨班結業後轉入共修）。

佛藏經詳解：每週二晚上與第一講堂同時播放佛藏經詳解 DVD。

第三講堂、第四講堂：台中市南屯區五權西路二段 666 號 4 樓。

嘉義正覺講堂 嘉義市友愛路 288 號八樓之一　電話：05-2318228

第一講堂：

禪淨班：週一晚上班、週四晚上班、週五晚上班。

進階班：週三晚上班（由禪淨班結業後轉入共修）。

佛藏經詳解：平實導師講解。每週二晚上，以台北正覺講堂所錄 DVD 放映。歡迎會外學人共同聽講，不需出示身分證件。

第二講堂 嘉義市友愛路 288 號八樓之二。

台南正覺講堂

第一講堂 台南市西門路四段 15 號 4 樓。06-2820541（晚上）

禪淨班：週一晚上班、週三晚上班、週四晚上班、週五晚上班、週六下午班。

增上班：單週週末下午，以台北增上班課程錄成 DVD 放映之，限已明心之會員參加。

佛藏經詳解：平實導師講解。每週二晚上，以台北正覺講堂所錄 DVD 放映。歡迎會外學人共同聽講，不需出示身分證件。

第二講堂　台南市西門路四段 15 號 3 樓。

佛藏經詳解：每週二晚上與第一講堂同時播放佛藏經詳解 DVD。

第三講堂　台南市西門路四段 15 號 3 樓。

進階班：週三晚上班、週四晚上班、週六上午班（由禪淨班結業後轉入共修）。

佛藏經詳解：每週二晚上與第一講堂同時播放佛藏經詳解 DVD。

高雄正覺講堂　高雄市新興區中正三路 45 號五樓 07-2234248（晚上）

第一講堂（五樓）：

禪淨班：週一晚上班、週三晚上班、週四晚上班、週五晚上班、週六上午班。

增上班：單週週末下午，以台北增上班課程錄成 DVD 放映之，限已明心之會員參加。

佛藏經詳解：平實導師講解。每週二晚上，以台北正覺講堂所錄 DVD 放映。歡迎會外學人共同聽講，不需出示身分證件。

第二講堂（四樓）：

進階班：週三晚上班、週四晚上班、週六上午班（由禪淨班結業後轉入共修）。

佛藏經詳解：每週二晚上與第一講堂同時播放佛藏經詳解 DVD。

第三講堂（三樓）：

進階班：週四晚上班（由禪淨班結業後轉入共修）。

香港正覺講堂　☆已遷移新址☆

九龍觀塘，成業街 10 號，電訊一代廣場 27 樓 E 室。

（觀塘地鐵站 B1 出口，步行約 4 分鐘）。電話：(852) 23262231

英文地址：Unit E, 27th Floor, TG Place, 10 Shing Yip Street, Kwun Tong, Kowloon

禪淨班：雙週六下午班 14:30-17:30，已經額滿。

雙週日下午班 14:30-17:30，2016 年 4 月底前尚可報名。

進階班：雙週五晚上班（由禪淨班結業後轉入共修）。

增上班：單週週末上午，以台北增上班課程錄成 DVD 放映之，限已明心之會員參加。

妙法蓮華經詳解：平實導師講解。雙週六 19:00-21:00，以台北正覺講堂所錄 DVD 放映；歡迎會外學人共同聽講，不需出示身分證件。

美國洛杉磯正覺講堂　☆已遷移新址☆

825 S. Lemon Ave Diamond Bar, CA 91798 U.S.A.
Tel. (909) 595-5222（請於週六 9:00~18:00 之間聯繫）
Cell. (626) 454-0607

禪淨班：每逢週末 15：30~17：30 上課。

進階班：每逢週末上午 10：00~12：00 上課。

佛藏經詳解：平實導師講解。每週六下午 13：00~15：00，以台北正覺講堂所錄 DVD 放映。歡迎各界人士共享第一義諦無上法益，不需報名。

二、招生公告　**本會台北講堂及全省各講堂，每逢四月、十月下旬開新班，每週共修一次**（每次二小時。開課日起三個月內仍可插班）；**但美國洛杉磯共修處之禪淨班得隨時插班共修。各班共修期間皆為二年半，欲參加者請向本會函索報名表**（各共修處皆於共修時間方有人執事，非共修時間請勿電詢或前來洽詢、請書），**或直接從本會官方網站**(http://www.enlighten.org.tw/newsflash/class)**或成佛之道網站下載報名表**。共修期滿時，若經報名禪三審核通過者，可參加四天三夜之禪三精進共修，有機會明心、取證如來藏，發起般若實相智慧，成為實義菩薩，脫離凡夫菩薩位。

三、新春禮佛祈福　農曆年假期間停止共修：自農曆新年前七天起停止共修與弘法，正月 8 日起回復共修、弘法事務。新春期間正月初一～初七 9.00～17.00 開放台北講堂、正月初一~初三開放新竹講堂、台中講堂、台南講堂、高雄講堂，以及大溪禪三道場（正覺祖師堂），方便會員供佛、祈福及會外人士請書。美國洛杉磯共修處之休假時間，請逕詢該共修處。

密宗四大派修雙身法，是外道性力派的邪法；又以生滅的識陰作為常住法，是常見外道，是假的藏傳佛教。

西藏覺囊巴以他空見弘揚第八識如來藏勝法，才是真藏傳佛教

佛教正覺同修會 弘法行事表 2017/03/31

1、**禪淨班**　以無相念佛及拜佛方式修習動中定力，實證一心不亂功夫。傳授解脫道正理及第一義諦佛法，以及參禪知見。共修期間：二年六個月。每逢四月、十月開新班，詳見招生公告表。

2、**《佛藏經》**詳解　平實導師主講。已於 2013/12/17 開講，歡迎已發成佛大願的菩薩種性學人，攜眷共同參與此殊勝法會聽講。詳解 釋迦世尊於《佛藏經》中所開示的眞實義理，更爲今時後世佛子四眾，闡述 佛陀演說此經的本懷。眞實尋求佛菩提道的有緣佛子，親承聽聞如是勝妙開示，當能如實理解經中義理，亦能了知於大乘法中：如何是諸法實相？善知識、惡知識要如何簡擇？如何才是清淨持戒？如何才能清淨說法？於此末法之世，眾生五濁益重，不知佛、不解法、不識僧，唯見表相，不信眞實，貪著五欲，諸方大師不淨說法，各各將導大量徒眾趣入三塗，如是師徒俱堪憐憫。是故，平實導師以大慈悲心，用淺白易懂之語句，佐以實例、譬喻而爲演說，普令聞者易解佛意，皆得契入佛法正道，如實了知佛法大藏。每逢週二 18.50~20.50 開示，不限制聽講資格。會外人士需憑身分證件換證入內聽講（此是大樓管理處之安全規定，敬請見諒）。桃園、新竹、台中、台南、高雄等地講堂，亦於每週二晚上播放平實導師講經之 DVD，不必出示身分證件即可入內聽講，歡迎各地善信同霑法益。

有某道場專弘淨土法門數十年，於教導信徒研讀《佛藏經》時，往往告誡信徒曰：「後半部不許閱讀。」由此緣故坐令信徒失去提升念佛層次之機緣，師徒只能低品位往生淨土，令人深覺愚癡無智。由有多人建議故，平實導師開始宣講《佛藏經》，藉以轉易如是邪見，並提升念佛人之知見與往生品位。此經中，對於實相念佛多所著墨，亦指出念佛要點：以實相爲依，念佛者應依止淨戒、依止清淨僧寶，捨離違犯重戒之師僧，應受學清淨之法，遠離邪見。本經是現代佛門大法師所厭惡之經典：一者由於大法師們已全都落入意識境界而無法親證實相，故於此經中所說實相全無所知，都不樂有人聞此經名，以免讀後提出問疑時無法回答；二者現代大乘佛法地區，已經普被藏密喇嘛教滲透，許多有名之大法師們大多已曾或繼續在修練雙身法，都已失去聲聞戒體及菩薩戒體，成爲地獄種姓人，已非眞正出家之人，本質上只是身著僧衣而住在寺院中的世俗人。這些人對於此經都是讀不懂的，也是極爲厭惡的；他們尚不樂見此經之印行，何況流通與講解？今爲救護廣大學佛人，兼欲護持佛教血脈永續常傳，特選此經宣講之，主講者平實導師。

3、**瑜伽師地論**詳解　詳解論中所言凡夫地至佛地等 17 師之修證境界與理論，從凡夫地、聲聞地……宣演到諸地所證一切種智之眞實正理。由平實導師開講，每逢一、三、五週之週末晚上開示，僅限已明心之會員參加。

4、**精進禪三**　主三和尚：平實導師。於四天三夜中，以克勤圓悟大師及大慧宗杲之禪風，施設機鋒與小參、公案密意之開示，幫助會員剋期取證，親證不生不滅之眞實心——人人本有之如來藏。每年四月、十月各舉辦二個梯次；平實導師主持。僅限本會會員參加禪淨班共修期滿，報名審核通過者，方可參加。並選擇會中定力、慧力、福德三條件皆已具足之已明心會員，給以指引，令得眼見自己無形無相之佛性遍佈山河大地，眞實而無障礙，得以肉眼現觀世界身心悉皆如幻，具足成就如幻觀，圓滿十住菩薩之證境。

5、**大法鼓經**詳解　詳解末法時代大乘佛法修行之道。佛教正法消毒妙藥塗於大鼓而以擊之，凡有眾生聞之者，一切邪見鉅毒悉皆消殞；此經即是大法鼓之正義，凡聞之者，所有邪見之毒悉皆滅除，見道不難；亦能發起菩薩無量功德，是故諸大菩薩遠從諸方佛土來此娑婆聞修此經。

本經破「有」而顯涅槃，以此名爲眞法；若墮在「有」中，皆名「非法」；若人如是宣揚佛法，名爲擊大法鼓；如是依「法」而捨「非法」，據以建立山門而爲眾說法，方可名爲法鼓山。此經中說，以「此經」爲菩薩道之本，以證得「此經」之正知見及法門作爲度人之「法」，方名眞實佛法，否則盡名「非法」。本經中對法與非法、有與涅槃，有深入之闡釋，歡迎教界一切善信（不論初機或久學菩薩），一同親沐 如來聖教，共沾法喜。由平實導師詳解。不限制聽講資格。

6、**不退轉法輪經**詳解　本經所說妙法極爲甚深難解，時至末法，已然無有知者；而其甚深絕妙之法，流傳至今依舊多人可證，顯示佛學眞是義學而非玄談，其中甚深極妙令人拍案稱絕之第一義諦妙義，平實導師將會加以解說。待《大法鼓經》宣講完畢時繼續宣講此經。

7、**阿含經**詳解　選擇重要之阿含部經典，依無餘涅槃之實際而加以詳解，令大眾得以現觀諸法緣起性空，亦復不墮斷滅見中，顯示經中所隱說之涅槃實際—如來藏—確實已於四阿含中隱說；令大眾得以聞後觀行，確實斷除我見乃至我執，證得**見到**眞現觀，乃至**身證**……等眞現觀；已得大乘或二乘見道者，亦可由此聞熏及聞後之觀行，除斷我所之貪著，成就慧解脫果。由平實導師詳解。不限制聽講資格。

8、**解深密經**詳解　重講本經之目的，在於令諸已悟之人明解大乘法道之成佛次第，以及悟後進修一切種智之內涵，確實證知三種自性性，並得據此證解七眞如、十眞如等正理。每逢週二 18.50~20.50 開示，由平實導師詳解。將於《大法鼓經》講畢後開講。不限制聽講資格。

9、**成唯識論**詳解　詳解一切種智眞實正理，詳細剖析一切種智之微細深妙廣大正理；並加以舉例說明，使已悟之會員深入體驗所證如來藏之微密行相；及證驗見分相分與所生一切法，皆由如來藏—阿賴耶識—直接或展轉而生，因此證知一切法無我，證知無餘涅槃之本際。將於增上班《瑜伽師地論》講畢後，由平實導師重講。僅限已明心之會員參加。

10、**精選如來藏系經典**詳解　精選如來藏系經典一部，詳細解說，以此完全印證會員所悟如來藏之眞實，得入不退轉住。另行擇期詳細解說之，由平實導師講解。僅限已明心之會員參加。

11、**禪門差別智**　藉禪宗公案之微細淆訛難知難解之處，加以宣說及剖析，以增進明心、見性之功德，啓發差別智，建立擇法眼。每月第一週日全天，由平實導師開示，僅限破參明心後，復又眼見佛性者參加（事冗暫停）。

12、**枯木禪**　先講智者大師的《小止觀》，後說《釋禪波羅蜜》，詳解四禪八定之修證理論與實修方法，細述一般學人修定之邪見與岔路，及對禪定證境之誤會，消除枉用功夫、浪費生命之現象。已悟般若者，可以藉此而實修初禪，進入大乘通教及聲聞教的三果心解脫境界，配合應有的大福德及後得無分別智、十無盡願，即可進入初地心中。親教師：平實導師。未來緣熟時將於大溪正覺寺開講。不限制聽講資格。

註：本會例行年假，自 2004 年起，改爲每年農曆新年前七天開始停息弘法事務及共修課程，農曆正月 8 日回復所有共修及弘法事務。新春期間（每日 9.00~17.00）開放台北講堂，方便會員禮佛祈福及會外人士請書。大溪區的正覺祖師堂，開放參訪時間，詳見〈正覺電子報〉或成佛之道網站。本表得因時節因緣需要而隨時修改之，不另作通知。

佛教正覺同修會　贈閱書籍 目錄　　2015/09/29

1.**無相念佛**　平實導師著　回郵 10 元
2.**念佛三昧修學次第**　平實導師述著　回郵 25 元
3.**正法眼藏—護法集**　平實導師述著　回郵 35 元
4.**真假開悟簡易辨正法&佛子之省思**　平實導師著　回郵 3.5 元
5.**生命實相之辨正**　平實導師著　回郵 10 元
6.**如何契入念佛法門**（附：印順法師否定極樂世界）平實導師著　回郵 3.5 元
7.**平實書箋**—答元覽居士書　平實導師著　回郵 35 元
8.**三乘唯識**—如來藏系經律彙編　平實導師編　回郵 80 元
（精裝本　長 27 cm　寬 21 cm　高 7.5 cm　重 2.8 公斤）
9.**三時繫念全集**—修正本　回郵掛號 40 元（長 26.5 cm×寬 19 cm）
10.**明心與初地**　平實導師述　回郵 3.5 元
11.**邪見與佛法**　平實導師述著　回郵 20 元
12.**菩薩正道**—回應義雲高、釋性圓…等外道之邪見　正燦居士著　回郵 20 元
13.**甘露法雨**　平實導師述　回郵 20 元
14.**我與無我**　平實導師述　回郵 20 元
15.**學佛之心態**—修正錯誤之學佛心態始能與正法相應　孫正德老師著　回郵35元
附錄：平實導師著**《略說八、九識並存…等之過失》**
16.**大乘無我觀**—《悟前與悟後》別說　平實導師述著　回郵 20 元
17.**佛教之危機**—中國台灣地區現代佛教之真相（附錄：公案拈提六則）
平實導師著　回郵 25 元
18.**燈　影**—燈下黑（覆「求教後學」來函等）　平實導師著　回郵 35 元
19.**護法與毀法**—覆上平居士與徐恒志居士網站毀法二文
張正圜老師著　回郵 35 元
20.**淨土聖道**—兼評選擇本願念佛　正德老師著　由正覺同修會購贈　回郵 25 元
21.**辨唯識性相**—對「紫蓮心海《辯唯識性相》書中否定阿賴耶識」之回應
正覺同修會 台南共修處法義組 著　回郵 25 元
22.**假如來藏**—對法蓮法師《如來藏與阿賴耶識》書中否定阿賴耶識之回應
正覺同修會 台南共修處法義組 著　回郵 35 元
23.**入不二門**—公案拈提集錦 第一輯（於平實導師公案拈提諸書中選錄約二十則，
合輯爲一冊流通之）平實導師著　回郵 20 元
24.**真假邪說**—西藏密宗索達吉喇嘛《破除邪說論》真是邪說
釋正安法師著　回郵 35 元
25.**真假開悟**—真如、如來藏、阿賴耶識間之關係　平實導師述著　回郵 35 元
26.**真假禪和**—辨正釋傳聖之謗法謬說　孫正德老師著　回郵 30 元

27.**眼見佛性**—駁慧廣法師眼見佛性的含義文中謬說

游正光老師著　回郵 25 元

28.**普門自在**—公案拈提集錦 第二輯（於平實導師公案拈提諸書中選錄約二十則，合輯爲一冊流通之）平實導師著　回郵 25 元

29.**印順法師的悲哀**—以現代禪的質疑為線索　恒毓博士著　回郵 25 元

30.**識蘊真義**—現觀識蘊內涵、取證初果、親斷三縛結之具體行門。

—依《成唯識論》及《唯識述記》正義，略顯安慧《大乘廣五蘊論》之邪謬

平實導師著　回郵 35 元

31.**正覺電子報** 各期紙版本　免附回郵　每次最多函索三期或三本。

（已無存書之較早各期，不另增印贈閱）

32.**現代人應有的宗教觀**　蔡正禮老師 著　回郵 3.5 元

33.**遠惑趣道**—正覺電子報般若信箱問答錄　第一輯　回郵 20 元

34.**遠惑趣道**—正覺電子報般若信箱問答錄　第二輯　回郵 20 元

35.**確保您的權益**—器官捐贈應注意自我保護　游正光老師 著　回郵 10 元

36.**正覺教團電視弘法三乘菩提 DVD 光碟（一）**

由正覺教團多位親教師共同講述錄製 DVD 8 片，MP3 一片，共 9 片。有二大講題：一為「三乘菩提之意涵」，二為「學佛的正知見」。內容精闢，深入淺出，精彩絕倫，幫助大眾快速建立三乘法道的正知見，免被外道邪見所誤導。有志修學三乘佛法之學人不可不看。（製作工本費 100 元，回郵 25 元）

37.**正覺教團電視弘法 DVD 專輯（二）**

總有二大講題：一為「三乘菩提之念佛法門」，一為「學佛正知見（第二篇）」，由正覺教團多位親教師輪番講述，內容詳細闡述如何修學念佛法門、實證念佛三昧，以及學佛應具有的正確知見，可以幫助發願往生西方極樂淨土之學人，得以把握往生，更可令學人快速建立三乘法道的正知見，免於被外道邪見所誤導。有志修學三乘佛法之學人不可不看。（一套 17 片，工本費 160 元。回郵 35 元）

38.**佛藏經** 燙金精裝本　每冊回郵 20 元。正修佛法之道場欲大量索取者，請正式發函並蓋用大印寄來索取（2008.04.30 起開始敬贈）

39.**喇嘛性世界**—揭開假藏傳佛教譚崔瑜伽的面紗　張善思 等人合著

由正覺同修會購贈　回郵 20 元

40.**假藏傳佛教的神話**—性、謊言、喇嘛教　張正玄教授編著　回郵 20 元

由正覺同修會購贈　回郵 20 元

41.**隨　緣**—理隨緣與事隨緣　平實導師述　回郵 20 元。

42.**學佛的覺醒**　正枝居士 著　回郵 25 元

43.**導師之真實義**　蔡正禮老師 著　回郵 10 元

44.**淺談達賴喇嘛之雙身法**—兼論解讀「密續」之達文西密碼

吳明芷居士 著　回郵 10 元

45.**魔界轉世**　張正玄居士 著　回郵 10 元

46.**一貫道與開悟**　蔡正禮老師 著　回郵 10 元

47.**博愛**—愛盡天下女人　正覺教育基金會 編印　回郵10元
48.**意識虛妄經教彙編**—實證解脫道的關鍵經文　正覺同修會編印　回郵25元
49.**邪箭囈語**—破斥藏密外道多識仁波切《破魔金剛箭雨論》之邪說
陸正元老師著　上、下冊回郵各30元
50.**真假沙門**—依 佛聖教闡釋佛教僧寶之定義
蔡正禮老師著　俟正覺電子報連載後結集出版
51.**真假禪宗**—藉評論釋性廣《印順導師對變質禪法之批判
及對禪宗之肯定》以顯示真假禪宗
附論一：凡夫知見 無助於佛法之信解行證
附論二：世間與出世間一切法皆從如來藏實際而生而顯
余正偉老師著　俟正覺電子報連載後結集出版　回郵未定
52.**假鋒虛焰金剛乘**—揭示顯密正理，兼破索達吉師徒《般若鋒兮金剛焰》。
釋正安 法師著　俟正覺電子報連載後結集出版

★ 上列贈書之郵資，係台灣本島地區郵資，大陸、港、澳地區及外國地區，請另計酌增（大陸、港、澳、國外地區之郵票不許通用）。尚未出版之書，請勿先寄來郵資，以免增加作業煩擾。

★ 本目錄若有變動，唯於後印之書籍及「成佛之道」網站上修正公佈之，不另行個別通知。

函索書籍請寄：佛教正覺同修會　103 台北市承德路 3 段 277 號 9 樓
台灣地區函索書籍者請附寄郵票，無時間購買郵票者可以等值現金抵用，但不接受郵政劃撥、支票、匯票。大陸地區得以人民幣計算，國外地區請以美元計算（請勿寄來當地郵票，在台灣地區不能使用）。欲以掛號寄遞者，請另附掛號郵資。

親自索閱：正覺同修會各共修處。　★請於共修時間前往取書，餘時無人在道場，請勿前往索取；共修時間與地點，詳見書末正覺同修會共修現況表（以近期之共修現況表爲準）。

註：正智出版社發售之局版書，請向各大書局購閱。若書局之書架上已經售出而無陳列者，請向書局櫃台指定洽購；若書局不便代購者，請於正覺同修會共修時間前往各共修處請購，正智出版社已派人於共修時間送書前往各共修處流通。 郵政劃撥購書及 大陸地區 購書，請詳別頁正智出版社發售書籍目錄最後頁之說明。

成佛之道 網站：http://www.a202.idv.tw　正覺同修會已出版之結緣書籍，多已登載於 成佛之道 網站，若住外國、或住處遙遠，不便取得正覺同修會贈閱書籍者，可以從本網站閱讀及下載。　書局版之《宗通與說通》亦已上網，台灣讀者可向書局洽購，售價 300 元。《狂密與眞密》第一輯~第四輯，亦於 2003.5.1.全部於本網站登載完畢；台灣地區讀者請向書局洽購，每輯約 400 頁，售價 300 元（網站下載紙張費用較貴，容易散失，難以保存，亦較不精美）。

＊＊假藏傳佛教修雙身法，非佛教＊＊

正智出版社 籌募弘法基金發售書籍目錄 2017/04/22

1.**宗門正眼**—公案拈提 第一輯 重拈 平實導師著 500 元

因重寫內容大幅度增加故，字體必須改小，並增爲 576 頁 主文 546 頁。比初版更精彩、更有內容。初版《禪門摩尼寶聚》之讀者，可寄回本公司免費調換新版書。免附回郵，亦無截止期限。（2007 年起，每冊附贈本公司精製公案拈提〈超意境〉CD 一片。市售價格 280 元，多購多贈。）

2.**禪淨圓融** 平實導師著 200 元（第一版舊書可換新版書。）

3.**真實如來藏** 平實導師著 400 元

4.**禪—悟前與悟後** 平實導師著 上、下冊，每冊 250 元

5.**宗門法眼**—公案拈提 第二輯 平實導師著 500 元

（2007 年起，每冊附贈本公司精製公案拈提〈超意境〉CD 一片）

6.**楞伽經詳解** 平實導師著 全套共 10 輯 每輯 250 元

7.**宗門道眼**—公案拈提 第三輯 平實導師著 500 元

（2007 年起，每冊附贈本公司精製公案拈提〈超意境〉CD 一片）

8.**宗門血脈**—公案拈提 第四輯 平實導師著 500 元

（2007 年起，每冊附贈本公司精製公案拈提〈超意境〉CD 一片）

9.**宗通與說通**—成佛之道 平實導師著 主文 381 頁 全書 400 頁售價 300 元

10.**宗門正道**—公案拈提 第五輯 平實導師著 500 元

（2007 年起，每冊附贈本公司精製公案拈提〈超意境〉CD 一片）

11.**狂密與真密** 一～四輯 平實導師著 西藏密宗是人間最邪淫的宗教，本質不是佛教，只是披著佛教外衣的印度教性力派流毒的喇嘛教。此書中將西藏密宗密傳之男女雙身合修樂空雙運所有祕密與修法，毫無保留完全公開，並將全部喇嘛們所不知道的部分也一併公開。內容比大辣出版社喧騰一時的《西藏慾經》更詳細。並且函蓋藏密的所有祕密及其錯誤的中觀見、如來藏見……等，藏密的所有法義都在書中詳述、分析、辨正。每輯主文三百餘頁 每輯全書約 400 頁 售價每輯 300 元

12.**宗門正義**—公案拈提 第六輯 平實導師著 500 元

（2007 年起，每冊附贈本公司精製公案拈提〈超意境〉CD 一片）

13.**心經密意**—心經與解脫道、佛菩提道、祖師公案之關係與密意 平實導師述 300 元

14.**宗門密意**—公案拈提 第七輯 平實導師著 500 元

（2007 年起，每冊附贈本公司精製公案拈提〈超意境〉CD 一片）

15.**淨土聖道**—兼評「選擇本願念佛」 正德老師著 200 元

16.**起信論講記** 平實導師述著 共六輯 每輯三百餘頁 售價各 250 元

17.**優婆塞戒經講記** 平實導師述著 共八輯 每輯三百餘頁 售價各 250 元

18.**真假活佛**—略論附佛外道盧勝彥之邪說（對前岳靈犀網站主張「盧勝彥是證悟者」之修正） 正犀居士（岳靈犀）著 流通價 140 元

19.**阿含正義**—唯識學探源 平實導師著 共七輯 每輯 300 元

20.**超意境** CD 以平實導師公案拈提書中超越意境之頌詞，加上曲風優美的旋律，錄成令人嚮往的超意境歌曲，其中包括正覺發願文及平實導師親自譜成的黃梅調歌曲一首。詞曲雋永，殊堪翫味，可供學禪者吟詠，有助於見道。內附設計精美的彩色小冊，解說每一首詞的背景本事。每片 280 元。【每購買公案拈提書籍一冊，即贈送一片。】

21.**菩薩底憂鬱** CD 將菩薩情懷及禪宗公案寫成新詞，並製作成超越意境的優美歌曲。 1.主題曲〈菩薩底憂鬱〉，描述地後菩薩能離三界生死而迴向繼續生在人間，但因尚未斷盡習氣種子而有極深沈之憂鬱，非三賢位菩薩及二乘聖者所知，此憂鬱在七地滿心位方才斷盡；本曲之詞中所說義理極深，昔來所未曾見；此曲係以優美的情歌風格寫詞及作曲，聞者得以激發嚮往諸地菩薩境界之大心，詞、曲都非常優美，難得一見；其中勝妙義理之解說，已印在附贈之彩色小冊中。 2.以各輯公案拈提中直示禪門入處之頌文，作成各種不同曲風之超意境歌曲，值得玩味、參究；聆聽公案拈提之優美歌曲時，請同時閱讀內附之印刷精美說明小冊，可以領會超越三界的證悟境界；未悟者可以因此引發求悟之意向及疑情，眞發菩提心而邁向求悟之途，乃至因此眞實悟入般若，成眞菩薩。 3.正覺總持咒新曲，總持佛法大意；總持咒之義理，已加以解說並印在隨附之小冊中。本 CD 共有十首歌曲，長達 63 分鐘。每盒各附贈二張購書優惠券。每片 280 元。

22.**禪意無限** CD 平實導師以公案拈提書中偈頌寫成不同風格曲子，與他人所寫不同風格曲子共同錄製出版，幫助參禪人進入禪門超越意識之境界。盒中附贈彩色印製的精美解說小冊，以供聆聽時閱讀，令參禪人得以發起參禪之疑情，即有機會證悟本來面目而發起實相智慧，實證大乘菩提般若，能如實證知般若經中的眞實意。本 CD 共有十首歌曲，長達 69 分鐘，每盒各附贈二張購書優惠券。每片 280 元。

23.**我的菩提路**第一輯　釋悟圓、釋善藏等人合著　售價 300 元

24.**我的菩提路**第二輯　郭正益、張志成等人合著　售價 300 元

25.**我的菩提路**第三輯　王美伶等人合著　預定 2017/6/30 發行　售價 300 元

26.**鈍鳥與靈龜**—考證後代凡夫對大慧宗杲禪師的無根誹謗。

平實導師著　共 458 頁　售價 350 元

27.**維摩詰經講記**　平實導師述　共六輯　每輯三百餘頁　售價各 250 元

28.**真假外道**—破劉東亮、杜大威、釋證嚴常見外道見　正光老師著　200 元

29.**勝鬘經講記**—兼論印順《勝鬘經講記》對於《勝鬘經》之誤解。

平實導師述　共六輯　每輯三百餘頁　售價250 元

30.**楞嚴經講記**　平實導師述　共 15 輯，每輯三百餘頁　售價 300 元

31.**明心與眼見佛性**—駁慧廣〈蕭氏「眼見佛性」與「明心」之非〉文中謬說

正光老師著　共 448 頁　售價 300 元

32.**見性與看話頭**　黃正倖老師 著，本書是禪宗參禪的方法論。

內文 375 頁，全書 416 頁，售價 300 元。

33.**達賴真面目**—玩盡天下女人 白正偉老師 等著 中英對照彩色精裝大本 800 元
34.**喇嘛性世界**—揭開假藏傳佛教譚崔瑜伽的面紗 張善思 等人著 200 元
35.**假藏傳佛教的神話**—性、謊言、喇嘛教 正玄教授編著 200 元
36.**金剛經宗通** 平實導師述 共九輯 每輯售價 250 元。
37.**空行母**—性別、身分定位，以及藏傳佛教。
珍妮・坎貝爾著 呂艾倫 中譯 售價 250 元
38.**末代達賴**—性交教主的悲歌 張善思、呂艾倫、辛燕編著 售價 250 元
39.**霧峰無霧**—給哥哥的信 辨正釋印順對佛法的無量誤解
游宗明 老師著 售價 250 元
40.**第七意識與第八意識？**—穿越時空「超意識」
平實導師述 每冊 300 元
41.**黯淡的達賴**—失去光彩的諾貝爾和平獎
正覺教育基金會編著 每冊 250 元
42.**童女迦葉考**—論呂凱文〈佛教輪迴思想的論述分析〉之謬。
平實導師 著 定價 180 元
43.**人間佛教**—實證者必定不悖三乘菩提
平實導師 述，定價 400 元
44.**實相經宗通** 平實導師述 共八輯 每輯 250 元
45.**真心告訴您(一)**—達賴喇嘛在幹什麼？
正覺教育基金會編著 售價 250 元
46.**中觀金鑑**—詳述應成派中觀的起源與其破法本質
孫正德老師著 分為上、中、下三冊，每冊 250 元
47.**佛法入門**—迅速進入三乘佛法大門，消除久學佛法漫無方向之窘境。
○○居士著 將於正覺電子報連載後出版。售價 250 元
48.**藏傳佛教要義**—《狂密與真密》之簡體字版 平實導師 著 上、下冊
僅在大陸流通 每冊 300 元
49.**法華經講義** 平實導師述 共二十五輯 每輯 300 元
已於 2015/05/31 起開始出版，每二個月出版一輯
50.**西藏「活佛轉世」制度**—附佛、造神、世俗法
許正豐、張正玄老師合著 定價 150 元
51.**廣論三部曲** 郭正益老師著 定價 150 元
52.**真心告訴您(二)**—達賴喇嘛是佛教僧侶嗎？
—補祝達賴喇嘛八十大壽
正覺教育基金會編著 售價 300 元
53.**廣論之平議**—宗喀巴《菩提道次第廣論》之平議 正雄居士著
約二或三輯 俟正覺電子報連載後結集出版 書價未定
54.**末法導護**—對印順法師中心思想之綜合判攝 正慶老師著 書價未定
55.**菩薩學處**—菩薩四攝六度之要義 陸正元老師著 出版日期未定。
56.**八識規矩頌**詳解 ○○居士 註解 出版日期另訂 書價未定。

57.**印度佛教史**—法義與考證。依法義史實評論印順《印度佛教思想史、佛教史地考論》之謬說　正偉老師著　出版日期未定　書價未定

58.**中國佛教史**—依中國佛教正法史實而論。○○老師 著　書價未定。

59.**中論正義**—釋龍樹菩薩《中論》頌正理。
孫正德老師著　出版日期未定　書價未定

60.**中觀正義**—註解平實導師《中論正義頌》。
○○法師（居士）著　出版日期未定　書價未定

61.**佛藏經講記**　平實導師述　出版日期未定　書價未定

62.**阿含經講記**—將選錄四阿含中數部重要經典全經講解之，講後整理出版。
平實導師述　約二輯　每輯300元　出版日期未定

63.**寶積經講記**　平實導師述　每輯三百餘頁 優惠價300元 出版日期未定

64.**解深密經講記**　平實導師述 約四輯　將於重講後整理出版

65.**成唯識論略解**　平實導師著　五～六輯　每輯300元　出版日期未定

66.**修習止觀坐禪法要講記**　平實導師述　每輯三百餘頁
將於正覺寺建成後重講、以講記逐輯出版　出版日期未定

67.**無門關**—《無門關》公案拈提　平實導師著　出版日期未定

68.**中觀再論**—兼述印順《中觀今論》謬誤之平議。正光老師著 出版日期未定

69.**輪迴與超度**—佛教超度法會之真義。
○○法師（居士）著　出版日期未定　書價未定

70.**《釋摩訶衍論》平議**—對偽稱龍樹所造《釋摩訶衍論》之平議
○○法師（居士）著　出版日期未定　書價未定

71.**正覺發願文**註解—以真實大願為因 得證菩提
正德老師著　出版日期未定　書價未定

72.**正覺總持咒**—佛法之總持　正圜老師著　出版日期未定　書價未定

73.**涅槃**—論四種涅槃　平實導師著　出版日期未定　書價未定

74.**三自性**—依四食、五蘊、十二因緣、十八界法，說三性三無性。
作者未定　出版日期未定

75.**道品**—從三自性說大小乘三十七道品　作者未定　出版日期未定

76.**大乘緣起觀**—依四聖諦七真如現觀十二緣起 作者未定　出版日期未定

77.**三德**—論解脫德、法身德、般若德。　作者未定　出版日期未定

78.**真假如來藏**—對印順《如來藏之研究》謬說之平議　作者未定 出版日期未定

79.**大乘道次第**　作者未定　出版日期未定　書價未定

80.**四緣**—依如來藏故有四緣。　作者未定　出版日期未定

81.**空之探究**—印順《空之探究》謬誤之平議　作者未定 出版日期未定

82.**十法義**—論阿含經中十法之正義　作者未定　出版日期未定

83.**外道見**—論述外道六十二見　作者未定　出版日期未定

正智出版社有限公司書籍介紹

禪淨圓融：言淨土諸祖所未曾言，示諸宗祖師所未曾示；禪淨圓融，另闢成佛捷徑，兼顧自力他力，闡釋淨土門之速行易行道，亦同時揭櫫聖教門之速行易行道；令廣大淨土行者得免緩行難證之苦，亦令聖道門行者得以藉著淨土速行道而加快成佛之時劫。乃前無古人之超勝見地，非一般弘揚禪淨法門典籍也，先讀爲快。平實導師著 200元。

宗門正眼—公案拈提第一輯：繼承克勤圜悟大師碧巖錄宗旨之禪門鉅作。先則舉示當代大法師之邪說，消弭當代禪門大師鄉愿之心態，摧破當今禪門「世俗禪」之妄談；次則旁通教法，表顯宗門正理；繼以道之次第，消弭古今狂禪；後藉言語及文字機鋒，直示宗門入處。悲智雙運，禪味十足，數百年來難得一睹之禪門鉅著也。平實導師著 500元（原初版書《禪門摩尼寶聚》，改版後補充爲五百餘頁新書，總計多達二十四萬字，內容更精彩，並改名爲《宗門正眼》，讀者原購初版《禪門摩尼寶聚》皆可寄回本公司免費換新，免附回郵，亦無截止期限）（2007年起，凡購買公案拈提第一輯至第七輯，每購一輯皆贈送本公司精製公案拈提〈超意境〉CD一片，市售價格280元，多購多贈）。

禪—悟前與悟後：本書能建立學人悟道之信心與正確知見，圓滿具足而有次第地詳述禪悟之功夫與禪悟之內容，指陳參禪中細微淆訛之處，能使學人明自眞心、見自本性。若未能悟入，亦能以正確知見辨別古今中外一切大師究係眞悟？或屬錯悟？便有能力揀擇，捨名師而選明師，後時必有悟道之緣。一旦悟道，遲者七次人天往返，便出三界，速者一生取辦。學人欲求開悟者，不可不讀。　平實導師著。上、下冊共500元，單冊250元。

眞實如來藏：如來藏眞實存在，乃宇宙萬有之本體，並非印順法師、達賴喇嘛等人所說之「唯有名相、無此心體」。如來藏是涅槃之本際，是一切有智之人竭盡心智、不斷探索而不能得之生命實相；是古今中外許多大師自以爲悟而當面錯過之生命實相。如來藏即是阿賴耶識，乃是一切有情本自具足、不生不滅之眞實心。當代中外大師於此書出版之前所未能言者，作者於本書中盡情流露、詳細闡釋。眞悟者讀之，必能增益悟境、智慧增上；錯悟者讀之，必能檢討自己之錯誤，免犯大妄語業；未悟者讀之，能知參禪之理路，亦能以之檢查一切名師是否眞悟。此書是一切哲學家、宗教家、學佛者及欲昇華心智之人必讀之鉅著。　平實導師著　售價400元。

宗門法眼—公案拈提第二輯：列舉實例，闡釋土城廣欽老和尚之悟處；並直示這位不識字的老和尚妙智橫生之根由，繼而剖析禪宗歷代大德之開悟公案，解析當代密宗高僧卡盧仁波切之錯悟證據，並例舉當代顯宗高僧、大居士之錯悟證據（凡健在者，爲免影響其名聞利養，皆隱其名）。藉辨正當代名師之邪見，向廣大佛子指陳禪悟之正道，彰顯宗門法眼。悲勇兼出，強捋虎鬚；慈智雙運，巧探驪龍；摩尼寶珠在手，直示宗門入處，禪味十足；若非大悟徹底，不能爲之。禪門精奇人物，允宜人手一冊，供作參究及悟後印證之圭臬。本書於2008年4月改版，增寫為大約500頁篇幅，以利學人研讀參究時更易悟入宗門正法，以前所購初版首刷及初版二刷舊書，皆可免費換取新書。平實導師著 500元（2007年起，凡購買公案拈提第一輯至第七輯，每購一輯皆贈送本公司精製公案拈提〈超意境〉CD一片，市售價格280元，多購多贈）。

宗門道眼—公案拈提第三輯：繼宗門法眼之後，再以金剛之作略、慈悲之胸懷、犀利之筆觸，舉示寒山、拾得、布袋三大士之悟處，消弭當代錯悟者對於寒山大士……等之誤會及誹謗。亦舉出民初以來與虛雲和尚齊名之蜀郡鹽亭袁煥仙夫子——南懷瑾老師之師，其「悟處」何在？並蒐羅許多眞悟祖師之證悟公案，顯示禪宗歷代祖師之睿智，指陳部分祖師、奧修及當代顯密大師之謬悟，作爲殷鑑，幫助禪子建立及修正參禪之方向及知見。假使讀者閱此書已，一時尚未能悟，亦可一面加功用行，一面以此宗門道眼辨別眞假善知識，避開錯誤之印證及歧路，可免大妄語業之長劫慘痛果報。欲修禪宗之禪者，務請細讀。平實導師著 售價500元（2007年起，凡購買公案拈提第一輯至第七輯，每購一輯皆贈送本公司精製公案拈提〈超意境〉CD一片，市售價格280元，多購多贈）。

楞伽經詳解：本經是禪宗見道者印證所悟眞僞之根本經典，亦是禪宗見道者悟後起修之依據經典；故達摩祖師於印證二祖慧可大師之後，將此經典連同佛鉢祖衣一併交付二祖，令其依此經典佛示金言、進入修道位，修學一切種智。由此可知此經對於眞悟之人修學佛道，是非常重要之一部經典。此經能破外道邪說，亦破佛門中錯悟名師之謬說，亦破禪宗部分祖師之狂禪：不讀經典、一向主張「一悟即成究竟佛」之謬執。並開示愚夫所行禪、觀察義禪、攀緣如禪、如來禪等差別，令行者對於三乘禪法差異有所分辨；亦糾正禪宗祖師古來對於如來禪之誤解，嗣後可免以訛傳訛之弊。此經亦是法相唯識宗之根本經典，禪者悟後欲修一切種智而入初地者，必須詳讀。平實導師著，全套共十輯，已全部出版完畢，每輯主文約320頁，每冊約352頁，定價250元。

宗門血脈—**公案拈提第四輯**：末法怪象—許多修行人自以爲悟，每將無念靈知認作眞實；崇尚二乘法諸師及其徒眾，則將外於如來藏之緣起性空—無因論之無常空、斷滅空、一切法空—錯認爲 佛所說之般若空性。這兩種現象已於當今海峽兩岸及美加地區顯密大師之中普遍存在；人人自以爲悟，心高氣壯，便敢寫書解釋祖師證悟之公案，大多出於意識思惟所得，言不及義，錯誤百出，因此誤導廣大佛子同陷大妄語之地獄業中而不能自知。彼等書中所說之悟處，其實處處違背第一義經典之聖言量。彼等諸人不論是否身披袈裟，都非佛法宗門血脈，或雖有禪宗法脈之傳承，亦只徒具形式；猶如螟蛉，非眞血脈，未悟得根本眞實故。禪子欲知佛、祖之眞血脈者，請讀此書，便知分曉。平實導師著，主文452頁，全書464頁，定價500元（2007年起，凡購買公案拈提第一輯至第七輯，每購一輯皆贈送本公司精製公案拈提〈超意境〉CD一片，市售價格280元，多購多贈）。

宗通與說通：古今中外，錯誤之人如麻似粟，每以常見外道所說之靈知心，認作眞心；或妄想虛空之勝性能量爲眞如，或錯認物質四大元素藉冥性（靈知心本體）能成就吾人色身及知覺，或認初禪至四禪中之了知心爲不生不滅之涅槃心。此等皆非通宗者之見地。復有錯悟之人一向主張「宗門與教門不相干」，此即尚未通達宗門之人也。其實宗門與教門互通不二，宗門所證者乃是眞如與佛性，教門所說者乃說宗門證悟之眞如佛性，故教門與宗門不二。本書作者以宗教二門互通之見地，細說「宗通與說通」，從初見道至悟後起修之道、細說分明；並將諸宗諸派在整體佛教中之地位與次第，加以明確之教判，學人讀之即可了知佛法之梗概也。欲擇明師學法之前，允宜先讀。平實導師著，主文共381頁，全書392頁，只售成本價300元。

宗門正道—公案拈提第五輯：修學大乘佛法有二果須證解脫果及大菩提果。二乘人不證大菩提果，唯證解脫果；此果之智慧，名爲聲聞菩提、緣覺菩提。大乘佛子所證二果之菩提果爲佛菩提，故名大菩提果，其慧名爲一切種智函蓋二乘解脫果。然此大乘二果修證，須經由禪宗之宗門證悟方能相應。而宗門證悟極難，自古已然；其所以難者，咎在古今佛教界普遍存在三種邪見：1.以修定認作佛法，2.以無因論之緣起性空—否定涅槃本際如來藏以後之一切法空作爲佛法，3.以常見外道邪見（離語言妄念之靈知性）作爲佛法。如是邪見，或因自身正見未立所致，或因邪師之邪教導所致，或因無始劫來虛妄熏習所致。若不破除此三種邪見，永劫不悟宗門眞義、不入大乘正道，唯能外門廣修菩薩行。平實導師於此書中，有極爲詳細之說明，有志佛子欲摧邪見、入於內門修菩薩行者，當閱此書。主文共496頁，全書512頁。售價500元（2007年起，凡購買公案拈提第一輯至第七輯，每購一輯皆贈送本公司精製公案拈提〈超意境〉CD一片，市售價格280元，多購多贈）。

狂密與真密：密教之修學，皆由有相之觀行法門而入，其最終目標仍不離顯教經典所說第一義諦之修證；若離顯教第一義經典、或違背顯教第一義經典，即非佛教。西藏密教之觀行法，如灌頂、觀想、遷識法、寶瓶氣、大聖歡喜雙身修法、喜金剛、無上瑜伽、大樂光明、樂空雙運等，皆是印度教兩性生生不息思想之轉化，自始至終皆以如何能運用交合淫樂之法達到全身受樂爲其中心思想，純屬欲界五欲的貪愛，不能令人超出欲界輪迴，更不能令人斷除我見；何況大乘之明心與見性，更無論矣！故密宗之法絕非佛法也。而其明光大手印、大圓滿法教，又皆同以常見外道所說離語言妄念之無念靈知心錯認爲佛地之眞如，不能直指不生不滅之眞如。西藏密宗所有法王與徒眾，都尚未開頂門眼，不能辨別眞僞，以依人不依法、依密續不依經典故，不肯將其上師喇嘛所說對照第一義經典，純依密續之藏密祖師所說爲準，因此而誇大其證德與證量，動輒謂彼祖師上師爲究竟佛、爲地上菩薩；如今台海兩岸亦有自謂其師證量高於 釋迦文佛者，然觀其師所述，猶未見道，仍在觀行即佛階段，尚未到禪宗相似即佛、分證即佛階位，竟敢標榜爲究竟佛及地上法王，誑惑初機學人。凡此怪象皆是狂密，不同於眞密之修行者。近年狂密盛行，密宗行者被誤導者極眾，動輒自謂已證佛地眞如，自視爲究竟佛，陷於大妄語業中而不知自省，反謗顯宗眞修實證者之證量粗淺；或如義雲高與釋性圓…等人，於報紙上公然誹謗眞實證道者爲「騙子、無道人、人妖、癩蛤蟆…」等，造下誹謗大乘勝義僧之大惡業；或以外道法中有爲有作之甘露、魔術……等法，誑騙初機學人，狂言彼外道法爲眞佛法。如是怪象，在西藏密宗及附藏密之外道中，不一而足，舉之不盡，學人宜應愼思明辨，以免上當後又犯毀破菩薩戒之重罪。密宗學人若欲遠離邪知邪見者，請閱此書，即能了知密宗之邪謬，從此遠離邪見與邪修，轉入眞正之佛道。

平實導師著 共四輯 每輯約400頁（主文約340頁）每輯售價300元。

宗門正義—公案拈提第六輯：佛教有六大危機，乃是藏密化、世俗化、膚淺化、學術化、宗門密意失傳、悟後進修諸地之次第混淆；其中尤以宗門密意之失傳，爲當代佛教最大之危機。由宗門密意失傳故，易令世尊本懷普被錯解，易令世尊正法被轉易爲外道法，以及加以淺化、世俗化，是故宗門密意之廣泛弘傳與具緣佛弟子，極爲重要。然而欲令宗門密意之廣泛弘傳予具緣之佛弟子者，必須同時配合錯誤知見之解析、普令佛弟子知之，然後輔以公案解析之直示入處，方能令具緣之佛弟子悟入。而此二者，皆須以公案拈提之方式爲之，方易成其功、竟其業，是故平實導師續作宗門正義一書，以利學人。全書500餘頁，售價500元（2007年起，凡購買公案拈提第一輯至第七輯，每購一輯皆贈送本公司精製公案拈提〈超意境〉CD一片，市售價格280元，多購多贈）。

心經密意—心經與解脫道、佛菩提道、祖師公案之關係與密意。二乘菩提所證之解脫道，實依第八識心之斷除煩惱障現行而立解脫之名；大乘菩提所證之佛菩提道，實依親證第八識如來藏之涅槃性、清淨自性、及其中道性而立般若之名；禪宗祖師公案所證之眞心，即是此第八識如來藏；是故三乘佛法所修所證之三乘菩提，皆依此如來藏心而立名也。此第八識心，即是《心經》所說之心也。證得此如來藏已，即能漸入大乘佛菩提道，亦可因證知此心而了知二乘無學所不能知之無餘涅槃本際，是故《心經》之密意，與三乘佛菩提之關係極爲密切、不可分割，三乘佛法皆依此心而立名故。今者平實導師以其所證解脫道之無生智及佛菩提之般若種智，將《心經》與解脫道、佛菩提道、祖師公案之關係與密意，以演講之方式，用淺顯之語句和盤托出，發前人所未言，呈三乘菩提之眞義，令人藉此《心經密意》一舉而窺三乘菩提之堂奧，迥異諸方言不及義之說；欲求眞實佛智者、不可不讀！主文317頁，連同跋文及序文…等共384頁，售價300元。

宗門密意—公案拈提第七輯：佛教之世俗化，將導致學人以信仰作爲學佛，則將以感應及世間法之庇祐，作爲學佛之主要目標，不能了知學佛之主要目標爲親證三乘菩提。大乘菩提則以般若實相智慧爲主要修習目標，以二乘菩提解脫道爲附帶修習之標的；是故學習大乘法者，應以禪宗之證悟爲要務，能親入大乘菩提之實相般若智慧中故，般若實相智慧非二乘聖人所能知故。此書則以台灣世俗化佛教之三大法師，說法似是而非之實例，配合眞悟祖師之公案解析，提示證悟般若之關節，令學人易得悟入。平實導師著，全書五百餘頁，售價500元（2007年起，凡購買公案拈提第一輯至第七輯，每購一輯皆贈送本公司精製公案拈提〈超意境〉CD一片，市售價格280元，多購多贈）。

淨土聖道—兼評日本本願念佛：佛法甚深極廣，般若玄微，非諸二乘聖僧所能知之，一切凡夫更無論矣！所謂一切證量皆歸淨土是也！是故大乘法中「聖道之淨土、淨土之聖道」，其義甚深，難可了知；乃至眞悟之人，初心亦難知也。今有正德老師眞實證悟後，復能深探淨土與聖道之緊密關係，憐憫眾生之誤會淨土實義，亦欲利益廣大淨土行人同入聖道，同獲淨土中之聖道門要義，乃振奮心神、書以成文，今得刊行天下。主文279頁，連同序文等共301頁，總有十一萬六千餘字，正德老師著，成本價200元。

起信論講記：詳解大乘起信論心生滅門與心眞如門之眞實意旨，消除以往大師與學人對起信論所說心生滅門之誤解，由是而得了知眞心如來藏之非常非斷中道正理；亦因此一講解，令此論以往隱晦而被誤解之眞實義，得以如實顯示，令大乘佛菩提道之正理得以顯揚光大；初機學者亦可藉此正論所顯示之法義，對大乘法理生起正信，從此得以眞發菩提心，眞入大乘法中修學，世世常修菩薩正行。平實導師演述，共六輯，都已出版，每輯三百餘頁，售價250元。

優婆塞戒經講記：本經詳述在家菩薩修學大乘佛法，應如何受持菩薩戒？對人間善行應如何看待？對三寶應如何護持？應如何正確地修集此世後世證法之福德？應如何修集後世「行菩薩道之資糧」？並詳述第一義諦之正義：五蘊非我非異我、自作自受、異作異受、不作不受……等深妙法義，乃是修學大乘佛法、行菩薩行之在家菩薩所應當了知者。出家菩薩今世或未來世登地已，捨報之後多數將如華嚴經中諸大菩薩，以在家菩薩身而修行菩薩行，故亦應以此經所述正理而修之，配合《楞伽經、解深密經、楞嚴經、華嚴經》等道次第正理，方得漸次成就佛道；故此經是一切大乘行者皆應證知之正法。平實導師講述，每輯三百餘頁，售價各250元；共八輯，已全部出版。

真假活佛—略論附佛外道盧勝彥之邪說：人人身中都有眞活佛，永生不滅而有大神用，但眾生都不了知，所以常被身外的西藏密宗假活佛籠罩欺瞞。本來就眞實存在的眞活佛，才是眞正的密宗無上密！諾那活佛因此而說禪宗是大密宗，但藏密的所有活佛都不知道、也不曾實證自身中的眞活佛。本書詳實宣示眞活佛的道理，舉證盧勝彥的「佛法」不是眞佛法，也顯示盧勝彥是假活佛，直接的闡釋第一義佛法見道的眞實正理。眞佛宗的所有上師與學人們，都應該詳細閱讀，包括盧勝彥個人在內。正犀居士著，優惠價140元。

阿含正義—唯識學探源：廣說四大部《阿含經》諸經中隱說之眞正義理，一一舉示佛陀本懷，令阿含時期初轉法輪根本經典之眞義，如實顯現於佛子眼前。並提示末法大師對於阿含眞義誤解之實例，一一比對之，證實唯識增上慧學確於原始佛法之阿含諸經中已隱覆密意而略說之，證實 世尊確於原始佛法中已曾密意而說第八識如來藏之總相；亦證實 世尊在四阿含中已說此藏識是名色十八界之因、之本—證明如來藏是能生萬法之根本心。佛子可據此修正以往受諸大師（譬如西藏密宗應成派中觀師：印順、昭慧、性廣、大願、達賴、宗喀巴、寂天、月稱、……等人）誤導之邪見，建立正見，轉入正道乃至親證初果而無困難；書中並詳說三果所證的**心解脫**，以及四果**慧解脫**的親證，都是如實可行的具體知見與行門。全書共七輯，已出版完畢。平實導師著，每輯三百餘頁，售價300元。

超意境CD：以平實導師公案拈提書中超越意境之頌詞，加上曲風優美的旋律，錄成令人嚮往的超意境歌曲，其中包括正覺發願文及平實導師親自譜成的黃梅調歌曲一首。詞曲雋永，殊堪翫味，可供學禪者吟詠，有助於見道。內附設計精美的彩色小冊，解說每一首詞的背景本事。每片280元。【每購買公案拈提書籍一冊，即贈送一片。】

鈍鳥與靈龜：鈍鳥及靈龜二物，被宗門證悟者說爲二種人：前者是精修禪定而無智慧者，也是以定爲禪的愚癡禪人；後者是或有禪定、或無禪定的宗門證悟者，凡已證悟者皆是靈龜。但後來被人虛造事實，用以嘲笑大慧宗杲禪師，說他雖是靈龜，卻不免被天童禪師預記「患背」痛苦而亡：「**鈍鳥離巢易，靈龜脫殼難。**」藉以貶低大慧宗杲的證量。同時將天童禪師實證如來藏的證量，曲解爲意識境界的離念靈知。自從大慧禪師入滅以後，錯悟凡夫對他的不實毀謗就一直存在著，不曾止息，並且捏造的假事實也隨著年月的增加而越來越多，終至編成「鈍鳥與靈龜」的假公案、假故事。本書是考證大慧與天童之間的不朽情誼，顯現這件假公案的虛妄不實；更見大慧宗杲面對惡勢力時的正直不阿，亦顯示大慧對天童禪師的至情深義，將使後人對大慧宗杲的誣謗至此而止，不再有人誤犯毀謗賢聖的惡業。書中亦舉證宗門的所悟確以第八識如來藏爲標的，詳讀之後必可改正以前被錯悟大師誤導的參禪知見，日後必定有助於實證禪宗的開悟境界，得階大乘眞見道位中，即是實證般若之賢聖。全書459頁，售價350元。

我的菩提路第一輯：凡夫及二乘聖人不能實證的佛菩提證悟，末法時代的今天仍然有人能得實證，由正覺同修會釋悟圓、釋善藏法師等二十餘位實證如來藏者所寫的見道報告，已爲當代學人見證宗門正法之絲縷不絕，證明大乘義學的法脈仍然存在，爲末法時代求悟般若之學人照耀出光明的坦途。由二十餘位大乘見道者所繕，敘述各種不同的學法、見道因緣與過程，參禪求悟者必讀。全書三百餘頁，售價300元。

我的菩提路第二輯：由郭正益老師等人合著，書中詳述彼等諸人歷經各處道場學法，一一修學而加以檢擇之不同過程以後，因閱讀正覺同修會、正智出版社書籍而發起抉擇分，轉入正覺同修會中修學；乃至學法及見道之過程，都一一詳述之。其中張志成等人係由前現代禪轉進正覺同修會，張志成原爲現代禪副宗長，以前未閱本會書籍時，曾被人藉其名義著文評論 平實導師（詳見《宗通與說通》辨正及《眼見佛性》書末附錄…等）；後因偶然接觸正覺同修會書籍，深覺以前聽人評論平實導師之語不實，於是投入極多時間閱讀本會書籍、深入思辨，詳細探索中觀與唯識之關聯與異同，認爲正覺之法義方是正法，深覺相應；亦解開多年來對佛法的迷雲，確定應依八識論正理修學方是正法。乃不顧面子，毅然前往正覺同修會面見平實導師懺悔，並正式學法求悟。今已與其同修王美伶（亦爲前現代禪傳法老師），同樣證悟如來藏而證得法界實相，生起實相般若眞智。此書中尚有七年來本會第一位眼見佛性者之見性報告一篇，一同供養大乘佛弟子。全書共四百頁，售價300元。

我的菩提路第三輯：由王美伶老師等人合著。自從正覺同修會成立以來，每年夏初、冬初都舉辦精進禪三共修，藉以助益會中同修們得以證悟明心發起般若實相智慧；凡已實證而被平實導師印證者，皆書具見道報告用以證明佛法之眞實可證而非玄學，證明佛法並非純屬思想、理論而無實質，是故每年都能有人證明正覺同修會的「實證佛教」主張並非虛語。特別是眼見佛性一法，自古以來中國禪宗祖師實證者極寡，較之明心開悟的證境更難令人信受；至2017年初，正覺同修會中的證悟明心者已近五百人，然而其中眼見佛性者至今唯十餘人爾，可謂難能可貴，是故明心後欲冀眼見佛性者實屬不易。黃正倖老師是懸絕七年無人見性後的第一人，她於2009年的見性報告刊於本書的第二輯中，爲大眾證明佛性確實可以眼見；其後七年之中求見性者都屬解悟佛性而無人眼見，幸而又經七年後的2016冬初，以及2017夏初的禪三，復有三人眼見佛性，希冀鼓舞四眾佛子求見佛性之大心，今則具載一則於書末，顯示求見佛性之事實經歷，供養現代佛教界欲得見性之四眾弟子。全書四百頁，售價300元，預定2017年6月30日發行。

維摩詰經講記：本經係 世尊在世時，由等覺菩薩維摩詰居士藉疾病而演說之大乘菩提無上妙義，所說函蓋甚廣，然極簡略，是故今時諸方大師與學人讀之悉皆錯解，何況能知其中隱含之深妙正義，是故普遍無法爲人解說；若強爲人說，則成依文解義而有諸多過失。今由平實導師公開宣講之後，詳實解釋其中密意，令維摩詰菩薩所說大乘不可思議解脫之深妙正法得以正確宣流於人間，利益當代學人及與諸方大師。書中詳實演述大乘佛法深妙不共二乘之智慧境界，顯示諸法之中絕待之實相境界，建立大乘菩薩妙道於永遠不敗不壞之地，以此成就護法偉功，欲冀永利娑婆人天。已經宣講圓滿整理成書流通，以利諸方大師及諸學人。全書共六輯，每輯三百餘頁，售價各250元。

真假外道：本書具體舉證佛門中的常見外道知見實例，並加以教證及理證上的辨正，幫助讀者輕鬆而快速的了知常見外道的錯誤知見，進而遠離佛門內外的常見外道知見，因此即能改正修學方向而快速實證佛法。游正光老師著。成本價200元。

勝鬘經講記：如來藏爲三乘菩提之所依，若離如來藏心體及其含藏之一切種子，即無三界有情及一切世間法，亦無二乘菩提緣起性空之出世間法；本經詳說無始無明、一念無明皆依如來藏而有之正理，藉著詳解煩惱障與所知障間之關係，令學人深入了知二乘菩提與佛菩提相異之妙理；聞後即可了知佛菩提之特勝處及三乘修道之方向與原理，邁向攝受正法而速成佛道的境界中。平實導師講述，共六輯，每輯三百餘頁，售價各250元。

楞嚴經講記：楞嚴經係密教部之重要經典，亦是顯教中普受重視之經典；經中宣說明心與見性之內涵極爲詳細，將一切法都會歸如來藏及佛性—妙眞如性；亦闡釋佛菩提道修學過程中之種種魔境，以及外道誤會涅槃之狀況，旁及三界世間之起源。然因言句深澀難解，法義亦復深妙寬廣，學人讀之普難通達，是故讀者大多誤會，不能如實理解佛所說之明心與見性內涵，亦因是故多有悟錯之人引爲開悟之證言，成就大妄語罪。今由平實導師詳細講解之後，整理成文，以易讀易懂之語體文刊行天下，以利學人。全書十五輯，全部出版完畢。每輯三百餘頁，售價每輯300元。

明心與眼見佛性：本書細述明心與眼見佛性之異同，同時顯示了中國禪宗破初參明心與重關眼見佛性二關之間的關聯；書中又藉法義辨正而旁述其他許多勝妙法義，讀後必能遠離佛門長久以來積非成是的錯誤知見，令讀者在佛法的實證上有極大助益。也藉慧廣法師的謬論來教導佛門學人回歸正知正見，遠離古今禪門錯悟者所墮的意識境界，非唯有助於斷我見，也對未來的開悟明心實證第八識如來藏有所助益，是故學禪者都應細讀之。游正光老師著　共448頁　售價300元。

菩薩底憂鬱CD將菩薩情懷及禪宗公案寫成新詞，並製作成超越意境的優美歌曲。1.主題曲〈菩薩底憂鬱〉，描述地後菩薩能離三界生死而迴向繼續生在人間，但因尚未斷盡習氣種子而有極深沈之憂鬱，非三賢位菩薩及二乘聖者所知，此憂鬱在七地滿心位方才斷盡；本曲之詞中所說義理極深，昔來所未曾見；此曲係以優美的情歌風格寫詞及作曲，聞者得以激發嚮往諸地菩薩境界之大心，詞、曲都非常優美，難得一見；其中勝妙義理之解說，已印在附贈之彩色小冊中。2.以各輯公案拈提中直示禪門入處之頌文，作成各種不同曲風之超意境歌曲，值得玩味、參究；聆聽公案拈提之優美歌曲時，請同時閱讀內附之印刷精美說明小冊，可以領會超越三界的證悟境界；未悟者可以因此引發求悟之意向及疑情，眞發菩提心而邁向求悟之途，乃至因此眞實悟入般若，成眞菩薩。3.正覺總持咒新曲，總持佛法大意；總持咒之義理，已加以解說並印在隨附之小冊中。本CD共有十首歌曲，長達63分鐘，附贈二張購書優惠券。每片280元。

禪意無限CD平實導師以公案拈提書中偈頌寫成不同風格曲子，與他人所寫不同風格曲子共同錄製出版，幫助參禪人進入禪門超越意識之境界。盒中附贈彩色印製的精美解說小冊，以供聆聽時閱讀，令參禪人得以發起參禪之疑情，即有機會證悟本來面目，實證大乘菩提般若。本CD共有十首歌曲，長達69分鐘，每盒各附贈二張購書優惠券。每片280元。

金剛經宗通：三界唯心，萬法唯識，是成佛之修證內容，是諸地菩薩之所修；般若則是成佛之道（實證三界唯心、萬法唯識）的入門，若未證悟實相般若，即無成佛之可能，必將永在外門廣行菩薩六度，永在凡夫位中。然而實相般若的發起，全賴實證萬法的實相；若欲證知萬法的眞相，則必須探究萬法之所從來，則須實證自心如來—金剛心如來藏，然後現觀這個金剛心的金剛性、眞實性、如如性、清淨性、涅槃性、能生萬法的自性性、本住性，名爲證眞如；進而現觀三界六道唯是此金剛心所成，人間萬法須藉八識心王和合運作方能現起。如是實證《華嚴經》的「三界唯心、萬法唯識」以後，由此等現觀而發起實相般若智慧，繼續進修第十住位的如幻觀、第十行位的陽焰觀、第十迴向位的如夢觀，再生起增上意樂而勇發十無盡願，方能滿足三賢位的實證，轉入初地；自知成佛之道而無偏倚，從此按部就班、次第進修乃至成佛。第八識自心如來是般若智慧之所依，般若智慧的修證則要從實證金剛心自心如來開始；《金剛經》則是解說自心如來之經典，是一切三賢位菩薩所應進修之實相般若經典。這一套書，是將平實導師宣講的《金剛經宗通》內容，整理成文字而流通之；書中所說義理，迥異古今諸家依文解義之說，指出大乘見道方向與理路，有益於禪宗學人求開悟見道，及轉入內門廣修六度萬行。講述完畢後結集出版，總共9輯，每輯約三百餘頁，售價各250元。

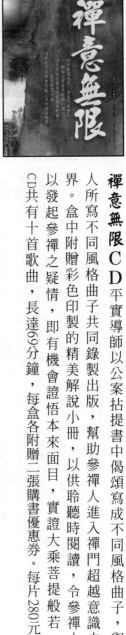

空行母—性別、身分定位，以及藏傳佛教：本書作者爲蘇格蘭哲學家，因爲嚮往佛教深妙的哲學內涵，於是進入當年盛行於歐美的假藏傳佛教密宗，擔任卡盧仁波切的翻譯工作多年以後，被邀請成爲卡盧的空行母（又名佛母、明妃），開始了她在密宗裡的實修過程；後來發覺在密宗雙身法中的修行，其實無法使自己成佛，也發覺密宗對女性岐視而處處貶抑，並剝奪女性在雙身法中擔任一半角色時應有的身分定位。當她發覺自己只是雙身法中被喇嘛利用的工具，沒有獲得絲毫應有的尊重與基本定位時，發現了密宗的父權社會控制女性的本質；於是作者傷心地離開了卡盧仁波切與密宗，但是卻被恐嚇不許講出她在密宗裡的經歷，也不許她說出自己對密宗的教義與教制下對女性剝削的本質，否則將被咒殺死亡。後來她去加拿大定居，十餘年後方才擺脫這個恐嚇陰影，下定決心將親身經歷的實情及觀察到的事實寫下來並且出版，公諸於世。出版之後，她被流亡的達賴集團人士大力攻訐，誣指她爲精神狀態失常、說謊……等。但有智之士並未被達賴集團的政治操作及各國政府政治運作吹捧達賴的表相所欺，使她的書銷售無阻而又再版。正智出版社鑑於作者此書是親身經歷的事實，所說具有針對「藏傳佛教」而作學術研究的價值，也有使人認清假藏傳佛教剝削佛母、明妃的男性本位實質，因此洽請作者同意中譯而出版於華人地區。珍妮·坎貝爾女士著，呂艾倫 中譯，每冊250元。

霧峰無霧—給哥哥的信：本書作者藉兄弟之間信件往來論義，略述佛法大義；並以多篇短文辨義，舉出釋印順對佛法的無量誤解證據，並一一給予簡單而清晰的辨正，令人一讀即知。久讀、多讀之後即能認清楚釋印順的六識論見解，與眞實佛法之牴觸是多麼嚴重；於是在久讀、多讀之後，於不知不覺之間提升了對佛法的極深入理解，正知正見就在不知不覺間建立起來了。當三乘佛法的正知見建立起來之後，對於三乘菩提的見道條件便將隨之具足，於是聲聞解脫道的見道也就水到渠成；接著大乘見道的因緣也將次第成熟，未來自然也會有親見大乘菩提之道的因緣，悟入大乘實相般若也將自然成功，自能通達般若系列諸經而成實義菩薩。作者居住於南投縣霧峰鄉，自喻見道之後不復再見霧峰之霧，故鄉原野美景一一明見，於是立此書名爲《霧峰無霧》；讀者若欲撥霧見月，可以此書爲緣。游宗明 老師著 售價250元。

假藏傳佛教的神話—性、謊言、喇嘛教：本書編著者是由一首名叫「阿姊鼓」的歌曲爲緣起，展開了序幕，揭開假藏傳佛教—喇嘛教—的神祕面紗。其重點是蒐集、摘錄網路上質疑「喇嘛教」的帖子，以揭穿「假藏傳佛教的神話」爲主題，串聯成書，並附加彩色插圖以及說明，讓讀者們瞭解西藏密宗及相關人事如何被操作爲「神話」的過程，以及神話背後的眞相。作者：張正玄教授。售價200元。

達賴真面目—玩盡天下女人：假使您不想戴綠帽子，請記得詳細閱讀此書；假使您不想讓好朋友戴綠帽子，請您將此書介紹給您的好朋友。假使您想保護家中的女性，也想要保護好朋友的女眷，請記得將此書送給家中的女性和好友的女眷都來閱讀。本書爲印刷精美的大本彩色中英對照精裝本，爲您揭開達賴喇嘛的眞面目，內容精彩不容錯過，爲利益社會大眾，特別以優惠價格嘉惠所有讀者。編著者：白志偉等。大開版雪銅紙彩色精裝本。售價800元。

喇嘛性世界—揭開假藏傳佛教譚崔瑜伽的面紗：這個世界中的喇嘛，號稱來自世外桃源的香格里拉，穿著或紅或黃的喇嘛長袍，散布於我們的身邊傳教灌頂，吸引了無數的人嚮往學習；這些喇嘛虔誠地爲大眾祈福，手中拿著寶杵（金剛）與寶鈴（蓮花），口中唸著咒語：「唵．嘛呢．叭咪．吽……」，咒語的意思是說：「我至誠歸命金剛杵上的寶珠伸向蓮花寶穴之中」！「喇嘛性世界」是什麼樣的「世界」呢？本書將爲您呈現喇嘛世界的面貌。當您發現眞相以後，您將會唸：「噢！喇嘛．性．世界，譚崔性交嘛！」作者：張善思、呂艾倫。售價200元。

末代達賴—性交教主的悲歌：簡介從藏傳僞佛教（喇嘛教）的修行核心—性力派男女雙修，探討達賴喇嘛及藏傳僞佛教的修行內涵。書中引用外國知名學者著作、世界各地新聞報導，包含：歷代達賴喇嘛的祕史、達賴六世修雙身法的事蹟，以及《時輪續》中的性交灌頂儀式……等；達賴喇嘛書中開示的雙修法、達賴喇嘛的黑暗政治手段；達賴喇嘛所領導的寺院爆發喇嘛性侵兒童；新聞報導《西藏生死書》作者索甲仁波切性侵女信徒、澳洲喇嘛秋達公開道歉、美國最大假藏傳佛教組織領導人邱陽創巴仁波切的性氾濫；等等事件背後眞相的揭露。作者：張善思、呂艾倫、辛燕。售價250元。

第七意識與第八意識？—穿越時空「超意識」：「三界唯心，萬法唯識」是佛教中應該實證的聖教，也是《華嚴經》中明載而可以實證的法界實相。唯心者，三界一切境界、一切諸法唯是一心所成就，即是每一個有情的第八識如來藏，不是意識心。唯識者，即是人類各各都具足的八識心王——眼識、耳鼻舌身意識、意根、阿賴耶識，第八阿賴耶識又名如來藏，人類五陰相應的萬法，莫不由八識心王共同運作而成就，故說萬法唯識。依聖教量及現量、比量，都可以證明意識是二法因緣生，是由第八識藉意根與法塵二法爲因緣而出生，又是夜夜斷滅不存之生滅心，即無可能反過來出生第七識意根、第八識如來藏，當知不可能從生滅性的意識心中，細分出恆審思量的第七識意根，更無可能細分出恆而不審的第八識如來藏。本書是將演講內容整理成文字，細說如是內容，並已在〈正覺電子報〉連載完畢，今彙集成書以廣流通，欲幫助佛門有緣人斷除意識我見，跳脫於識陰之外而取證聲聞初果；嗣後修學禪宗時即得不墮外道神我之中，得以求證第八識金剛心而發起般若實智。平實導師 述，每冊300元。

黯淡的達賴—失去光彩的諾貝爾和平獎：本書舉出很多證據與論述，詳述達賴喇嘛不爲世人所知的一面，顯示達賴喇嘛並不是眞正的和平使者，而是假借諾貝爾和平獎的光環來欺騙世人；透過本書的說明與舉證，讀者可以更清楚的瞭解，達賴喇嘛是結合暴力、黑暗、淫欲於喇嘛教裡的集團首領，其政治行爲與宗教主張，早已讓諾貝爾和平獎的光環染污了。本書由財團法人正覺教育基金會寫作、編輯，由正覺出版社印行，每冊250元。

童女迦葉考—論呂凱文〈佛教輪迴思想的論述分析〉之謬：童女迦葉是佛世率領五百大比丘遊行於人間的歷史事實，是以童貞行而依止菩薩戒弘化於人間的大菩薩，不依別解脫戒（聲聞戒）來弘化於人間。這是大乘佛教與聲聞佛教同時存在於佛世的歷史明證，證明大乘佛教不是從聲聞法中分裂出來的部派佛教的產物，卻是聲聞佛教分裂出來的部派佛教聲聞凡夫僧所不樂見的史實；於是古今聲聞法中的凡夫都欲加以扭曲而作詭說，更是末法時代高聲大呼「大乘非佛說」的六識論聲聞凡夫極力想要扭曲的佛教史實之一，於是想方設法扭曲迦葉菩薩爲聲聞僧，以及扭曲迦葉童女爲比丘僧等荒謬不實之論著便陸續出現，古時聲聞僧寫作的《分別功德論》是最具體之事例，現代之代表作則是呂凱文先生的〈佛教輪迴思想的論述分析〉論文。鑑於如是假藉學術考證以籠罩大眾之不實謬論，未來仍將繼續造作及流竄於佛教界，繼續扼殺大乘佛教學人法身慧命，必須舉證辨正之，遂成此書。平實導師 著，每冊180元。

人間佛教—實證者必定不悖三乘菩提：「大乘非佛說」的講法似乎流傳已久，卻只是日本人企圖擺脫中國正統佛教的影響，而在明治維新時期才開始提出來的說法；台灣佛教、大陸佛教的淺學無智之人，由於未曾實證佛法而迷信日本人錯誤的學術考證，錯認爲這些別有用心的日本佛學考證的講法爲天竺佛教的眞實歷史；甚至還有更激進的反對佛教者提出「釋迦牟尼佛並非眞實存在，只是後人捏造的假歷史人物」，竟然也有少數人願意跟著「學術」的假光環而信受不疑，於是開始有一些佛教界人士造作了反對中國佛教而推崇南洋小乘佛教的行爲，使佛教的信仰者難以檢擇，導致一般大陸人士開始轉入基督教的盲目迷信中。在這些佛教及外教人士之中，也就有一分人根據此邪說而大聲主張「大乘非佛說」的謬論，這些人以「人間佛教」的名義來抵制中國正統佛教，公然宣稱中國的大乘佛教是由聲聞部派佛教的凡夫僧所創造出來的。這樣的說法流傳於台灣及大陸佛教界凡夫僧之中已久，卻非眞正的佛教歷史中曾經發生過的事，只是繼承六識論的聲聞法中凡夫僧依自己的意識境界立場，純憑臆想而編造出來的妄想說法，卻已經影響許多無智之凡夫僧俗信受不移。本書則是從佛教的經藏法義實質及實證的現量內涵本質立論，證明大乘佛法本是佛說，是從《阿含正義》尚未說過的不同面向來討論「人間佛教」的議題，證明「大乘眞佛說」。閱讀本書可以斷除六識論邪見，迴入三乘菩提正道發起實證的因緣；也能斷除禪宗學人學禪時普遍存在之錯誤知見，對於建立參禪時的正知見有很深的著墨。平實導師 述，內文488頁，全書528頁，定價400元。

見性與看話頭：黃正倖老師的《見性與看話頭》於《正覺電子報》連載完畢，今集結出版。書中詳說禪宗看話頭的詳細方法，並細說看話頭與眼見佛性的關係，以及眼見佛性者求見佛性前必須具備的條件。本書是禪宗實修者追求明心開悟時參禪的方法書，也是求見佛性者作功夫時必讀的方法書，內容兼顧眼見佛性的理論與實修之方法，是依實修之體驗配合理論而詳述，條理分明而且極爲詳實、周全、深入。本書內文375頁，全書416頁，售價300元。

中觀金鑑—詳述應成派中觀的起源與其破法本質：學佛人往往迷於中觀學派之不同學說，被應成派與自續派所迷惑；修學般若中觀二十年後自以爲實證般若中觀了，卻仍不曾入門，甫聞實證般若中觀者之所說，則茫無所知，迷惑不解；隨後信心盡失，不知如何實證佛法；凡此，皆因惑於這二派中觀學說所致。自續派中觀所說同於常見，以意識境界立爲第八識如來藏之境界，應成派所說則同於斷見，但又同立意識爲常住法，故亦具足斷常二見。今者孫正德老師有鑑於此，乃將起源於密宗的應成派中觀學說，追本溯源，詳考其來源之外，亦一一舉證其立論內容，詳加辨正，令密宗雙身法祖師以識陰境界而造之應成派中觀學說本質，詳細呈現於學人眼前，令其維護雙身法之目的無所遁形。若欲遠離密宗此二大派中觀謬說，欲於三乘菩提有所進道者，允宜具足閱讀並細加思惟，反覆讀之以後將可捨棄邪道返歸正道，則於般若之實證即有可能，證後自能現觀如來藏之中道境界而成就中觀。本書分上、中、下三冊，每冊250元，已全部出版完畢。

真心告訴您（一）—達賴喇嘛在幹什麼？這是一本報導篇章的選集，更是「破邪顯正」的暮鼓晨鐘。「破邪」是戳破假象，說明達賴喇嘛及其所率領的密宗四大派法王、喇嘛們，弘傳的佛法是仿冒的佛法；他們是假藏傳佛教，是坦特羅(譚崔性交)外道法和藏地崇奉鬼神的苯教混合成的「喇嘛教」，推廣的是以所謂「無上瑜伽」的男女雙身法冒充佛法的假佛教，詐財騙色誤導眾生，常常造成信徒家庭破碎、家中兒少失怙的嚴重後果。「顯正」是揭櫫眞相，指出眞正的藏傳佛教只有一個，就是覺囊巴，傳的是 釋迦牟尼佛演繹的第八識如來藏妙法，稱爲他空見大中觀。正覺教育基金會即以此古今輝映的如來藏正法正知見，在眞心新聞網中逐次報導出來，將箇中原委「眞心告訴您」，如今結集成書，與想要知道密宗眞相的您分享。售價250元。

實相經宗通：學佛之目的在於實證一切法界背後之實相，禪宗稱之爲本來面目或本地風光，佛菩提道中稱之爲實相法界；此實相法界即是金剛藏，又名佛法之祕密藏，即是能生有情五陰、十八界及宇宙萬有（山河大地、諸天、三惡道世間）的第八識如來藏，又名阿賴耶識心，即是禪宗祖師所說的眞如心，此心即是三界萬有背後的實相。證得此第八識心時，自能瞭解般若諸經中隱說的種種密意，即得發起實相般若——實相智慧。每見學佛人修學佛法二十年後仍對實相般若茫然無知，亦不知如何入門，茫無所趣；更因不知三乘菩提的互異互同，是故越是久學者對佛法越覺茫然，都肇因於尚未瞭解佛法的全貌，亦未瞭解佛法的修證內容即是第八識心所致。本書對於修學佛法者所應實證的實相境界提出明確解析，並提示趣入佛菩提道的入手處，有心親證實相般若的佛法實修者，宜詳讀之，於佛菩提道之實證即有下手處。平實導師述著，共八輯，全部出版完畢，每輯成本價250元。

法華經講義：此書爲平實導師始從2009/7/21演述至2014/1/14之講經錄音整理所成。世尊一代時教，總分五時三教，即是華嚴時、聲聞緣覺教、般若教、種智唯識教、法華時；依此五時三教區分爲藏、通、別、圓四教。本經是最後一時的圓教經典，圓滿收攝一切法教於本經中，是故最後的圓教聖訓中，特地指出無有三乘菩提，其實唯有一佛乘；皆因衆生愚迷故，方便區分爲三乘菩提以助衆生證道。世尊於此經中特地說明如來示現於人間的唯一大事因緣，便是爲有緣衆生「開、示、悟、入」諸佛的所知所見——第八識如來藏妙眞如心，並於諸品中隱說「妙法蓮花」如來藏心的密意。然因此經所說甚深難解，眞義隱晦，古來難得有人能窺堂奧；平實導師以知如是密意故，特爲末法佛門四衆演述《妙法蓮華經》中各品蘊含之密意，使古來未曾被古德註解出來的「此經」密意，如實顯示於當代學人眼前。乃至〈藥王菩薩本事品〉、〈妙音菩薩品〉、〈觀世音菩薩普門品〉、〈普賢菩薩勸發品〉中的微細密意，亦皆一併詳述之，開前人所未曾言之密意，示前人所未見之妙法。最後乃至以〈法華大意〉而總其成，全經妙旨貫通始終，而依佛旨圓攝於一心如來藏妙心，厥爲曠古未有之大說也。平實導師述　已於2015/5/31起出版第一輯，每兩個月出版一輯，共有25輯。每輯300元。

西藏「活佛轉世」制度—附佛、造神、世俗法：歷來關於喇嘛教活佛轉世的研究，多針對歷史及文化兩部分，於其所以成立的理論基礎，較少系統化的探討。尤其是此制度是否依據「佛法」而施設？是否合乎佛法眞實義？現有的文獻大多含糊其詞，或人云亦云，不曾有明確的闡釋與如實的見解。因此本文先從活佛轉世的由來，探索此制度的起源、背景與功能，並進而從活佛的尋訪與認證之過程，發掘活佛轉世的特徵，以確認「活佛轉世」在佛法中應具足何種果德。定價150元。

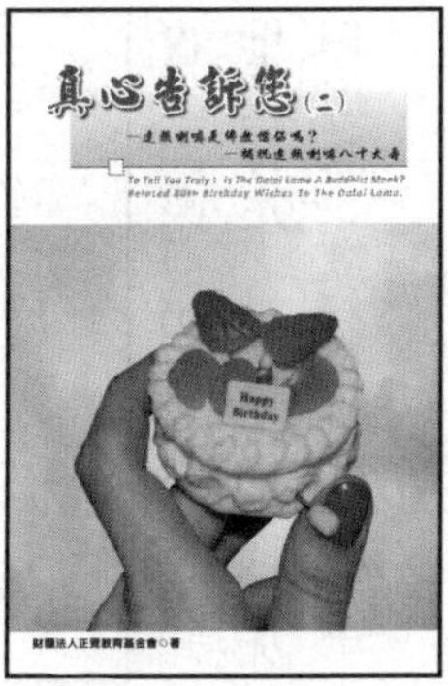

真心告訴您（二）—達賴喇嘛是佛教僧侶嗎？補祝達賴喇嘛八十大壽：這是一本針對當今達賴喇嘛所領導的喇嘛教，冒用佛教名相、於師徒間或師兄姊間，實修男女邪淫，而從佛法三乘菩提的現量與聖教量，揭發其謊言與邪術，證明達賴及其喇嘛教是仿冒佛教的外道，是「假藏傳佛教」。藏密四大派教義雖有「八識論」與「六識論」的表面差異，然其實修之內容，皆共許「無上瑜伽」四部灌頂爲究竟「成佛」之法門，也就是共以男女雙修之邪淫法爲「即身成佛」之密要，雖美其名曰「欲貪爲道」之「金剛乘」，並誇稱其成就超越於（應身佛）釋迦牟尼佛所傳之顯教般若乘之上；然詳考其理論，則或以意識離念時之粗細心爲第八識如來藏，或以中脈裡的明點爲第八識如來藏，或如宗喀巴與達賴堅決主張第六意識爲常恆不變之眞心者，分別墮於外道之常見與斷見中；全然違背 佛說能生五蘊之如來藏的實質。售價300元。

修習止觀坐禪法要講記：修學四禪八定之人，往往錯會禪定之修學知見，欲以無止盡之坐禪而證禪定境界，卻不知修除性障之行門才是修證四禪八定不可或缺之要素，故智者大師云「性障初禪」；性障不除，初禪永不現前，云何修證二禪等？又：行者學定，若唯知數息，而不解六妙門之方便善巧者，欲求一心入定，極難可得，智者大師名之爲「事障未來」：障礙未到地定之修證。又禪定之修證，不可違背二乘菩提及第一義法，否則縱使具足四禪八定，亦不能實證涅槃而出三界。此諸知見，智者大師於《修習止觀坐禪法要》中皆有闡釋。作者平實導師以其第一義之見地及禪定之實證證量，曾加以詳細解析。將俟正覺寺竣工啓用後重講，不限制聽講者資格；講後將以語體文整理出版。欲修習世間定及增上定之學者，宜細讀之。平實導師述著。

解深密經講記：本經係 世尊晚年第三轉法輪，宣說地上菩薩所應熏修之唯識正義經典，經中所說義理乃是大乘一切種智增上慧學，以阿陀那識—如來藏—阿賴耶識爲主體。禪宗之證悟者，若欲修證初地無生法忍乃至八地無生法忍者，必須修學《楞伽經、解深密經》所說之八識心王一切種智；此二經所說正法，方是眞正成佛之道；印順法師否定如來藏之後所說萬法緣起性空之法，是以誤會後之二乘解脫道取代大乘眞正成佛之道，亦已墮於斷滅見中，不可謂爲成佛之道也。平實導師曾於本會郭故理事長往生時，於喪宅中從初七至第十七，宣講圓滿，作爲郭老之往生佛事功德，迴向郭老早證八地、速返娑婆住持正法；茲爲今時後世學人故，將擇期重講《解深密經》，以淺顯之語句講畢後將會整理成文，用供證悟者進道；亦令諸方未悟者，據此經中佛語正義，修正邪見，依之速能入道。平實導師述著，全書輯數未定，每輯三百餘頁，將於未來重講完畢後逐輯出版。

佛法入門：學佛人往往修學二十年後仍不知如何入門，茫無所入漫無方向，不知如何實證佛法；更因不知三乘菩提的互異互同之處，導致越是久學者越覺茫然，都是肇因於尚未瞭解佛法的全貌所致。本書對於佛法的全貌提出明確的輪廓，並說明三乘菩提的異同處，讀後即可輕易瞭解佛法全貌，數日內即可明瞭三乘菩提入門方向與下手處。○○菩薩著　出版日期未定。

阿含講記—小乘解脫道之修證：數百年來，南傳佛法所說證果之不實，所說解脫道之虛妄，所弘解脫道法義之世俗化，皆已少人知之；今時台灣全島印順系統之法師居士，多不知南傳佛法數百年來所說解脫道之義理已然偏斜、已然世俗化、已非眞正之二乘解脫正道，猶極力推崇與弘揚。彼等南傳佛法近代所謂之證果者多非眞實證果者，譬如阿迦曼、葛印卡、帕奧禪師、一行禪師……等人，悉皆未斷我見故。近年更有台灣南部大願法師，高抬南傳佛法之二乘修證行門為「捷徑究竟解脫之道」者，然而南傳佛法縱使眞修實證，得成阿羅漢，至高唯是二乘菩提解脫之道，絕非究竟解脫，無餘涅槃中之實際尚未得證故，法界之實相尚未了知故，習氣種子待除故，一切種智未實證故，焉得謂為「究竟解脫」？即使南傳佛法近代眞有實證之阿羅漢，尚且不及三賢位中之七住明心菩薩本來自性清淨涅槃智慧境界，不知此賢位菩薩所證之無餘涅槃實際，仍非大乘佛法中之見道者，何況普未實證聲聞果乃至未斷我見之人？謬充證果已屬逾越，更何況是誤會二乘菩提之後，以未斷我見之凡夫知見所說之二乘菩提解脫偏斜法道，焉可高抬為「究竟解脫」？而且自稱「捷徑之道」？又妄言解脫之道即是成佛之道，完全否定般若實智、否定三乘菩提所依之如來藏心體，此理大大不通也！平實導師為令修學二乘菩提欲證解脫果者，普得迴入二乘菩提正見、正道中，是故選錄四阿含諸經中，對於二乘解脫道法義有具足圓滿說明之經典，預定未來十年內將會加以詳細講解，令學佛人得以了知二乘解脫道之修證理路與行門，庶免被人誤導之後，未證言證，干犯道禁，成大妄語，欲升反墮。本書首重斷除我見，以助行者斷除我見而實證初果為著眼之目標，若能根據此書內容，配合平實老師所著《識蘊眞義》《阿含正義》內涵而作實地觀行，實證初果非為難事，行者可以藉此三書自行確認聲聞初果為實際可得現觀成就之事。此書中除依二乘經典所說加以宣示外，亦依斷除我見等之證量，及大乘法中道種智之證量，對於意識心之體性加以細述，令諸二乘學人必定得斷我見、常見，免除三縛結之繫縛。次則宣示斷除我執之理，欲令升進而得薄貪瞋痴，乃至斷五下分結…等。平實導師述，共二冊，每冊三百餘頁。每輯300元。

總經銷： 飛鴻 國際行銷股份有限公司
231 新北市新店市中正路 501 之 9 號 2 樓
Tel.02－82186688（五線代表號） Fax.02-82186458、82186459

零售：1.**全台連鎖經銷書局：**
三民書局、誠品書局、何嘉仁書店
敦煌書店、紀伊國屋、金石堂書局、建宏書局

2.**台北市：**佛化人生 羅斯福路 3 段 325 號 6 樓之 4 台電大樓對面

3.**新北市：**春大地書店 蘆洲中正路 117 號

4.**桃園市縣：**誠品書局 桃園市中正路 20 號遠東百貨地下室一樓
金石堂 桃園市大同路 24 號 金石堂 桃園八德市介壽路 1 段 987 號
諾貝爾圖書城 桃園市中正路 56 號地下室 御書堂 龍潭中正路 123 號
墊腳石文化書店 中壢市中正路 89 號

5.**新竹市縣：**大學書局 新竹建功路 10 號 誠品書局 新竹東區信義街 68 號
誠品書局 新竹東區中央路 229 號 5 樓 誠品書局 新竹東區力行二路 3 號
墊腳石文化書店 新竹中正路 38 號

6.**台中市：** 瑞成書局、各大連鎖書店。
詠春書局 台中市永春東路 884 號 文春書局 霧峰中正路 1087 號

7.**彰化市縣：**心泉佛教流通處 彰化市南瑤路 286 號
員林鎮：墊腳石圖書文化廣場 中山路 2 段 49 號（04-8338485）

8.**台南市：**博大書局 新營三民路 128 號
藝美書局 善化中山路 436 號 宏欣書局 佳里光復路 214 號

9.**高雄市：**各大連鎖書店、瑞成書局
政大書城 三民區明仁路 161 號 政大書城 苓雅區光華路 148-83 號
明儀書局 三民區明福街 2 號 明儀書局 三多四路 63 號
青年書局 青年一路 141 號

10.**宜蘭縣市：**金隆書局 宜蘭市中山路 3 段 43 號
宋太太梅鋪 羅東鎮中正北路 101 號（039-534909）

11.**台東市：**東普佛教文物流通處 台東市博愛路 282 號

12.**其餘鄉鎮市經銷書局：**請電詢總經銷飛鴻公司。

13.**大陸地區請洽：**
香港：樂文書店
旺角店 :香港九龍旺角西洋菜街 62 號 3 樓
電話 : (852) 2390 3723 email: luckwinbooks@gmail.com
銅鑼灣店 :香港銅鑼灣駱克道 506 號 2 樓
電話 : (852) 2881 1150 email: luckwinbs@gmail.com

廈門：廈門外圖臺灣書店有限公司
地址：廈門市思明區湖濱南路809 號 廈門外圖書城3 樓 郵編：361004
電話：0592-5061658（臺灣地區請撥打 86-592-5061658）
E-mail：JKB118@188.COM

14.**美國：世界日報圖書部**：紐約圖書部　電話 7187468889#6262
洛杉磯圖書部　電話 3232616972#202

15.**國內外地區網路購書：**

正智出版社 書香園地　http://books.enlighten.org.tw/
（書籍簡介、直接聯結下列網路書局購書）

三民 網路書局　http://www.Sanmin.com.tw

誠品 網路書局　http://www.eslitebooks.com

博客來 網路書局　http://www.books.com.tw

金石堂 網路書局　http://www.kingstone.com.tw

飛鴻 網路書局　http://fh6688.com.tw

附註：1.請儘量向各經銷書局購買：郵政劃撥需要十天才能寄到（本公司在您劃撥後第四天才能接到劃撥單，次日寄出後第四天您才能收到書籍，此八天中一定會遇到週休二日，是故共需十天才能收到書籍）若想要早日收到書籍者，請劃撥完畢後，將劃撥收據貼在紙上，旁邊寫上您的姓名、住址、郵區、電話、買書詳細內容，直接傳真到本公司 02-28344822，並來電 02-28316727、28327495 確認是否已收到您的傳眞，即可提前收到書籍。 2.因台灣每月皆有五十餘種宗教類書籍上架，書局書架空間有限，故唯有新書方有機會上架，通常每次只能有一本新書上架；本公司出版新書，大多上架不久便已售出，若書局未再叫貨補充者，書架上即無新書陳列，則請直接向書局櫃台訂購。 3.若書局不便代購時，可於晚上共修時間向正覺同修會各共修處請購（共修時間及地點，詳閱共修現況表。每年例行年假期間請勿前往請書，年假期間請見共修現況表）。 4.郵購：郵政劃撥帳號 19068241。 5.正覺同修會會員購書都以八折計價（戶籍台北市者爲一般會員，外縣市爲護持會員）都可獲得優待，欲一次購買全部書籍者，可以考慮入會，節省書費。入會費一千元（第一年初加入時才需要繳），年費二千元。**6.尚未出版之書籍，請勿預先郵寄書款與本公司，謝謝您！** 7.若欲一次購齊本公司書籍，或同時取得正覺同修會贈閱之全部書籍者，請於正覺同修會共修時間，親到各共修處請購及索取；**台北市讀者**請洽：103 台北市承德路三段 267 號 10 樓（捷運淡水線 圓山站旁）請書時間：週一至週五爲 18.00~21.00，第一、三、五週週六爲 10.00~21.00，雙週之週六爲 10.00~18.00 請購處專線電話：25957295-分機 14（於請書時間方有人接聽）。

敬告大陸讀者：

大陸讀者購書、索書捷徑（尚未在大陸出版的書籍，以下二個途徑都可以購得，電子書另包括結緣書籍）：

1.廈門外國圖書公司：廈門市思明區湖濱南路 809 號 廈門外圖書城 3F
郵編：361004　電話：0592-5061658　網址：JKB118@188.COM

2.電子書：正智出版社有限公司及正覺同修會在台灣印行的各種局版書、結緣書，已有『**正覺電子書**』陸續上線中，提供讀者於手機、平板電腦上購書、下載、閱讀正智出版社、正覺同修會及正覺教育基金會所出版之電子書，詳細訊息敬請參閱『正覺電子書』專頁：http://books.enlighten.org.tw/ebook

關於平實導師的書訊，請上網查閱：

成佛之道　http://www.a202.idv.tw

正智出版社 書香園地　http://books.enlighten.org.tw/

中國網採訪佛教正覺同修會、正覺教育基金會訊息：

http://big5.china.com.cn/gate/big5/fangtan.china.com.cn/2014-06/19/content_32714638.htm

http://pinpai.china.com.cn/

★ 正智出版社有限公司售書之稅後盈餘，全部捐助財團法人正覺寺籌備處、佛教正覺同修會、正覺教育基金會，供作弘法及購建道場之用；懇請諸方大德支持，功德無量。

★ 聲　明 ★

本社於 2015/01/01 開始調整本目錄中部分書籍之售價，以因應各項成本的持續增加。

＊ 喇嘛教修外道雙身法、墮識陰境界，非佛教 ＊

＊ 弘揚如來藏他空見的覺囊派才是真正藏傳佛教 ＊

售後服務—換書啓事(免附回郵)　2012/09/24

《楞嚴經講記》第 14 輯初版首刷本免費調換新書啓事：本講記第 14 輯出版前因 平實導師諸事繁忙，未將之重新閱讀而只改正校對時發現的錯別字，故未能發覺十年前所說法義有部分錯誤，於第 15 輯付印前重閱時才發覺第 14 輯中有部分錯誤尚未改正。今已重新審閱修改並已重印完成，煩請所有讀者將以前所購第 14 輯初版首刷本，寄回本社免費換新(初版二刷本無錯誤)，本社將於寄回新書時同時附上您寄書回來換新時所付的郵資，並在此向所有讀者致上最誠懇的歉意。

《心經密意》初版書免費調換二版新書啓事：本書係演講錄音整理成書，講時因時間所限，省略部分段落未講。後於再版時補寫增加 13 頁，維持原價流通之。茲爲顧及初版讀者權益，自 2003/9/30 開始免費調換新書，原有初版一刷、二刷書籍，皆可寄來本來公司換書。

《宗門法眼》已經增寫改版爲 464 頁新書，2008 年 6 月中旬出版。讀者原有初版之第一刷、第二刷書本，都可以寄回本社免費調換改版新書。改版後之公案及錯悟事例維持不變，但將內容加以增說，較改版前更具有廣度與深度，將更能助益讀者參究實相。

換書者免附回郵，亦無截止期限；舊書請寄：111 台北郵政 73-151 號信箱 或 103 台北市承德路三段 267 號 10 樓 正智出版社有限公司。舊書若有塗鴨、殘缺、破損者，仍可換取新書；但缺頁之舊書至少應仍有五分之三頁數，方可換書。所有讀者不必顧念本公司是否有盈餘之問題，都請踴躍寄來換書；本公司成立之目的不是營利，只要能眞實利益學人，即已達到成立及運作之目的。若以郵寄方式換書者，免附回郵；並於寄回新書時，由本社附上您寄來書籍時耗用的郵資。造成您不便之處，再次致上萬分的歉意。

正智出版社有限公司 啓

國家圖書館出版品預行編目資料

維摩詰經講記／平實導師述. – 初版. –
臺北市：正智，2007.11 [民 96]
冊； 公分
ISBN 978-986-83908-0-5（第 1 輯：平裝）
ISBN 978-986-83908-1-2（第 2 輯：平裝）
ISBN 978-986-83908-2-9（第 3 輯：平裝）
ISBN 978-986-83908-4-3（第 4 輯：平裝）
ISBN 978-986-83908-6-7（第 5 輯：平裝）
ISBN 978-986-83908-7-4（第 6 輯：平裝）
1.經集部
221.72 96021885

維摩詰經講記—第一輯

著 述 者：平實導師
音文轉換：劉惠莉
校 對：章乃鈞 陳介源 蔡禮政 劉惠莉
出 版 者：正智出版社有限公司
電話：〇二 28327495 28316727
傳真：〇二 28344822
111 台北郵政 73-151 號信箱
郵政劃撥帳號：一九〇六八二四一
正覺講堂：總機〇二 25957295（夜間）
總 經 銷：飛鴻國際行銷股份有限公司
231 新北市新店區中正路 501-9 號 2 樓
電話：〇二 82186688（五線代表號）
傳真：〇二 82186458 82186459
初版首刷：二〇〇七年十一月三十日 二千冊
初版六刷：二〇一七年四月 二千冊
定 價：二五〇元